Der Skandal
um die
Hitler-Tagebücher

Michael Seufert

Der Skandal um die Hitler-Tagebücher

Scherz

Für Gerhild

www.fischerverlage.de

Erschienen bei Scherz, ein Verlag
der S. Fischer Verlag GmbH, Frankfurt am Main
© S. Fischer Verlag GmbH, Frankfurt am Main 2008
Satz: H & G Herstellung, Hamburg
Druck und Bindung: Ebner & Spiegel, Ulm
Printed in Germany

ISBN 978-3-502-15119-7

Inhalt

Prolog 9

Der Aufstieg des Konrad Kujau 23
Ein pfiffiger Sachse narrt die Nazi-Fans

Der »Spürhund« 36
Wie Gerd Heidemann die Göring-Yacht kauft und mit alten SS-Generälen Freundschaft schließt

Das erste »Hitler-Tagebuch« 47
Bei einem süddeutschen Sammler sieht Heidemann Aufzeichnungen des »Führers« und nimmt die Fährte auf

Die rätselhafte Ju 352 und die Stasi 57
Der DDR-Geheimdienst hilft den Stern-Leuten bei der Suche nach einem 1945 abgestürzten Flugzeug

»Wie viel Geld brauchen Sie sofort?« 70
Für Hitlers Geheimnisse öffnet der Verlagschef großzügig die Kasse

Der geleimte Professor 91
Historiker Jäckel veröffentlicht ein Hitler-Gedicht, das als Fälschung entlarvt wird. Heidemann und Ressortleiter Walde macht das nicht skeptisch

Die programmierte Katastrophe 100
Mit einem Vertrag hinter dem Rücken der Chefredaktion wird beim Stern die Welt auf den Kopf gestellt

Adolf Hitler und das Papst-Attentat 114
Erst als die Schüsse in Rom fallen, erfahren die Stern-*Chefs vom Geheimprojekt Hitler-Tagebücher*

Die Fahndung nach dem Göring-Gold 129
Mit Hilfe der Nationalen Volksarmee sucht Heidemann im Schlamm des Stolpsees nach einem geheimen Schatz

Die verpasste Enthüllung 134
Chefredakteur Koch lehnt das Material zum Skandal um die »Neue Heimat« ab und wird zur »lame duck«

Die manipulierten Experten 146
Die Schriftgutachter bekommen angeblich echte Hitler-Handschriften und vergleichen Kujau mit Kujau

Der »Friedensflug« des Rudolf Heß 162
Mit diesem historischen Tagebuch-Knüller will der Stern *seine Hitler-Serie beginnen*

Die Manschettenknöpfe von Martin Bormann 171
Wie sich Heidemann von einem windigen Waffenhändler hinters Licht führen lässt

»Mit dieser Waffe erschoß sich unser Führer!« 183
Ein Augenzeuge des Selbstmords wird von Heidemann nicht ernst genommen

»... und Hitlers Oper ›Wieland der Schmied‹« 197
Welche Nazi-Schätze Heidemann noch bergen will

Der Chemie-Schock beim BKA 205
Kriminalexperten halten Hitler-Papiere für unecht, die Tagebuchmacher flüchten sich in waghalsige Erklärungen

»Da unten lebt Martin!« 218
*Wie Gerd Heidemann die TV-Journalistin Barbara Dickmann
zur Verzweiflung bringt*

Hitler hat auf Nachkriegspapier geschrieben 229
Die Hiobsbotschaften von Gutachter Rentz

Die große Show des David Irving 247
Die Tagebuchpräsentation des Stern *endet im Chaos*

»Diese Tagebücher sind gefälscht« 264
*Auch nach dieser bitteren Botschaft aus New York werden die
Druckmaschinen nicht gestoppt*

Konrad Kujau ließ die Puppen tanzen 277
Der kuriose Alltag des Tagebuch-Fälschers

Der »6-Tage-Krieg« auf dem »Affenfelsen« 288
*Nach dem Tagebuchschock kämpft die Redaktion gegen einen
Rechtsruck beim* Stern

Epilog 304

Prolog

Es ist Freitag, der 6. Mai 1983, 11.00 Uhr, als im 6. Stock des Redaktions- und Verlagshauses von Gruner+Jahr an der Hamburger Außenalster die Redaktionskonferenz des *Stern* beginnt. Einziges Thema: die Hitler-Tagebücher. In der Woche zuvor hatten die *Stern*-Chefredakteure Peter Koch und Felix Schmidt gemeinsam mit dem Tagebuchbeschaffer Gerd Heidemann und Ressortleiter Thomas Walde auf einer internationalen Pressekonferenz vor 250 Journalisten den Sensationsfund bekannt gegeben und weltweit Schlagzeilen gemacht.

Jetzt ist der zweite Teil der Tagebuchserie erschienen: Hitlers Aufzeichnungen über den spektakulären Flug seines Stellvertreters Rudolf Heß nach England – mitten im Zweiten Weltkrieg. Freitags ist Heftkritik beim *Stern*, und jetzt wird über die einseitige Präsentation der Tagebücher diskutiert. Wieder nur Bilder von Hitler, der Kinderwangen tätschelt, Heß als verwegenem Pilot, Joseph Goebbels und Hermann Göring in freundlichen Posen, keine Fotos von den Opfern ihrer Verbrechen. Der *Stern* mache Nazipropaganda, heißt es.

Chefredakteur Peter Koch ist auf einer Präsentationstour in den USA, um in Fernsehsendungen für die Tagebücher zu werben. Felix Schmidt wehrt sich gegen die Vorwürfe aus der Redaktion. Jeder wisse doch, was damals geschehen sei. Als Ingrid Kolb, Leiterin des Ressorts »Gesellschaft und Erziehung«, die öffentlich erhobenen Zweifel an der Echtheit der Tagebücher aufgreift und konkret wissen will, was es damit auf sich habe, wird Schmidt scharf: »Ich bin nie sicherer gewesen als jetzt.« Kritik, das Ressort »Zeitgeschichte« rühre in brauner Sauce, schmettert Schmidt mit dem Satz ab: »Wer an den Kollegen zweifelt, befindet sich beim falschen Blatt.« Als er nach den merkwürdigen Initialen auf einem Tagebuch gefragt wird, das sei doch kein »AH« für Adolf Hitler, sondern »FH«, antwortet Schmidt, über diese Verwechslung habe sich auch schon Hitler erregt.

Auf den Fluren und in der Kantine des »Affenfelsens« – so wird das Verlagsgebäude wegen seiner terrassenartigen Form im Volksmund genannt – gehen die Diskussionen nach der Konferenz weiter. Die Drohungen von Schmidt sorgen für Empörung. Und was ist an den Fälschungsvorwürfen dran? Die falschen Buchstaben sind wirklich komisch. Aber es gibt doch eindeutige Schrift- und Papiergutachten, die belegen, dass die Tagebücher echt sind? Der *Stern* würde doch nie solch brisante Dokumente veröffentlichen, wenn sie nicht nach allen Regeln der Kunst geprüft sind.

Es ist kurz nach halb zwei, als mein Kollege Teja Fiedler in mein Zimmer im fünften Stock des Redaktionshauses kommt und sagt: »Du, die Bücher sind gefälscht!« Ich mag das nicht glauben: »Woher hast du das?« – »Meine Mutter hat mich gerade angerufen. Die hat es im Radio gehört.«

Um 13.27 Uhr hat die Nachrichtenagentur AP eine Eilmeldung verbreitet, dass die vom Magazin *Stern* veröffentlichten Tagebücher Adolf Hitlers eine Fälschung seien. Kurz zuvor hat Bundesinnenminister Friedrich Zimmermann dieses Ergebnis von Untersuchungen des Bundeskriminalamtes und des Amtes für Materialprüfung in Bonn bekannt gegeben. Es ist der größte Presseskandal in der deutschen Nachkriegsgeschichte.

Beim *Stern* herrscht Entsetzen, Wut und Verzweiflung. Der Konferenzraum ist überfüllt, als Felix Schmidt um

14.30 Uhr der Redaktion offiziell bestätigt, was schon alle wissen. Fragen nach Details der Affäre wehrt der Chefredakteur ab. Es geht jetzt darum, das Heft zu aktualisieren. Die zweite Heß-Folge muss aus dem Blatt, Ersatzartikel müssen produziert werden. Für 17.00 Uhr wird eine Vollversammlung der *Stern*-Redaktion in der Kantine mit Schmidt und Gerd Schulte-Hillen, dem Vorstandsvorsitzenden von Gruner+Jahr, angekündigt.

Gegen 16.00 Uhr klingelt mein Telefon, am Apparat ist Henri Nannen, der Gründer, langjährige Chefredakteur und jetzige Herausgeber des *Stern*. Ich solle doch gleich in den 9. Stock in das Büro von Verlagschef Gerd Schulte-Hillen kommen. Um den großen runden Konferenztisch mit herrlichem Panoramablick über die Alster ist der Vorstand von Gruner+Jahr versammelt. Neben Nannen und Schulte-Hillen auch Zeitschriften-Vorstand Dr. Jan Hensmann und John Jahr jr. Es herrscht gedrückte Stimmung, die Gesichter sind grau.

So habe ich die Führungsmannschaft des Verlages noch nie erlebt. Ich bin jetzt dreizehn Jahre beim *Stern*. Angefangen habe ich im Sommer 1970 als Korrespondent in Westberlin. Von 1972 bis Ende 1977 habe ich im Düsseldorfer Büro gearbeitet und bin dann als Terrorismus-Experte in die Hamburger Zentrale gewechselt. Seit 1980 leite ich das Ressort »Deutschland Aktuell«. Mir ist klar, dass jetzt ein ganz besonderer Auftrag auf mich wartet.

Henri Nannen ist an diesem Freitag auf dem Hamburger Flughafen durch einen Anruf von Jan Hensmann über die Fälschung informiert worden und sofort ins Verlagshaus zurückgekehrt. Die Justiziare von Gruner+Jahr hatten vorab vom Bundesarchiv von der Pleite erfahren. Nun will Nannen, dass der *Stern* selbst die Fälschungsmeldung wenigstens als Erster an die Agenturen gibt, er wird aber von Minister Zimmermann überholt.

Nannen hat schon viele schwere Stunden durchgemacht. Die böseste Attacke ritt 1971 der Chef des »ZDF Magazin« Gerhard Löwenthal gegen ihn. Vorwurf: Nannen sei als Wehrmachtsoffizier während des Zweiten Weltkrieges in Italien in Geiselerschießungen verwickelt gewesen. Dank erfolgreicher Recherchen von *Stern*-Reportern konnte Nannen diese Beschuldigungen widerlegen, sein live übertragenes Streitgespräch mit Löwenthal ging in die Fernsehgeschichte ein. Die Pleite mit den angeblichen Hitler-Tagebüchern empfindet er selbst als seine schwärzeste Stunde.

Die Vorstandsrunde wirkt ratlos. Gerd Schulte-Hillen, der den Verlag mit straffer Hand führt und für Selbstzweifel nicht bekannt ist, schweigt. Nannen sagt, dass der Verlag und der *Stern* Opfer von Betrügern geworden sind. »Klären Sie die Sache auf, ohne Ansehen der Person. Sie haben freie Hand.«

Zurück in meinem Büro rufe ich die Redakteure des Ressorts »Deutschland Aktuell« zusammen und berichte ihnen von Nannens Auftrag. Bevor die Recherchen richtig beginnen können, brauchen wir als wichtigsten Informanten Gerd Heidemann, den Mann, der die »Hitler-Tagebücher« beschafft hat.

Heidemann, seit 1955 beim *Stern*, gilt als Mann für die schwierigen Fälle, ein penibler Rechercheur, Fotograf und Kriegsberichterstatter. Als Reporter hat er von dreizehn Kriegen in Afrika und im Nahen Osten berichtet. In der Bestechungsaffäre um die Beschaffung des Lockheed-Kampfflugzeugs Starfighter für die Bundesluftwaffe hat Heidemann bewiesen, dass der Hauptbelastungszeuge Ernest Hauser sein Tagebuch mit kompromittierenden Eintragungen über den ehemaligen Verteidigungsminister Franz Josef Strauß gefälscht hatte. Heidemann ist einer, der bei Recherchen jeden Stein zweimal umdreht. Die Kollegen nennen ihn halb hochachtungsvoll, halb spöttisch »den Spürhund«.

An diesem Freitag ist Heidemann in Süddeutschland unterwegs. Er besucht im bayerischen Miesbach die Witwe eines Druckereibesitzers und ehemaligen SS-Mannes. Der Reporter fahndet nach alten Papiermustern aus der NS-Zeit, in denen er optische Aufheller erhofft. Denn die hat ein Gutachter in einer angeblich von Adolf Hitler geschriebenen Notiz gefunden und das Dokument für falsch erklärt, weil solche Aufheller erst nach dem Zweiten Weltkrieg bei der Papierproduktion verwendet worden seien. Aber bei der SS, so hat Heidemann von einem Informanten erfahren, sei schon mit diesen Chemikalien experimentiert worden. Heidemann hört im Autoradio die Nachricht von der Fälschung. Er hält an der nächsten Telefonzelle und ruft in Hamburg Thomas Walde an, den Chef des Ressorts »Zeitgeschichte«, mit dem er seit mehr als zwei Jahren an den Tagebüchern gearbeitet hat.

Walde sagt zu Heidemann, er solle zum Flughafen München-Riem fahren und sofort nach Hamburg zurückkommen. Aber nicht mit einer Linienmaschine, sondern mit einem Charterflugzeug. »Die Konkurrenz ist hinter dir her!« In der Bar des Flughafens erwartet ihn der Münchner *Stern*-Korrespondent. Beide trinken einige Glas Whisky, ehe die Privatmaschine gegen 21.00 Uhr endlich in Riem landet. Kurz vor Mitternacht ist Heidemann in Hamburg.

Im 9. Stock des »Affenfelsen« erwarten ihn Gerd Schulte-Hillen, Henri Nannen und Jan Hensmann. Nannen begrüßt ihn mit dem Satz: »Entweder Sie sind ein Betrüger, oder Sie gehören ins Irrenhaus.« Schulte-Hillen fragt den Reporter: »Was sagen Sie dazu?« Heidemann antwortet zur Verblüffung der Anwesenden. »Die Bücher sind echt.« Nannen und Schmidt werden nun endgültig wütend und wollen endlich wissen, von wem Heidemann die sechzig Tagebuchbände bekommen hat. Der weigert sich, seine Quelle zu nennen, und beruft sich auf den ihm vertraglich zugesicherten Informantenschutz. Die Bücher seien heimlich aus der DDR in den

Westen gekommen. Er könne die Namen nicht nennen, hier gehe es um Menschenleben.

Und dann stellt Heidemann sein Tonbandgerät auf den Konferenztisch, legt eine neue Kassette ein und spielt das mitgeschnittene Gespräch mit einem seiner Informanten vor. Der kündigt an, dass Hitlers ehemaliger Sekretär und rechte Hand Martin Bormann aus Südamerika Heidemann mit Dokumenten des »Führers« zu Hilfe kommen wolle. Alle Anwesenden wissen, dass Bormann seit 1945 tot ist. Die Situation wird immer absurder.

Als Nannen massiv wird und darauf hinweist, dass Betrüger kein Recht auf Informantenschutz haben, gibt Heidemann nach und sagt, sein Kontaktmann sei ein Konrad Fischer aus Stuttgart. Um die Runde zu beruhigen, schaltet Heidemann sein Tonbandgerät noch einmal an und spielt ein Telefonat vor, das er mit diesem Fischer geführt und mitgeschnitten hat. Der Mann erklärt darin, dass Zweifel an der Echtheit der Tagebücher unbegründet seien. Kurz vor zwei Uhr nachts löst sich die Versammlung auf.

Drei Etagen tiefer, im Büro von Chefredakteur Felix Schmidt, warten seit Stunden vier Leute auf Heidemann: Ressortleiter Thomas Walde, Gunther Len Schönfeld, der Chef der Nachrichtenredaktion, Wolf Thieme, der nach Heidemanns Angaben die Fundgeschichte der Tagebücher für den *Stern* geschrieben und sich bei der Chefredaktion darüber beschwert hatte, dass Heidemann ihn nur unzureichend informiere und wichtige Details vorenthalte, und ich. Heidemann kommt mit Schmidt, er ist müde und mag nicht mehr reden, seine Frau will ihn mit nach Hause nehmen. Nach kurzer, heftiger Debatte bleibt er. Das Gespräch dauert bis 5.30 Uhr und wird per Tonband aufgezeichnet. Heidemanns Aussagen sind die unglaublichste Geschichte, die ich in meinem Leben gehört habe. Schon der Beginn ist bezeichnend:

Heidemann: »Ja, wie soll ich die Geschichte erzählen?«

Seufert: »An einer Geschichte kommen wir doch nicht vorbei, dass die Bücher gefälscht sind.«

Heidemann: »Das sagt ihr, ich bin da nicht von überzeugt.«

In dieser Nacht erzählt der berühmte *Stern*-Reporter von dem Militaria-Sammler Konrad Fischer aus Stuttgart, von dessen Bruder Heinz, der General in der Nationalen Volksarmee der DDR in Köthen ist und den Tagebuchschmuggel in den Westen organisiert, und von Fischers Schwager Günter K., einem Museumsdirektor im sächsischen Löbau, der die Tagebücher von einem alten Bauern aus Börnersdorf besorgt hat, wo doch 1945 ein Flugzeug auf dem Weg von Berlin nach Süddeutschland mit mehreren Kisten wichtiger Dokumente von Adolf Hitler abgestürzt war. Der *Stern* hatte den Flug dieser Unglücksmaschine in der ersten Tagebuchveröffentlichung genau dokumentiert.

Und Heidemann berichtet von dem vielen Bargeld, das er dem Tagebuchlieferanten übergeben hat. Insgesamt hat der Verlag Gruner+Jahr 9,3 Millionen Mark für die Beschaffung der Hitler-Tagebücher investiert. Heidemann hat das Geld immer bar auf die Hand bekommen.

Besonders abenteuerlich ist Heidemanns Schilderung, wie er drei Mal selbst Tagebücher aus der DDR geholt habe. Normalerweise seien die Bände in Klavieren versteckt von einem Fahrer der DDR-Spedition Deutrans in den Westen geschmuggelt worden. Der sei aber einmal krank geworden. Und da habe eben er selbst in Absprache mit seinem Kontaktmann Fischer mehrere Bücher auf der Transitstrecke zwischen Lauenburg und Westberlin kurz vor Perleberg in Empfang genommen – und zwar im fahrenden Auto. An einer bestimmten Kurve habe wie verabredet ein DDR-Wagen gewartet. Der Fahrer habe ihn dann überholt und durch das geöffnete Seitenfenster das Paket mit den Tagebüchern geworfen. Danach habe er selbst das DDR-Auto überholt und im Gegenzug den Umschlag mit dem Bargeld dort hineingeworfen.

Schon der angebliche NVA-General Fischer in Köthen kommt mir wenig glaubhaft vor, denn ich kenne die Kleinstadt in Sachsen-Anhalt und weiß, dass dort sowjetische Truppen, aber keine Soldaten der Nationalen Volksarmee stationiert sind. Aber als Gerd Heidemann von seiner Transitfahrt erzählt, bin ich überzeugt, dass er uns belügt. Wer je zu DDR-Zeiten auf der alten Reichsstraße 5 gefahren ist, weiß, was für eine gefährliche Piste das war. Die Straße ist schmal, Kopfsteinpflaster und löchriger Asphaltbelag wechseln sich ab, auch die zahlreichen sowjetischen Militärlastwagen machen die Fahrt zum Abenteuer. Man ist jedes Mal froh, wenn man die Strecke hinter sich hat. Und ausgerechnet dort soll die filmreife Übergabe von Auto zu Auto stattgefunden haben.

Merkwürdigerweise kann sich Heidemann, der sich normalerweise kleinste Details merkt, nicht an die Marke des DDR-Autos erinnern. Die Farbe? So silbrig-grün wie Waldes Zigarettenschachtel Marlboro Menthol, sagt er. Das Kennzeichen? Das weiß er genau: BT – wie B. Traven, der sagenumwobene Autor des Bestsellers »Das Totenschiff«, auf dessen Spuren Heidemann in Mexiko unterwegs war. (1967 erschien im *Stern* der große Heidemann-Bericht »Wer ist der Mann, der Traven heißt?«. Aus seinen Recherchen entsteht auch ein Fernsehfilm, außerdem veröffentlicht Heidemann das Buch *Postlagernd Tampico*.)

Gerd Heidemann berichtet in dieser Nacht immer wildere Geschichten von Konrad Fischer und dessen Bruder Heinz. Angeblich habe der einige Generalskollegen in die Geheimsache einweihen und mit Westgeld ruhigstellen müssen. Die hohen Offiziere hätten sich inzwischen am Plattensee im sozialistischen Bruderstaat Ungarn Ferienhäuser davon gebaut.

Ein Rechercheansatz? Felix Schmidt schlägt vor, am Plattensee nach den Generälen und ihren Datschen zu suchen. Die Idee wird als wirklichkeitsfremd verworfen.

Mehrmals spricht Heidemann seinen Ressortleiter Walde hilfesuchend an, wenn es um Konrad Fischer geht: »Das weißt du doch, Thomas.« – »Das habe ich dir doch von Conny erzählt.« Doch Walde hält sich bedeckt. Er besteht nur darauf, das Tonband abzuschalten, wenn die Sprache darauf kommt, dass es bei der Tagebuchrecherche auch Kontakte zum DDR-Geheimdienst gegeben hat. Niemandem in der Runde ist zu diesem Zeitpunkt bekannt, dass Heidemann seinen Vorgesetzten von Anfang an über alle seine Schritte und Kontakte mit dem geheimnisvollen Konrad »Conny« Fischer informiert hat.

Über der Alster zieht langsam die Dämmerung auf. Ich bitte Gerd Heidemann, uns endlich die Anschrift von seinem Konrad Fischer zu geben. »Schreiberstraße 22, das ist, wo er seinen Laden hat.« – »Da wohnt er nicht?« – »Nein, der wohnt irgendwo auf dem Lande. Er hat vorher in Ditzingen gewohnt. Jetzt ist er umgezogen. Und ich habe immer gesagt: Gib mir doch mal deine neue Anschrift. Die wollte er mir immer nicht geben. Weil wir uns immer telefonisch verabredeten und uns immer in der Schreiberstraße treffen.« – »Gib uns seine private Telefonnummer. Wenn wir die haben, können wir doch den Ort feststellen.« Heidemann sagt: »07142 – 32 ...«

Es ist 5.30 Uhr. Heidemann fährt nach Hause. Aus meinem Büro rufe ich den Frankfurter *Stern*-Korrespondenten Rudolf Müller an und bitte ihn, nach Stuttgart aufzubrechen und vor Ort über Konrad Fischer zu recherchieren. Die Telefonnummer ist schnell entschlüsselt, der Anschluss in Bietigheim-Bissingen ist auf die Lebensgefährtin des Tagebuch-Lieferanten eingetragen.

Den DDR-Korrespondenten des *Stern* und Fotografen

Harald Schmitt erreicht Rolf Gillhausen, der im *Stern* für die Optik verantwortliche Chefredakteur, in Westberlin und bestellt ihn nach Hamburg, um ihn in den Fall einzuweihen. Schmitt soll nach Löbau in Sachsen fahren, den Museumsdirektor Günter K. interviewen und in Köthen nach dem NVA-General Heinz Fischer suchen. Eigentlich bräuchte er für solche Recherchen eine Genehmigung des Presseamtes im DDR-Außenministerium, doch das kann Wochen dauern, und es ist zweifelhaft, ob er je die Erlaubnis dafür bekäme. Harald Schmitt macht sich auf eigenes Risiko auf den Weg.

Wenige Stunden später ruft mich Rudolf Müller zu Hause an. Er steht in Stuttgart vor Konrad Fischers Militaria-Laden in der Schreiberstraße 22. Auf dem Klingelschild befindet sich ein Aufkleber mit der Aufschrift »Militaria«. Müller hat den Zettel abgenommen. »Darunter steht Kujau.« Auch im Treppenhaus hat Müller diesen Namen gefunden, auf der Liste der Mieter, die Woche für Woche zur Treppenreinigung eingeteilt sind.

In Bietigheim-Bissingen findet Müller gegen 8.30 Uhr in der Straße Im Friederikele 10 ein neues schmuckes Einfamilienhaus mit kleinem Garten und schmiedeeisernem Zaun. An der Tür hängt das Wappen von Baden-Württemberg mit dem Wahlspruch: »Furchtlos und treu«. An Klingel und Gegensprechanlage fehlt ein Name. Bei Nachbarn erfährt er, dass in dem Haus kein Herr Fischer wohnt, der Mann habe einen anderen Namen. Die Postbotin weiß Bescheid: »Hier wohnt kein Fischer. Ich habe immer nur Post für Dr. Kujau und die Frau gehabt. Gestern waren die aber noch da, da waren jedenfalls noch die Jalousien hoch.«

Keine vier Stunden nach dem Gespräch mit Gerd Heidemann steht fest, die Geschichte von der Beschaffung der Hitler-Tagebücher ist eine Legende. Es gibt keinen Konrad

Fischer und damit auch keinen DDR-General Heinz Fischer. Wenn denn der Bruder Heinz in Köthen tatsächlich existiert, muss er wohl auch Kujau heißen.

Während Harald Schmitt auf dem Weg nach Löbau ist, treffen sich Thomas Walde, Leo Pesch, der dritte Mann vom Ressort »Zeitgeschichte«, und ich, um das Gespräch mit Gerd Heidemann fortzusetzen. Doch der ist nicht zu erreichen. Niemand geht an sein Telefon, und auch als wir an seiner Wohnungstür an der Elbchaussee klingeln, wird nicht geöffnet. Mehrere Kollegen des Ressorts sind unterwegs nach Stuttgart, um Rudolf Müller bei den Nachforschungen zu helfen.

Am frühen Abend ist Harald Schmitt von seiner Reise nach Löbau und Köthen zurück. Das Ergebnis seiner Recherchen ist ebenso komisch wie niederschmetternd: »Der von euch gesuchte Mann heißt in Wirklichkeit Konrad Kujau, ist geboren am 27. 6. 1938 in Löbau, Vater Richard Kujau aus Löbau, Mutter Herta aus Karl-Marx-Stadt. Konrad Kujau ist 1957 in den Westen abgehauen.«

Kujaus Schwager Günter K., Ehemann seiner Schwester Doris und angeblicher Museumsdirektor und Tagebuchbeschaffer, ist in Wahrheit Hausmeister im kleinen, örtlichen Museum und arbeitet als Heizer in einem Krankenhaus. Er hat nie etwas mit Tagebüchern zu tun gehabt. Die Verwandten wissen, dass Konrad Kujau eine große Begabung fürs Zeichnen und Malen hat und sich für alles Militärische und für Adolf Hitler interessiert. Bei seinen Besuchen in Löbau habe er im nahen Bautzen mehrere Kladden mit festem, schwarzem Einband gekauft und nach Stuttgart mitgenommen. Und er hat ihnen erzählt, dass er sich einen zweiten Namen zugelegt habe, er heiße jetzt manchmal auch Fischer.

Die Mär vom NVA-General Heinz Fischer ist eine ähnliche Groteske: Der 1929 geborene Bruder Heinz Kujau ist Gepäckträger bei der Reichsbahn in Köthen und nebenbei

Hilfspolizist bei der Bahnpolizei.

Ich weiß nicht, ob ich lachen oder heulen soll. Die Hitler-Tagebücher seien »ein bedeutender zeitgeschichtlicher Fund und der größte Knüller seit Watergate«, derentwegen »die Geschichte des 3. Reiches in weiten Teilen umgeschrieben werden« müsse, wie es im Kommentar zur ersten Tagebuchveröffentlichung vollmundig geheißen hatte. Im Vorspann zum ersten, 21 Doppelseiten langen Bericht heißt es sogar: »Die Geschichte des Dritten Reiches wird in großen Teilen neu geschrieben werden müssen.« Die »Hitler-Tagebücher« habe der *Stern* mit »großer Sorgfalt prüfen lassen – ein Aufwand, der in der Historikerzunft nicht immer üblich ist. Schriftsachverständige und Zeitgeschichtler der Spitzenklasse machten sich über die Dokumente her. Ihr Urteil ist so einstimmig wie eindeutig.« So stand es im *Stern*. Nun sind diese Bücher, für die der Verlag 9,3 Millionen ausgegeben hatte, nicht mehr als Altpapier.

Je länger unsere Recherchen und die Ermittlungen von Kriminalpolizei und Staatsanwaltschaft dauern, umso deutlicher wird: Der Skandal um die gefälschten Hitler-Tagebücher ist eine programmierte Katastrophe. Es ist kein Zufall, dass alle normalen Kontrollmechanismen beim *Stern* in diesem Fall versagt haben. Denn beim Geheimprojekt Hitler-Tagebücher steht im Verlag Gruner+Jahr von Anfang an die Welt auf dem Kopf. Und bei den Beteiligten geht es um Karrieren, Macht und vor allem um das große Geld.

Vorstandschef Gerd Schulte-Hillen und sein Vorgänger Dr. Manfred Fischer spielen Chefredakteur und wollen beweisen, dass sie einen journalistischen Knüller erkennen und für den Verlag sichern können. Millionenbeträge werden Gerd Heidemann bar in die Hand gedrückt, einem Mann, der enorme Schulden und teure Obsessionen hat.

Der Verlag schließt mit dem Tagebuchbeschaffer Gerd

Heidemann und seinem Ressortleiter Dr. Thomas Walde ohne Wissen der Chefredaktion Verträge, die sie zu reichen Leuten machen und ihnen gleichzeitig die exklusive Auswertung der Tagebücher sichern. Damit sind die Leute, die den spektakulären Fund kritisch hätten prüfen müssen, am wirtschaftlichen Erfolg direkt beteiligt. Eine fatale Interessenkollision, wie sich bald zeigen soll.

Die absolute Geheimhaltung über den angeblichen Jahrhundertscoop erzeugt bei den wenigen Eingeweihten eine Bunkermentalität, die den Blick für die Realitäten verstellt und jeden Zweifel mit abenteuerlichen Geschichten zerstreuen lässt.

Als die Chefredakteure Peter Koch, Felix Schmidt und Rolf Gillhausen durch einen Zufall von dem unglaublichen Vorgehen der Verlagsspitze erfahren, wird ihr Protest vom Tisch gewischt. Geblendet von der angeblichen historischen Sensation und der Tatsache, dass der Verlag damals in das Projekt schon sagenhafte 1,5 Millionen Mark investiert hat, geben sie ihren Widerstand auf.

Henri Nannen, der Herausgeber des *Stern*, will namhafte Hitler-Experten wie Sebastian Haffner und Joachim Fest als Sachverständige zu dem Tagebuchprojekt hinzuziehen. Er scheitert mit diesem Plan aber an den Exklusivparagraphen der Verwertungsverträge, die der Verlag mit Heidemann und Walde geschlossen hat.

Und in der Schlussphase vor der Veröffentlichung, als noch immer die Chance besteht, das Desaster zu stoppen, bricht in den Chefetagen Hektik aus. Verlagschef Gerd Schulte-Hillen schaltet sich selbst in die Verhandlungen um die internationalen Abdruckrechte ein, denn es geht um viel Geld. Handfeste Zweifel an der Echtheit der präsentierten Dokumente werden zur Seite geschoben. Die falschen Initialen etwa – »FH« in Textur-Buchstaben statt »AH« – werden zwar erkannt, aber Heidemann liefert dafür eine, wenn auch abenteuerliche Erklärung. Ein negatives Papiergutachten, in letzter Minute eingeholt, wird mit dem Argument entkräftet, es betreffe ja nicht die Tagebücher direkt.

Die Katastrophe nimmt ihren Lauf. Am Schluss werden Gerd Heidemann, Konrad Kujau und seine Lebensgefährtin angeklagt und vor Gericht gestellt. Die 11. Große Strafkammer des Hamburger Landgerichts verurteilt Heidemann am 8. Juli 1985 wegen Betruges zu vier Jahren und acht Monaten Freiheitsstrafe. Kujau bekommt wegen Betruges in Tateinheit mit Urkundenfälschung vier Jahre und sechs Monate Haft. Kujaus Lebensgefährtin wird wegen Hehlerei zu acht Monaten Gefängnis auf Bewährung verurteilt.

Das Ansehen und die Glaubwürdigkeit des *Stern* sind auf Jahre hinaus ramponiert. Nur mühsam gelingt es der Redaktion, das Vertrauen der Leser zurückzugewinnen. Keiner der damals Verantwortlichen ist heute noch in der Redaktion des *Stern* oder im Verlag Gruner+Jahr tätig.

Der Aufstieg des Konrad Kujau

Konrad Kujau wird am 27. Juni 1938 in Löbau bei Dresden geboren. Seine Mutter Herta ist Hausfrau, Vater Richard ist Schuhmacher. Er wird seit den letzten Kriegsmonaten vermisst. Konrad und seine vier Geschwister wachsen ohne Vater auf. Der Junge besucht in Löbau die Preusker-Grundschule. Nach der 8. Klasse, im Juli 1954, verlässt er die Schule und beginnt eine Lehre als Bauschlosser. Doch schon ein Jahr später bricht er die Ausbildung ab und jobbt als Packer, Lagerarbeiter, als Hilfsarbeiter in einer Dachdeckerei und in einer Mälzerei. Bei seinen Freunden gilt er als lustiger Vogel, der immer zu Späßen aufgelegt ist.

Nach einem Krach mit Funktionären der »Freien Deutschen Jugend« (FDJ) entschließt er sich 1957, nach Westdeutschland zu flüchten. Er kommt in die Nähe von Stuttgart und schlägt sich zunächst als Arbeiter in einer Getränkefirma, als Beifahrer und Kellner durch. Später arbeitet er als Gebäudereiniger. Der humorvolle Kujau legt Wert auf elegante Kleidung und feiert gern. Seine neuen Freunde sind beeindruckt von seinem großen Zeichentalent.

Anfang der 60er-Jahre trifft er seine zukünftige Lebensgefährtin. Auch sie stammt aus der DDR. Nach der Grundschule hat sie in Stendal als Verkäuferin gearbeitet und dann eine Lehre als Krankenschwester begonnen. 1961, kurz vor dem Bau der Berliner Mauer, flüchtet sie. Als sie Kujau kennenlernt, arbeitet sie als Serviererin.

1963 freunden sich die beiden an. Auf Bitten Kujaus meldet sie auf ihren Namen eine Gebäudereinigungsfirma an.

Wenig später beziehen die beiden im schwäbischen Schmiden ihre erste gemeinsame Wohnung. Kujau ist mit der Firma erfolgreich. Zuerst arbeitet er allein, aber schon bald wächst die Zahl der Kunden. Er stellt Mitarbeiter ein. Seine Freundin hat inzwischen eine Anstellung als Strickerin angenommen, 1966 arbeitet sie als Filialleiterin in einem Krawattengeschäft in Stuttgart, danach führt sie den gemeinsamen Haushalt. Anfang der 70er-Jahre hat Kujau immer mehr Schwierigkeiten, geeignetes Personal zu finden, die Kunden springen ab. 1973 ist die Firma am Ende.

Die beiden beschließen, ihr Glück als Campingplatz-Betreiber zu versuchen. Sie pachten einen Platz am Ammersee. Zum Saisonende im Oktober 1973 ziehen sie Bilanz. Es hat sich nicht gelohnt. Sie kündigen den Pachtvertrag. Kujaus Lebensgefährtin arbeitet wieder in Stuttgart, zuerst in einer Kantine und dann gut sechs Jahre bis Mai 1983 als Verkäuferin bei der Firma Hochland-Kaffee.

Konrad Kujau sucht sich keinen neuen Arbeitsplatz, er macht sein Hobby zum Beruf. Schon in den 60er-Jahren hat er angefangen, sich mit Militaria zu beschäftigen. Er sammelt vor allem Reservistenkrüge und alte Soldatenhelme. Als er 1970, dreizehn Jahre nach seiner Flucht aus der DDR, zum ersten Mal seine Familie in Löbau wieder besucht, gelingt es ihm auch dort, solche Stücke aufzutreiben und mitzunehmen.

1974 ist die Sammlung derart angewachsen, dass Kujau mehr Platz braucht. Im April 1974 mietet er in Stuttgart einen Laden in der Aspergstraße 22 und trifft sich dort mit Gleichgesinnten. Immer mehr beschäftigt er sich auch mit NS-Devotionalien. Er merkt, dass mit der Nazizeit ein gutes Geschäft zu machen ist. Adolf Hitler übt auf die Zeitgenossen noch immer eine merkwürdige Faszination aus. Kujau wird nach Schlachtengemälden aus dem Zweiten Weltkrieg gefragt. Als begabter Maler und Zeichner mit viel Phantasie hat er keine großen Probleme, solche Werke selbst zu produzieren.

In dieser Zeit legt er sich auch den Namen Fischer zu, unter dem er gegenüber neuen Bekannten und Kunden auftritt. Seine Kriegsbilder signiert er mit »Kujau«, sodass seine Abnehmer ihn nicht als Urheber der Werke identifizieren können. Er verdient ganz gut dabei. Aber den Durchbruch schafft er, als er beginnt, Dokumente führender Nazis zu produzieren. Neben Zeichnen und Malen hat Kujau auch das Talent, Schriften nachzuahmen. Besonders die Handschrift von Adolf Hitler kann er nach kurzem Üben flüssig und täuschend ähnlich imitieren.

Wie eine glückliche Fügung muss es Kujau da erscheinen, dass er über einen Versicherungsvertreter mit dem Unternehmer *Rolf Hartung* aus *Reutlingen* [Name und Ort geändert] bekannt gemacht wird. Der Unternehmer hat mit seiner Firma für Kugel- und Rollenlager sowie Industriediamanten Millionen gemacht. Im Keller seines Hauses hat er schon etliche NS-Sachen zusammengetragen. Allerdings hat er keine Zeit, sich seiner Sammlung intensiv zu widmen. Damit will er sich im Ruhestand beschäftigen.

1974 besucht *Hartung* zum ersten Mal Konrad »Fischer« Kujau in der Aspergstraße 22 und kauft ihm einige Orden und Urkunden ab. Kujau erkennt bald, dass *Hartung* wenig Ahnung, aber viel Geld hat. Er ist auf eine Goldader gestoßen. Die beiden freunden sich an, bald sind sie per du. Es wird eine glückliche Geschäftsbeziehung. Fast acht Jahre lang verkauft »Conny« dem »lieben *Rolf*« alles, was dessen Herz begehrt. Was immer Kujau seinem Freund in seinem Laden präsentiert, will *Hartung* auf jeden Fall haben: Briefe, Gedichte, Manuskripte von Adolf Hitler und Autographen anderer Nazigrößen. Außerdem produziert Kujau Gemälde und Zeichnungen, die von Hitler stammen sollen. *Hartung* kauft Orden, Uniformteile, Kleidungsstücke und Gebrauchsgegenstände, von denen Kujau versichert, sie hätten Hitler gehört. Etwa Hitlers Stahlhelm, Hitlers Frack und Zylinder, auch die Uhr und den Fotoapparat des »Führers«. Für rund 50 000 Mark übernimmt *Hartung* eine Sammlung von etwa fünfzig Teilen »Allenbach-Porzellan«, Figuren aus einer Manufaktur, die im Besitz der SS war. Dabei hat er Glück, das »Allenbach-Porzellan« ist wirklich echt.

In der Regel nimmt Kujau zivile Preise. Pro Blatt mit Hitler-Unterschrift verlangt er 100 bis 150 Mark. Er hat *Hartung* erzählt, dass er Verwandte in der DDR habe, und erwähnt, dass sie einflussreiche Positionen innehätten. Sie würden ihm helfen, die Stücke zu beschaffen und über die Grenze zu bringen. Da die Verwandten vor allem an Westgeld interessiert seien, könne er so billig liefern.

Hartung kauft und kauft. Ein Auszug aus der Bildersammlung: »Zelle in Landsberg« (1200 Mark), Mappe mit 28 Arbeiten Hitlers von 1908 für die Allgemeine Malerschule in Wien (7000 Mark), zwei Bleistiftzeichnungen mit Hundeköpfen (1400 Mark), Entwurf der SS-Mütze und der SS-Runen (1500 Mark), »Der Führer in Paris« (1000 Mark), weiblicher Akt »Pummerl E. Braun« (800 Mark), »Sterbender Soldat« (1000 Mark), »Aufbruch des Jagerburschen« (6000 Mark).

Auch an Gedichten Hitlers ist *Hartung* interessiert. Kujau liefert »Der Kamerad«, »Blauweiß und Schwarzweißrot«, »Auf Funkwache«, »Waldfriedhof«, »Für uns« und »Stilles Heldentum«. Das angeblich von Hitler stammende Gedicht »Der Kamerad« wird später im Tagebuchskandal noch eine große Rolle spielen.

Hartung sammelt Hitler-Briefe an SS-Chef Heinrich Himmler, SA-Chef Ernst Röhm, den späteren Generalgouverneur von Polen Dr. Hans Frank, den Hitler-Kanzleichef Martin Bormann. Kujau liefert handschriftliche Manuskripte von Reden, Denkschriften, Zeitungsartikeln, Erlassen und

Befehlen. Besondere Trouvaillen sind eine Kassette mit 233 Seiten Urschrift *Mein Kampf* (22 000 Mark) und 21 Seiten Einleitung für den dritten Band von *Mein Kampf*. Was insofern bemerkenswert ist, als Hitler den ersten Teil während seiner Festungshaft in Landsberg seinem späteren Stellvertreter Rudolf Heß diktiert hat.

Das Landgericht Hamburg wird 1985 feststellen, dass *Rolf Hartung* für seine Sammlung allein zwischen 1977 und 1983 insgesamt 281 615,96 Mark an Kujau gezahlt hat.

Nur ein historisches Dokument kann *Hartung* nicht kaufen, das bekommt er aber am 12. November 1975 von Kujau geliehen: Ein Tagebuch von Adolf Hitler, erstes Halbjahr 1935.

Dieser Tagebuchband ist eines der kuriosesten Stücke in dem an Kuriositäten reichen Tagebuchskandal: *Hartung* behält das Buch jahrelang und gibt es Kujau erst im Frühjahr 1983 zurück. Der reicht es an Heidemann weiter, und plötzlich besitzt der *Stern* für die Zeit von Januar bis Juni 1935 drei Hitler-Tagebücher, denn zwei Vierteljahrsbände für die ersten sechs Monate 1935 hatte Kujau schon geliefert.

Auf die Idee, Hitlers Leben auch in Tagebüchern nachzuzeichnen, kommt Konrad Kujau etwa Anfang 1975. Er schreibt den Text zunächst mit Maschine, das Ergebnis gefällt ihm aber nicht. Sehr viel überzeugender erscheint ihm ein handschriftliches Tagebuch. Hitlers Handschrift kann er flüssig nachahmen. Also überträgt er seine Texte mit schwarzer Tinte in die mit schwarzem Kunststoff beklebten Kladden, die er im Konsum im sächsischen Bautzen gekauft hat. Um dem Ganzen etwas mehr Glanz zu verleihen, schmückt Kujau den Umschlag mit zwei vergoldeten Klebebuchstaben aus Plastik. Er wählt für Hitlers Initialen Buchstaben in Texturschrift und verwechselt dabei A und F. Weder *Hartung* noch anderen Betrachtern fällt das später auf.

Bei aller Freundschaft sichern der Unternehmer und sein Lieferant ihre Geschäftsbeziehung auch vertraglich ab. Am 1. April 1976 verpflichtet sich *Hartung*, die von »Konrad Fischer« erworbenen Dokumente nicht zu verkaufen, »Fischer«/Kujau versichert im Gegenzug, dass alle Schriftstücke echt sind.

Um *Hartung* zusätzlich davon zu überzeugen, dass seine Hitler-Sammlung über jeden Zweifel erhaben ist, hat Kujau damit begonnen, die Dokumente mit Echtheitszertifikaten auszustatten. Dazu benutzt er nachgedruckte Briefbögen der NSDAP-Reichsleitung. Darauf tippt er mit Maschine eine Beschreibung des Dokuments, Bildes oder Gegenstandes und unterschreibt mit den Namen hoher NS-Funktionäre. Drei Beispiele:

»Manuskript der ersten Seite des Völkischen Beobachters vom 14. März 1938. Verfaßt vom Führer und Reichsleiter Adolf Hitler.

Als der Führer das Manuskript des Schriftleiters des Völkischen Beobachters las, mußte er seine Unzufriedenheit äußern, da die Meldungen den welthistorischen Ereignissen nicht gerecht waren, und so auch nicht richtig erfaßt. Sofort begab sich der Führer an das Stehpult, verfaßte und gestaltete die erste Seite selbst.
15 handgeschriebene Seiten!
(gez.) Hummel

nationalsozialistisch, historisches Schriftgut!
(gez.) Bouhler
Ph. Bouhler, Reichsleiter«

»Manuskript zur Einleitung des III. Bandes zu Adolf Hitlers ›Mein Kampf‹.

Vom Führer verfaßt im Jahre 1933
21 handgeschriebene Seiten.
Heil Hitler!
(gez.) Hummel

Den unschätzbaren Wert, den dieses Manuskript darstellt, bitte ich dieses unter Verschluß zu halten, und nur auf meine oder des Führers Weisung Einsicht zu gewähren.
(gez.) Bouhler
Ph. Bouhler, Reichsleiter«

Auf dem Briefbogen mit dem Aufdruck »Der Reichsführer der Schutzstaffel der NSDAP« ist Folgendes geschrieben:

»Rasse- und Siedlungshauptamt
den 16. August 1936
Ich überlasse Ihnen auf Wunsch für Ausstellungszwecke für das Adolf-Hitler-Museum in Linz acht Handschreiben des Führers an mich.
Die Handschreiben sind für die Ausstellung Adolf Hitler und seine Bewegung gedacht.
Heil Hitler!
(gez.) Himmler

21. August 1936
Acht Handschreiben vom Führer. Reg. No: 1922
(gez.) D. Hummel«

Um diese Echtheitszertifikate noch echter wirken zu lassen, färbt Kujau sie mit Tee oder Kaffee ein, sodass sie schön vergilbt aussehen. Ganz nebenbei, so kalkuliert er, kann er mit diesen Schreiben auch etwaige Ansprüche der Erben von Adolf Hitler abwehren, denn am Eigentum der NSDAP dürften sie ja wohl keine Rechte haben. Kujau fürchtet insbesondere Aktionen von Prof. Werner Maser aus Speyer, der in der Öffentlichkeit als Hitlers Testamentsverwalter auftritt.

Seine Sammlung ist 1976/77 so umfangreich geworden, dass *Rolf Hartung* gern unabhängige Gutachten dazu haben möchte. Bei der Industrie- und Handelskammer Stuttgart fragt er zunächst nach einem materialkundigen Sachverständigen. Er wird an einen örtlichen Experten verwiesen. Dem legt er ein Hitler-Gedicht nebst Zertifikat vor. Urteil des Fachmanns: Das Material sei echt, er kenne diese Briefbögen. Das Papier wird nicht untersucht. Auch ein Gutachter aus Wien, den *Hartung* beauftragt, zwei Hitler-Bilder zu prüfen, weiß Erfreuliches zu berichten: alles echt.

Über einen Münchner Militaria-Händler kennt *Hartung* auch den Sachverständigen Prof. Dr. August Priesack, der studierter Historiker ist und von August 1935 bis August 1939 im »Hauptarchiv der Reichsleitung der NSDAP« gearbeitet hat. Nach dem Krieg ist er Gymnasiallehrer in Bayern. Ein ausgewiesener Fachmann also. Im Oktober 1978 beginnt Priesack, die Sammlung *Hartung* zu begutachten und ist beeindruckt.

Ein paar Details machen ihn stutzig. So hat er nie etwas von einer geplanten »Linzer Ausstellung« gehört. Auch findet er es merkwürdig, dass schon 1936 darüber geredet worden sein soll. Denn Linz liegt in Österreich, und das hat Hitler erst 1938 annektiert. Auch ein Brief, den Hitler angeblich am 19. Dezember 1920 an einen »Putzi« Hanfstaengl geschrieben hat, findet er merkwürdig. Hitler duzt Hanfstaengl darin, das hält Priesack für sehr unwahrscheinlich. Diese Zweifel ändern aber nichts an seinem Urteil, dass *Hartung* echte Stücke gesammelt hat. Sehr gern hätte er noch den ehemaligen NS-Funktionär Hummel gesprochen, der so viele Dokumente beglaubigt hatte. Der Mann lebt in Süddeutschland und könnte bestimmt eine Menge interessante Details liefern. Aber Priesack hat Pech, der Mann empfängt ihn nicht.

Während Priesack die Sammlung prüft, erzählt ihm *Hartung*, dass er sämtliche NS-Devotionalien von einem Konrad »Fischer« aus Stuttgart erwirbt. Der beziehe sie aus der DDR, ein »Onkel in Uniform« sei beim Transport in den Westen behilflich. Da die meisten Sachen einheitliche Begleitschreiben haben, erscheint es Priesack logisch, dass sie aus ein und derselben Quelle stammen. Er versucht der Sache auf den Grund zu gehen und findet einen ersten Hinweis in dem Buch *Ich flog Mächtige der Erde*. Autor ist der ehemalige Chefpilot Adolf Hitlers, Hans Baur, der im bayerischen Herrsching wohnt. Baur hat seine Erinnerungen 1956 im Verlag Albert Pröpster in Kempten veröffentlicht. Über die letzten Kriegstage im April 1945 ist darin zu lesen:

»Tempelhof ging an jenem 22. April verloren, wir hatten also nur noch den Flugplatz Gatow. Am 25. April flogen von hier aus zum letzten Mal Maschinen nach München und Salzburg. Sie starteten in der Nacht um 2 Uhr, um noch vor dem Licht des neuen Tages an Ort und Stelle zu sein. Lediglich Major Gundelfinger konnte sich nicht auf den Weg machen, weil noch einige Passagiere fehlten. Als er endlich in der Luft war, konnte er sich ausrechnen, daß er noch rund 50 Minuten bei Sonnenlicht würde zurücklegen müssen. Von allen Maschinen bekamen wir noch in der Nacht oder in den Morgenstunden Landemeldungen, von Gundelfinger nicht.

Aufschlußreiche Papiere verbrannt?

Die Nachforschungen nach der Maschine blieben erfolglos. Als ich Hitler Meldung machte, war er sehr erregt, denn ausgerechnet in dieser Maschine war einer seiner Diener mitgeflogen, der ihm besonders am Herzen lag. Hitler: ›Ich habe ihm außerordentlich wichtige Akten und Papiere anvertraut, die der Nachwelt Zeugnis von meinen Handlungen ablegen sollten!« Hitler konnte sich lange Zeit nicht beruhigen, der Verlust schien ihm unendlich nahe zu gehen.

Erst acht Jahre später stellte sich heraus, daß Gundelfinger in der Nähe des Bayerischen Waldes abgeschossen worden war. Alles, was sich in der Maschine befand, war verbrannt. Bauern hatten die zwölf Leichen begraben, ohne zu wissen, wen sie begruben. Erst nach dieser Zeit wurde das Schicksal der Zwölf durch den Suchdienst aufgedeckt.«

Ein zweiter Hinweis findet sich in dem 1975 bei der DVA erschienenen Buch *Die Katakombe* von Uwe Bahnsen und James P. O'Donnell. Dort ist nachzulesen, dass Gundelfinger in der Nacht vom 22. auf den 23. April 1945 geflogen und zwischen Böhmerwald und Bayerischem Wald abgestürzt sei. Priesack und *Hartung* sind sich einig, es sei nicht auszuschließen, dass die Dokumente aus der Ju 352 des Majors Gundelfinger stammen.

Priesack findet, die Sammlung *Hartung* sei so interessant, dass sie der Wissenschaft zugänglich gemacht werden müsste. Und er weiß auch gleich einen Interessenten: den Stuttgarter Professor für Neuere Geschichte Eberhard Jäckel. Der ist gerade mit seinem Kollegen Axel Kuhn dabei, eine Sammlung aller erreichbaren Schriften Adolf Hitlers aus den Jahren 1905 bis 1924 zusammenzustellen und zu kommentieren. Priesack hilft Jäckel insbesondere dabei, Hitlers Sütterlin-Handschrift zu entziffern. *Hartung* ist damit einverstanden, dem Professor die Dokumente zu zeigen, vorher will er allerdings mit seinem Lieferanten »Fischer« sprechen. Aber auch Kujau hat keine Einwände.

So reisen denn am 27. November 1978 Prof. Priesack und Prof. Jäckel in *Reutlingen* an. *Rolf Hartung* führt sie durch seine Sammlung, in der auch der angebliche Frack und Stahlhelm Hitlers mit den beigefügten Echtheitszertifikaten ausgestellt sind. An den Devotionalien zeigt Jäckel wenig Interesse, ihn interessieren die Handschriften. Viele Dokumente passen zeitlich genau zu seinem Buchprojekt. Zweifel an der Echtheit hat der ausgewiesene Hitler-Experte Jäckel nicht. *Hartung* und Priesack weihen ihn auch in die Fundgeschichte ein: Die Dokumente stammten aus einem im April 1945 abgestürzten Flugzeug und seien aus der DDR geschmuggelt worden. Weitere Einzelheiten könne man nicht nennen, um die Beteiligten nicht zu gefährden. Im Laufe der folgenden Wochen bekommt Jäckel Fotokopien von 72 Hitler-Handschriften, die er für sein Buch ausgewählt hat.

Die im April 1945 abgestürzte Ju 352 des Majors Gundelfinger rückt immer weiter ins Zentrum des Interesses. Hitlers ehemaliger Chefpilot Hans Baur ist inzwischen gut bekannt mit *Rolf Hartung*. Nachdem er sein Buch *Ich flog Mächtige der Erde* veröffentlicht hat, reist er als Vortragender durch die Lande. Am 31. März 1979 hat er einen Auftritt im Gasthof »Sonnenberg« in Sonnenberg bei Stuttgart. *Hartung* ist zu seinem Bedauern verhindert, bittet aber Kujau, sich den Vortrag anzuhören, ihn bei Baur zu entschuldigen und den alten General für den nächsten Tag nach *Reutlingen* einzuladen. Kujau tut wie gebeten. Er stellt sich Baur und dessen Frau als »Fischer« vor und lernt bei der Gelegenheit dessen Bekannten Jakob Tiefenthäler kennen, auch ein Mann mit Faible für Adolf Hitler, der in der Bildstelle der US-Streitkräfte in Augsburg arbeitet.

Am nächsten Tag, es ist der 1. April 1979, chauffiert Konrad Kujau die drei Gäste und seine Lebensgefährtin nach *Reutlingen*, wo sie von *Rolf Hartung* zum Essen erwartet werden. Es wird ein denkwürdiges Treffen. Denn neben seiner Sammlung präsentiert *Hartung* jetzt zum ersten Mal einem größeren Kreis den Tagebuchband 1. Halbjahr 1935. Großes Erstaunen. Für Hans Baur, den Chef der »Führer«-Flugstaffel, gibt es keinen Zweifel, das Buch kann nur aus der Maschine stammen, die wichtige Dokumente aus dem von der sowjetischen Armee eingeschlossenen Berlin nach Salzburg bringen sollte, dort aber nie ankam. Eine schöne Information für Konrad Kujau, die sich mühelos in seine Legende einbauen lässt.

Ein halbes Jahr später zeigt *Hartung* das »Hitler-Tagebuch« zwei weiteren Vertrauten. Am 21. September 1979 sind Prof. Jäckel und Prof. Priesack wieder einmal zu Gast in *Reutlingen*, auch Konrad »Fischer« ist zugegen, als *Hartung* das Tagebuch hervorholt. Die beiden Experten halten es für sensationell, dass Adolf Hitler Tagebuch geführt hat. Jäckel möchte den Band gern übernehmen und veröffentlichen.

Jäckel weiß inzwischen, dass »Fischer« die Hitler-Dokumente besorgt hat, die er in seinem Buch veröffentlichen will. Nun erfährt er, dass »Fischer«/Kujau auch das Tagebuch aus der DDR beschafft hat. Kujau erwähnt, es gebe weitere Bände, einige befänden sich derzeit in Amerika. *Hartung* weiß, dass sein Lieferant im Jahr zuvor in den USA gewesen ist, und hält es für denkbar, dass er bei der Gelegenheit Kunden gesucht hat. Jäckel mag sich das gar nicht vorstellen.

Kujau verfolgt die Debatte interessiert, gibt sich aber eher zurückhaltend. Zu den Tagebüchern an sich könne er wenig sagen. Schon die merkwürdige Schrift von Adolf Hitler könne er nicht lesen. Umso lieber beantwortet er die Frage, in welchem Zeitraum der »Führer« denn seine Erlebnisse und Gedanken zu Papier gebracht habe. Zwischen 1932 und 1945, antwortet Kujau. Dann müssen also 27 Halbjahresbände existieren, folgert Priesack.

Ein paar Wochen später im Oktober trifft man sich erneut in *Reutlingen*. Jakob Tiefenthäler mit Frau und Konrad Kujau mit Lebensgefährtin sind geladen, und wieder geht es um das Tagebuch und die Hitler-Dokumente. Diesmal hat Kujau seine Legende aus allen Informationen und Rückschlüssen von Baur, *Hartung* und Priesack zu einem Mosaik zusammengesetzt und durch die eigene Verwandtschaft angereichert: Alles Material stammt aus dem abgestürzten Flugzeug, auch die 27 Tagebuchbände. Ein Verwandter, Museumsdirektor, beschafft die Dokumente, ein anderer Verwandter, General der DDR-Grenztruppen, sorgt für den Transport in die Bundesrepublik. Höchste Geheimhaltung ist geboten, weil die Leute in der DDR mit einem Bein im Gefängnis stehen.

So sind nun alle Leute versammelt, die in dem Skandal um die gefälschten Hitler-Tagebücher eine wichtige Rolle spielen. Zu einem von ihnen hat *Stern*-Reporter Gerd Heidemann auch schon einen ersten Kontakt geknüpft. Auch die Legende ist gestrickt. Die Lunte glimmt, knapp vier Jahre später wird die Bombe platzen.

Der »Spürhund«

Gerd Heidemann wird am 4. Dezember 1931 im damals preußischen Altona geboren. Gemeinsam mit drei Geschwistern wächst er bei Mutter und Stiefvater auf. Der kleine Junge ist häufig krank und wird deshalb erst im Alter von sieben Jahren eingeschult. Bei den Bombenangriffen der Alliierten 1943 auf Hamburg wird auch die elterliche Wohnung zerstört. Die Familie zieht ins niedersächsische Fallingbostel und lebt dort mehrere Jahre.

Der Junge absolviert die Volksschule und träumt davon, Kameramann zu werden. Er hat Glück und kann eine Fotografen-Lehre beim damaligen Nordwestdeutschen Rundfunk (NWDR) beginnen. Er besucht die Berufsschule für Fotografie und wechselt zu einer Bildagentur. Danach arbeitet er ab 1951 als freier Fotograf und macht Bilder für die Deutsche Presse Agentur und Hamburger Zeitungen. Dabei demonstriert er viel Talent und Einfallsreichtum. Es gelingen ihm eindrucksvolle Reportagen über die Waffenarsenale der US-Armee in Deutschland und kriminelle Banden in Italien. 1954 bekommt er den ersten Auftrag von Henri Nannen. Im September 1955 wird Heidemann »fester freier Mitarbeiter« beim *Stern*, er fotografiert und arbeitet als Laborant. Am 1. Januar 1960 wird er fest angestellt.

Sein erster großer Erfolg ist die Serie »Deutschland deine Sternchen«, die er gemeinsam mit dem Autor Will Tremper veröffentlicht und in der alle Film- und Schlager-Stars der 50er-Jahre gefeiert werden. Heidemann recherchiert und fotografiert. Anfangs sollen nur wenige Folgen erscheinen, aber die Leser sind dermaßen begeistert, dass die Serie länger als ein Jahr läuft – von Heft 17/1959 bis Heft 20/1960.

Ein ähnliches Großprojekt beginnt Heidemann 1962. Er bekommt von Henri Nannen den Auftrag herauszufinden, wer den Bestseller *Das Totenschiff* geschrieben hat. Es ist allgemein bekannt, dass sich der wahre Autor hinter dem Pseudonym »B. Traven« versteckt. Heidemann macht sich auf die Suche und reist nach Mexiko. Die Traven-Berichte erscheinen 1967 im *Stern*, die ARD macht einen Fernsehfilm daraus (»Im Busch von Mexiko – Das Rätsel B. Traven«), und Heidemann veröffentlicht sein Buch *Postlagernd Tampico*.

Auch als Kriegsberichterstatter macht er sich einen Namen. Heidemann ist kein Haudegen. Eher zurückhaltend, leise, freundlich und vorsichtig, entspricht er so gar nicht dem Klischeebild vom eiskalten Krisenreporter. Er spielt in allen Lebenslagen Schach. Bei dreizehn Kriegen ist er mit der Kamera dabei, im Kongo, in Biafra, Angola, Kenia, Israel, und dokumentiert die Grausamkeit der Kämpfe. Seine Fotos schockieren und beeindrucken. 1965 erhält er für eine Fotoserie aus dem Kongo-Krieg die Goldmedaille im »World Press Photo«-Wettbewerb und wird mit dem ersten Preis in der Sparte Reportage ausgezeichnet. Mit der jüngsten deutschen Vergangenheit, mit Hitler und seinem mörderischen Regime, hat er sich bis dahin nur gelegentlich beschäftigt. Das ändert sich, als ihm 1972 ein Kollege von einem ganz besonderen Schiff erzählt, das zum Verkauf steht. Ein Schnäppchen, mit dem sich sicherlich viel Geld machen ließe. Es ist die 28 Meter lange Motoryacht »Carin II« von Hermann Göring.

Hitlers Intimus, Reichsluftmarschall, Reichsjägermeister und Preußischer Ministerpräsident Göring, hatte sich schon einmal eine Yacht schenken lassen und auf den Namen seiner 1931 gestorbenen ersten Frau Carin getauft. Bei Ausflügen über die Ostsee hatte er Gefallen an der Schifffahrt gefunden, empfand das kleine Boot mit offenem Ruderstand auf Dauer aber wohl doch als ein wenig zu unspektakulär. Über einen Vertrauten ließ er die deutsche Automobilindustrie wissen, dass er sich über ein doppelt so großes Schiff sehr freuen würde. Göring war damals Chef des »Vierjahrplanes«, mit dem die Wehrmacht aufgerüstet wurde. Er entschied über lukrative Aufträge, daher sollte man sich den Mann gewogen halten. Und so wurde 1936 bei der Alsterbootswerft Heidtmann in Hamburg die neue Yacht in Auftrag gegeben, 1937 als verspätetes Hochzeitsgeschenk Göring übergeben und auf den Namen »Carin II« getauft. Baukosten: mehr als 1 Million Reichsmark.

Um dem Vorwurf vorzubeugen, der zweite Mann im NS-Staat lasse sich von der Industrie mit einem so teuren Geschenk bestechen, wurde das Schiff auf den Namen von Görings zweiter Frau Emmy registriert.

Göring fuhr mit seiner aufwändig ausgestatteten Yacht auf Rhein und Elbe und über Nord- und Ostsee. NS-Größen und Staatsgäste kamen an Bord. Während des Zweiten Weltkrieges lag das Schiff fest vertäut und ständig bewacht von drei Soldaten in einem Bootshaus in Berlin-Gatow. Erst im März 1945 wurde die »Carin II« ins schleswig-holsteinische Mölln verlegt. Dort fiel das Schiff den britischen Truppen in die Hände. Der Oberbefehlshaber, Feldmarschall Montgomery, ließ die »Carin II« nach Kiel bringen, besichtigte sie und machte sie der britischen Kronprinzessin Elizabeth zum Geschenk. Die ließ es auf den Namen »Royal Albert« taufen. Nachdem sie 1953 zur Königin gekrönt worden war, benannte sie das Schiff nach ihrem damals zweijährigen Sohn in »Prince Charles« um und war mehrfach mit Mann und Kindern an Bord.

1960 hatte Emmy Göring in London beantragt, die Yacht zurückzubekommen. Schließlich sei sie die rechtmäßige Eigentümerin. Das britische Königshaus stimmte der Rückabwicklung zu, und schon Anfang 1961 konnte die Göring-Witwe das Schiff für 33 000 Mark an einen Bonner Druckereibesitzer weiterverkaufen. Ein stolzer Preis damals. Und nun steht das Schiff wieder zum Verkauf.

Heidemann hat vor Jahren seinen Motorbootführerschein gemacht und will sich eigentlich ein kleines Motorboot zulegen. Die Reise nach Oberwinter bei Bonn, wo die Yacht liegt, über die der Kollege eine Reportage für eine Fachzeitschrift schreiben soll, macht Heidemann eher zum Vergnügen mit, er will für den Bericht dann die Fotos machen.

Doch nachdem er das Schiff besichtigt und fotografiert hat, entschließt er sich spontan, Görings Motoryacht für 160 000 Mark selbst zu kaufen. Die Summe bringt er zum größten Teil durch den Verkauf seines Hauses auf, den Rest leiht er sich. Er ist hoffnungsfroh, das geschichtsträchtige Schiff bald an einen amerikanischen Sammler weiterverkaufen zu können. Für 160 000 Dollar, schätzt er, was beim damaligen Dollar-Kurs einen Wertzuwachs von 300 Prozent bedeutet hätte. Heidemann setzt alles auf eine Karte und investiert sein gesamtes Vermögen in die Yacht.

Das Schiff wird nach Hamburg-Rothenburgsort verholt und macht in der Billwerder Bucht fest. Der aktuelle Schiffsname »Theresia« wird abgeschraubt, Görings Yacht bekommt wieder den Namen »Carin II«. Heidemann beginnt, das Schiff zu renovieren und in seinen ursprünglichen Zustand zurückzuversetzen. Doch der Traum vom schnellen Geld ist bald zu Ende, es findet sich kein zahlungskräftiger Interessent, nicht in Amerika, nicht in Arabien, nicht in Afrika, wo Heidemann es dem Diktator Idi Amin schmackhaft zu machen versucht. Das Schiff liegt im Hafen und kostet. Jahre später versucht Gerd Heidemann, einige *Stern*-Kollegen dazu zu bewegen, sich finanziell an der »Carin II« zu beteiligen, um Geld in die Kasse zu bekommen. Doch auch da ist die Begeisterung verhalten. Die Chancen, die Motoryacht mit Gewinn zu verkaufen, sind einfach zu schlecht.

Mit der ihm eigenen Akribie beginnt der neue Schiffseigner nun die Geschichte der »Carin II« zu recherchieren. Er findet heraus, dass Hermann Göring mit seinem Schiff Helgoland, Kopenhagen und das schwedische Helsingborg besucht hat. Dass Adolf Hitler bei einer Flottenparade auf der Ostsee im Sommer 1938 seinem Luftmarschall einen Kurzbesuch an Bord abgestattet hat. Dass Göring auf der »Carin II« mit Vertrauten gern bis tief in die Nacht Skat spielte und dabei Schallplatten mit Wagner-Musik hörte. Dass Göring im Sommer 1939 den Prinzregenten Paul von Jugoslawien und dessen Frau Prinzessin Olga zu Gast hatte und sich mit ihnen in weißer Phantasieuniform von den Berlinern bestaunen ließ, als das Schiff am Ufer des Wannsees entlangsteuerte. Und dass am 5. August 1939 an Bord der »Carin II« eine wichtige Konferenz stattfand. Göring habe an dem Tag mit dem Generalinspekteur der Luftwaffe, Erhard Milch, und dem Generalluftzeugmeister, Ernst Udet, zusammengesessen und 32 neue Kampfgeschwader verlangt, insgesamt 4330 Flugzeuge. Schon Tage später seien die deutschen Flugzeughersteller Heinkel, Junkers und Messerschmitt beauftragt worden, jetzt vor allem Bomber zu produzieren.

Heidemann treibt sogar einen der drei Luftwaffen-Soldaten auf, die während des Krieges das Schiff in Berlin-Gatow bewacht hatten, und lässt sich berichten, das sei ein stinklangweiliger Job gewesen. Heidemann sammelt Logbücher und Fotos. Auch ein Geschirr von Göring kommt an Bord. Bei einem NS-Sammler in Los Angeles findet er 1976 eine Uniform des Marschalls und schmückt damit die »Carin II«.

Um wenigstens etwas Gewinn aus dem Schiffskauf zu ziehen, plant Heidemann, es zur Begegnungsstätte von ehemaligen Kriegsgegnern zu machen. Die Gespräche will er auf

Tonband mitschneiden und später veröffentlichen. Heidemann liest Bücher über das Dritte Reich. Im Bildarchiv des *Stern* arbeitet Heinrich Hoffmann jr., der Sohn von Hitlers Leibfotograf. Mit dem ist er befreundet, und aus dessen Privatarchiv bekommt er Fotos für das Schiff.

Ein anderer Kollege Heidemanns ist Jochen von Lang, der Experte für NS-Themen beim *Stern*. Der hat zahlreiche zeitgeschichtliche Themen bearbeitet und gibt später die Vernehmungsprotokolle von Adolf Eichmann heraus, der in Israel vor Gericht gestellt und wegen Beihilfe zum Massenmord an den Juden hingerichtet wird. Jochen von Lang macht Heidemann mit dem ehemaligen General der Waffen-SS Wilhelm Mohnke bekannt, der nun als Autoverkäufer in Hamburg lebt. Der SS-Brigadeführer und Ritterkreuzträger war am Ende des Krieges der letzte Kampfkommandant der Reichskanzlei in Berlin. Er war im »Führer«-Bunker, als Adolf Hitler sich am 30. April 1945 erschoss. Über Mohnke lernt Heidemann nun Edda Göring kennen, die Tochter von Hermann Göring.

Und er trifft Karl Wolff, ebenfalls ehemaliger General der Waffen-SS. Wolff war schon 1931 in die SS eingetreten. Er machte eine steile Karriere, wurde die rechte Hand von SS-Chef Heinrich Himmler und war mit dem Chef des Reichssicherheitshauptamtes Reinhard Heydrich befreundet. Wolff war ein widerwärtiger Nazi, der zum Beispiel am 13. August 1942 an den Staatssekretär im Reichsverkehrsministerium, Albert Ganzenmüller, schrieb: »Mit besonderer Freude habe ich von Ihrer Mitteilung Kenntnis genommen, daß nun schon seit Tagen ein Zug mit je 5000 Angehörigen des Auserwählten Volkes nach Treblinka fährt.« Im Juli 1943 wurde Wolff von Himmler zum »Höchsten SS- und Polizeiführer« in Italien berufen. Nach dem Krieg musste er wegen »Mitgliedschaft in einer kriminellen Vereinigung« für vier Jahre ins Gefängnis. 1962 wurde Wolff, der inzwischen als

Anzeigenvertreter arbeitete, erneut verhaftet und im September 1964 wegen Beihilfe zum Mord an 300 000 polnischen Juden zu 15 Jahren Zuchthaus verurteilt.

Heidemann schließt im Laufe der Zeit Freundschaft mit beiden Ex-Generälen. Wenn er von Wolff spricht, nennt er ihn »Wölffchen«. Als er 1978 erneut heiratet – es ist seine vierte Ehe –, sind Wolff und Mohnke die Trauzeugen. Wolff hilft ihm auch mit Informationen, als Heidemann 1979 gemeinsam mit dem *Stern*-Autor Erich Kuby zu einer Panne erscheint. Themen: Die Romanze des Diktators Benito Mussolini und seiner Geliebten Clara Petacci und die angeblichen Geheimverhandlungen zwischen Mussolini und dem britischen Premierminister Winston Churchill während des Zweiten Weltkrieges.

Es gelingt Heidemann in der Tat, die »Carin II« auch zum Treffpunkt von ehemaligen Kriegsgegnern zu machen. An Bord kommen Wolff, Mohnke und Edda Göring mit dem Amerikaner Eugene Bird, ehemals Kommandant des Alliierten-Kriegsverbrechergefängnisses in Berlin-Spandau, und Leopold Trepper zusammen, dem legendären Chef der kommunistischen Spionagegruppe »Rote Kapelle«, der während des Zweiten Weltkrieges in Frankreich gegen die Nazis gearbeitet hatte.

So spannend solche Abende sind, die »Carin II« wird für Heidemann immer mehr zum Klotz am Bein. Die Vorstellung, er könne das Schiff kostengünstig weitgehend selbst renovieren, stellt sich bald als Trugschluss heraus. Heidemann verdient damals 7 500 Mark brutto im Monat, ein gutes Gehalt, aber die Reparaturen der Yacht kann er damit bei weitem nicht bezahlen. Er muss Kredite aufnehmen. Anfang 1976 haben seine Schulden bei der Deutschen Bank in Hamburg laut Feststellung des Landgerichts die Marke von 250 000 Mark erreicht, ohne dass die »Carin II« schon perfekt restauriert ist.

Als ihm die Illustrierte *Bunte* dann ein Gehalt von 10 000 Mark und zusätzlich ein Darlehen anbietet, will Heidemann den *Stern* verlassen. Chefredakteur Henri Nannen mag auf den tüchtigen Reporter aber nicht verzichten und bietet ihm 9000 Mark Gehalt sowie einen Vorschuss von 60 000 Mark für ein geplantes Buch mit dem Titel *Bordgespräche*. Zitat aus dem Buchvertrag:

»1. ... Inhalt des Buches wird eine zeitgeschichtliche Darstellung des Dritten Reiches, seiner Führer und seiner Gegner sein, wobei die Geschichte der Göring-Yacht und ihrer Einsätze den roten Faden der Handlung abgeben. Dabei sollen authentische Gespräche mit den überlebenden Persönlichkeiten des Dritten Reiches und aus der Nachkriegszeit ... den wesentlichen Inhalt bilden.
2. Der Autor, der zugleich der derzeitige Eigentümer der ehemaligen Göring-Yacht ist, verpflichtet sich, die Yacht für die vorerwähnten Prominenten-Gespräche dem Verlag bis mindestens Ultimo 1977 zur Verfügung zu stellen und bis zu diesem Zeitpunkt in einem repräsentativen Zustand zu erhalten.«

Heidemann unterschreibt den Vertrag, erhält einen Scheck über 60 000 Mark und bleibt.
Der Vorschuss verschafft ihm zwar etwas finanziellen Spielraum, aber die Schwierigkeiten sind damit nicht beseitigt. Allein für Zinsen und Tilgung der Schiffskredite muss Heidemann monatlich mehr als 3000 Mark aufbringen. Er will die »Carin II« endlich loswerden und bietet sie im Sommer 1978 im Katalog eines Münchner Auktionshauses für 1,1 Millionen Mark zum Kauf an.
Auch diesmal findet sich kein ernsthafter Interessent. Doch plötzlich gibt es einen Hoffnungsschimmer. Wilhelm Mohnke wird im Oktober von einem Jakob Tiefenthäler aus

Augsburg angeschrieben und um ein Bild mit »Ritterkreuz« gebeten. Tiefenthäler sammelt, so schreibt er, Fotos von Soldaten, die von Adolf Hitler mit diesem hohen Orden ausgezeichnet worden sind. Mohnke gehört dazu. Die Fotos sollen in einem Militärmuseum ausgestellt werden, das im australischen Sydney geplant sei.

Da er von den finanziellen Engpässen Heidemanns weiß, erzählt Mohnke seinem Freund von dem Kontakt und schlägt vor, dem Museum etwas aus seiner Göring-Sammlung zu verkaufen. Heidemann findet, das sei eine gute Idee, aber dann könnten die Australier doch gleich das ganze Schiff kaufen. Mohnke beantwortet den Brief aus Augsburg, berichtet von der »Carin II« und lädt Tiefenthäler ein, das Schiff in Hamburg zu besichtigen.

Anfang 1979 telefoniert Heidemann selbst mit Tiefenthäler, erzählt ihm von seinen Recherchen zur Geschichte des Schiffes und von seiner Göring-Sammlung. Er erwähnt auch, dass er mit einem Scheich aus den Arabischen Emiraten in Gesprächen ist, der die »Carin II« demnächst besichtigen will.

Schon einen Monat später schreibt Tiefenthäler an Mohnke und hat gute Nachrichten: Die Museumsplaner in Sydney seien tatsächlich an Görings Yacht interessiert, die australische Marine wolle dafür sogar einen Liegeplatz in ihrem Hafen freimachen. Doch auch aus diesem Geschäft wird nichts, denn Anfang März schreibt Tiefenthäler an Mohnke, es gebe plötzlich politische Schwierigkeiten in Australien, das Museumsprojekt sei zu den Akten gelegt worden. Der Scheich aus den Emiraten meldet sich ebenfalls nicht mehr.

Alle Bemühungen, einen Käufer für die »Carin II« zu finden, sind also gescheitert. Aber jetzt besteht ein Kontakt zu Jakob Tiefenthäler, dem Mann, der zum Bekanntenkreis des Hitler-Sammlers *Rolf Hartung* gehört und auch Konrad

»Fischer«/Kujau gut kennt. Es ist nur noch eine Frage der Zeit, bis auch Gerd Heidemann dort auftauchen und endgültig im Nazisumpf versinken wird.

Zuvor tritt *Stern*-Reporter Heidemann aber noch eine lange Reise nach Südamerika an. Er will die Fluchtwege von Kriegsverbrechern und hohen NS-Funktionären nachzeichnen, die sich nach dem Untergang des Dritten Reiches mit Hilfe des Vatikans und des Roten Kreuzes nach Südamerika abgesetzt haben und seitdem unbehelligt dort leben. Vor allem hofft Heidemann, Hitlers Kanzlei-Chef Martin Bormann zu finden. Zwar hat sein Kollege Jochen von Lang schon 1973 im *Stern* darüber berichtet, dass damals die sterblichen Überreste von Bormann in Berlin gefunden worden waren. Anhand des Zahnschemas des Totenschädels hatte man Bormann eindeutig identifiziert. Aber Heidemann ist überzeugt, dass dies falsch ist. Er hat Informationen, dass Bormann noch lebt, und zwar in Südamerika.

Um möglichst schnell mit den Altnazis Kontakt aufnehmen zu können und ihr Vertrauen zu gewinnen, bittet Heidemann seinen Freund Karl Wolff, ihn bei dieser Recherche zu begleiten. Er weiß, dass es enge Kontakte zwischen den ehemaligen SS-Offizieren im Ausland gibt und dass in diesen Kreisen immer noch die Hacken zusammengeschlagen werden, wenn ein ehemaliger Vorgesetzter auftritt. Und Wolff ist einer der höchsten noch lebenden SS-Generäle. Offiziell wird Heidemann als sein Sekretär auftreten.

Heidemann und Wolff sind von Ende Juni bis Ende August unterwegs. Sie reisen nach Argentinien, Chile, Paraguay, Bolivien und Brasilien. Das Duo wird wie erhofft freundlich aufgenommen, und Heidemann lässt sein Tonband laufen. Stundenlang nimmt er die Aussagen seiner Gesprächspartner auf, die ihre Erinnerungen zum Besten geben und Hitler und die Nazizeit hochleben lassen. Kritische

Fragen stellt Heidemann nicht. Später wird es in Hamburg kontroverse Debatten darüber geben. Solche Nazipropaganda ist undruckbar. Aus einer geplanten Serie wird nichts.

Aber ein hochinteressantes Interview kommt doch zustande. In der bolivianischen Hauptstadt La Paz treffen Wolff und Heidemann mit Klaus Barbie zusammen, der dort unter dem Namen Klaus Altmann lebt. Barbie ist während der deutschen Besatzung Frankreichs Gestapo-Chef in Lyon gewesen und als »Schlächter von Lyon« in die Geschichte eingegangen. Barbie erzählt dem Besuch aus Deutschland eine Woche lang in allen Details und ohne jede Spur von Reue, wie er zwischen 1942 und 1944 die Juden verfolgt und ganze Dörfer »ausgeräuchert« hat.

Dieses Interview erscheint 1980 im *Stern* und wird weltweit nachgedruckt. Barbie, der vorher schon von der Nazijägerin Beate Klarsfeld in Bolivien aufgespürt worden war, wird 1983 nach Frankreich ausgeliefert, vor Gericht gestellt und im Juli 1987 wegen Verbrechen gegen die Menschlichkeit zu lebenslanger Haft verurteilt.

Seinen wichtigsten Gesprächspartner trifft Heidemann allerdings nicht: Martin Bormann ist nicht zu finden. Aber er kommt mit Leuten zusammen, die ihm von Bormann erzählen, und von einem bekommt er sogar ein Foto, das Hitlers Adlatus zeigen soll. Es bestärkt Heidemann in seiner Überzeugung, dass Bormann tatsächlich noch lebt.

Das erste »Hitler-Tagebuch«

Am 30. August sind die Südamerikareisenden wieder in Hamburg. Zwei Wochen später bekommt Heidemann Post von Jakob Tiefenthäler. Er bemühe sich weiter, einen Käufer für die »Carin II« zu finden. Leider habe eine Anzeige in einer amerikanischen Zeitung nichts gebracht. Aber er kenne einen erfolgreichen Geschäftsmann und Sammler, der zwar nicht an dem Schiff, jedoch an anderen Göring-Devotionalien interessiert sei. Heidemann möge ihm doch eine Liste mit Preisen schicken.

Heidemann ruft Tiefenthäler an. Der erzählt ihm, der Unternehmer heiße *Rolf Hartung* und wohne in *Reutlingen*. Wenige Tage später schreibt Tiefenthäler an Heidemann, *Hartung* sei an den Göring-Sachen interessiert. Zurzeit sei er aber sehr beschäftigt. Heidemann und Tiefenthäler sollten sich doch Anfang Januar bei ihm melden.

Wegen der eher mageren Ausbeute seiner achtwöchigen Nazirecherchen in Südamerika und der erheblichen Reisespesen hat Gerd Heidemann inzwischen Ärger mit Peter Koch bekommen, der damals stellvertretender Chefredakteur des *Stern* ist und Anfang 1981 einer von Henri Nannens Nachfolgern werden soll. Jahrelang ist der Reporter als exzellenter Rechercheur und Fotograf gefeiert worden, und als das Konkurrenzblatt *Bunte* ihm ein hervorragendes Angebot machte, hatte ihn Nannen mit einer Gehaltserhöhung und dem gut dotierten Buchvertrag noch einmal umstimmen können. Aber jetzt sieht er für sich bei dem Blatt keine rechte Zukunft mehr. Am 14. November 1979 schreibt er an Nannen eine Hausmitteilung:

»Lieber Herr Nannen,
hiermit kündige ich meinen Vertrag fristgemäß zum 15. November 1980.
Mit freundlichen Grüßen
Gerd Heidemann«

Die Personalabteilung von Gruner+Jahr bestätigt die Kündigung eine Woche später.

Ein paar Tage danach trifft Heidemann im Redaktionshaus an der Außenalster seinen Kollegen Erich Kuby, mit dem er in Italien für die geplante Mussolini-Serie recherchiert hatte. Im Mai hatte er mit dem Verlag darüber auch einen Buchvertrag abgeschlossen. Neben dem Gemeinschaftswerk mit Kuby sollte er noch zwei weitere Manuskripte liefern – »Meine afrikanischen Kriege« und »SS-Export«. Für die drei Projekte hatte der Verlag 30 000 Mark Vorschluss gezahlt.

Wegen der Mussolini-Serie hat Kuby Probleme mit Nannen bekommen. Er erzählt, dass er seinen Vertrag mit dem *Stern* gekündigt habe. Heidemann berichtet ihm von seinem Kontakt zu Tiefenthäler und dass es angeblich Tagebücher von Adolf Hitler gebe. Kuby rät ihm, wenn er die Bücher beschaffen könne, sollte er sie lieber einem amerikanischen Verlag anbieten als Gruner+Jahr. Heidemann sagt, er habe ja beim *Stern* ebenfalls gekündigt. Er müsse sehen, ob er die Bücher überhaupt beschaffen könne, die meisten seien ja noch in der DDR.

Kuby weiß, dass Heidemann eine Leidenschaft für die NS-Zeit entwickelt hat. Er ist auch Gast auf der »Carin II« gewesen, hat dort Heidemanns Freund Karl Wolff getroffen und sich mit einem denkwürdigen Spruch im Bordbuch verewigt. Am 28. Juli 1978 schreibt er: »Auf dem stillsten Meer, das ich seit langem sah, soweit die Elbe schon zum Meer zu rechnen ist, haben wir das herrliche Dritte Reich mit General

Wolff auferstehen lassen. Erich Kuby«. Kuby wird Gerd Heidemann auch eine Glückwunschkarte schreiben, als der *Stern* im April 1983 die »Hitler-Tagebücher« veröffentlicht und den Reporter feiert. Als sich der Sensationsfund als Fälschung herausstellt, schreibt Kuby sein Buch *Der Fall ›stern‹ und die Folgen* und rechnet darin gnadenlos mit Heidemann, Nannen und dem *Stern* ab.

Nach dem Jahreswechsel 1979/1980 bekommt Heidemann endlich den lange erwarteten Termin bei dem Hitler-Sammler *Rolf Hartung*. Am 6. Januar reist er mit einem Koffer per Bahn in *Reutlingen* an. Zu Hause bei *Hartung* präsentiert er seine Göring-Schätze: Luftwaffen-Dolch und Dosen aus Gold und Silber. *Hartung* ist beeindruckt und bietet für alles 30 000 Mark. Heidemann bekommt zwei Schecks überreicht.

Der Unternehmer führt dem Gast seine umfangreiche Hitler- und NS-Sammlung mit Fahnen und Uniformen vor. Im Gästebuch findet Heidemann Fotos und Eintragungen von Hitlers Pilot Hans Baur und dem ehemaligen Oberst Hans-Ulrich Rudel, aber auch den Namen des Polizeipräsidenten von Stuttgart und anderer Prominenter. Als Höhepunkt des Besuchs öffnet *Hartung* seinen Tresor, und Gerd Heidemann darf das Tagebuch von Adolf Hitler ansehen. Eine schwarz gebundene Kladde mit aufgeklebten goldfarbenen Buchstaben. Auf der ersten Seite des linierten Heftes steht in Sütterlin-Schrift »Politische und private Aufzeichnungen des Jahres 1935 Adolf Hitler«. Heidemann blättert in dem Buch, hat Mühe, den Text zu entziffern, kann sich aber einige Sätze merken.

Hartung erzählt, dass alle Dokumente seiner Sammlung aus einem Flugzeug stammen, das kurz vor Kriegsende bei Leipzig abgestürzt sei. Als Heidemann wissen will, wie viele solche Tagebuchbände es gebe, sagt *Hartung*, es seien mehr als zwanzig. Sein Lieferant sei ein Mann aus Stuttgart mit hochrangigen Verwandten in der DDR, die das Material über die Grenze schmuggelten. Er nennt auch den Namen »Fischer«.

Heidemann ist klar, dass die Hitler-Tagebücher eine Sensation sind. Wenn er die beschaffen könnte, wäre er seine finanziellen Sorgen auf einen Schlag los. Er will also mehr über diesen »Fischer« wissen, aber *Hartung* wimmelt die Fragen ab. Der Mann habe schon Kontakt mit Historikern, die würden die von ihm besorgten Dokumente bald veröffentlichen. Außerdem sei »Fischer« ziemlich konservativ und wolle mit einem linken Blatt wie dem *Stern* bestimmt nichts zu tun haben.

Zurück in Hamburg, trifft Heidemann wenige Tage später zufällig Henri Nannen in der Kantine des Redaktionshauses. Während des Essens fragt Heidemann, ob Nannen je etwas von Hitler-Tagebüchern gehört habe. Der verneint und zeigt auch kein Interesse daran. Er hält das Ganze für Hokuspokus, aber wenn Heidemann die Sache verfolgen wolle, solle er sich an Thomas Walde wenden, der sei doch gerade Leiter des neu gegründeten Ressorts »Zeitgeschichte« geworden und für solche Stoffe zuständig.

Dr. Thomas Walde ist 1971 als Redakteur zum *Stern* gekommen und gilt dort als Geheimdienstexperte. Seine Doktorarbeit hat der studierte Politikwissenschaftler über das Thema »Die Rolle der Geheimen Nachrichtendienste im Regierungssystem der Bundesrepublik Deutschland« geschrieben. Walde unterhält gute Beziehungen zum Bundesnachrichtendienst (BND) in Pullach und zum Bundesamt für Verfassungsschutz in Köln. Mit dem damaligen BfV-Chef, Günther Nollau, ist er befreundet. Und auch zu Offizieren des DDR-Geheimdienstes hat er Kontakte geknüpft. Er interviewt Generalbundesanwalt Siegfried Buback zum RAF-Prozess in Stuttgart-Stammheim und BKA-Chef Dr. Horst Herold über die

Bedrohung durch Terroristen. Und er schreibt über den Geheimdienst des Vatikans »Die schwarze Kapelle«.

1978 übernimmt er die Leitung der Nachrichtenredaktion des *Stern*. Und nun hat er mit dem Historiker Leo Pesch das neue Ressort »Zeitgeschichte« gegründet. Heidemann selbst ist damals Reporter im Ressort »Sonderthemen«. Wie von Nannen angeregt, meldet er sich bei Walde und berichtet ihm von seinem aufregenden Besuch in *Reutlingen*. Der hat auch noch nie etwas davon gehört, dass Adolf Hitler Tagebuch geführt haben soll, findet die Sache aber hochspannend und bittet Heidemann, die Spur weiter zu verfolgen.

Drei Wochen später spricht Heidemann am Rande einer privaten Feier in der Redaktion seinen Kollegen Arnim von Manikowsky an. Der ist beim *Stern* der Fachmann für Zeitgeschichte und besonders für die NS-Zeit. Er hat viele Artikel und Serien über diese Themen geschrieben und unter anderem die Vergangenheit des baden-württembergischen Ministerpräsidenten Hans Filbinger aufgedeckt, der als Marinerichter Todesurteile verhängte und noch nach Kriegsende einen Matrosen wegen »Gehorsamsverweigerung« zu sechs Monaten Gefängnis verurteilte. Von Manikowsky sagt zu Heidemann, die Tagebücher seien eine Märchengeschichte, alles Quatsch. Es gebe in der gesamten Literatur keinerlei Hinweis darauf, und er kenne nun wirklich alle einschlägigen Bücher.

Heidemann weiß, dass Manikowsky tatsächlich ein Experte ist, aber schließlich hat er die schwarze Kladde von Hitler selbst in der Hand gehabt. Er besorgt sich also die entsprechenden Bücher und beginnt zu lesen. Zum Beispiel das Buch *Hitlers Tischgespräche im Führerhauptquartier* von Dr. Henry Picker. Da findet er auf Seite 10 den Halbsatz »Da Hitlers eigenes Memoiren-Fragment bei einem Flugzeugabsturz am 26. April 1945 verbrannte ...«. 23 Seiten weiter liest Heidemann die Passage »Hitler erteilte die Genehmigung mit der Auflage, daß die Veröffentlichung auf seine (wie bereits erwähnt: in den letzten Kriegstagen verlorengegangenen) Memoiren abgestimmt werden müsse.«

Das sind nun zwar keine stichhaltigen Beweise, dass Hitler Tagebuch geführt hat, aber irgendwelche Aufzeichnungen hat er offensichtlich gemacht. Und der Flugzeugabsturz ist ja ein weiterer Ansatz für eine Recherche. Heidemann liest das Buch von Hitlers Chefpilot Hans Baur und stößt dort auf die Geschichte von der über dem Bayerischen Wald abgeschossenen Ju des Majors Gundelfinger und Hitlers Betroffenheit über den Verlust wichtiger Papiere für die Nachwelt. Dieselbe Passage hatte ein Jahr zuvor Prof. Priesack gelesen und sie mit den Fundgeschichten des Konrad »Fischer« in Verbindung gebracht. Und Kujau hatte diese Information begierig in seine Hitler-Legende eingewoben. Nun glaubt auch Heidemann, dass die Ju 352 von Major Gundelfinger eine Schlüsselrolle für die Hitler-Tagebücher spielt.

Vorerst muss sich Heidemann aber noch um andere Themen kümmern. So fahndet er in Süddeutschland nach einem verschwundenen Reichsbankschatz und recherchiert bei Amnesty International in Bonn über die »Colonia Dignidad« in Chile und ihre Rolle als Foltercamp unter Diktator Pinochet.

Ende März wechselt Heidemann vom Ressort »Sonderthemen« zum Ressort »Zeitgeschichte«. Thomas Walde plant eine Besprechung über NS-Themen, die demnächst in Angriff genommen werden sollen. Die Konferenz findet, den Themen angemessen, am 21. April an Bord von Heidemanns »Carin II« statt. Auf der Tagesordnung stehen »Okkultismus in der SS«, »Geld und Lastwagen gegen jüdische Mitbürger«, »Kooperation der Schweiz«, »Hitlers Schriften«, »Der Reichsbankschatz« und auch das Stichwort »Hitler-Tagebücher«. Doch weil an dieser Besprechung auch ein

Volontär der Gruner+Jahr-Journalistenschule und als freier Mitarbeiter der Historiker Dirk Bavendamm teilnehmen, wird dieses Geheimprojekt nur ganz am Rande behandelt.

Auch in den folgenden Monaten kommt Heidemann nicht dazu, weiter nach den Tagebüchern zu forschen. Im Auftrag von Walde fährt er nach Ostberlin und trifft sich dort konspirativ mit Waldes Stasi-Kontaktmann »Buchner«, der ihm Material über die Bonner Sekretärin Inge Goliath übergibt. Die hat jahrelang für den CDU-Abgeordneten Dr. Werner Marx gearbeitet und gleichzeitig für den DDR-Staatssicherheitsdienst spioniert. Vor ihrer Enttarnung konnte sie sich nach Ostberlin absetzen. Zu dem Stasi-Material gehört auch eine interne Liste über die Personal- und Gehaltsstruktur des BND. Waldes Veröffentlichung über den Fall Goliath im *Stern* Nr. 30/1980, »Ein Maulwurf wird gesucht«, löst erheblichen politischen Wirbel in Bonn aus.

Im Juli und August ist Heidemann zwei Geldräubern aus Mannheim auf der Spur, die 2,4 Millionen Mark erbeutet haben und verschwunden sind. Der Reporter fährt nach Wiesbaden, Aschaffenburg und München. Gemeinsam mit Beamten vom hessischen Landeskriminalamt fliegt er Anfang August nach Tunis, wohin die beiden Geldräuber geflüchtet und wo sie von der tunesischen Polizei festgenommen worden sind. Er kann die Täter im Gefängnis fotografieren und interviewen. Zwei Wochen später ist er mit seinem Kollegen Jürgen Petschull, dem Leiter des Ressorts »Sonderthemen«, noch einmal in Tunis. Die Räuber sind aus der Haft entlassen. Die Reportage erscheint unter dem Titel »Schade um die netten Jungs«.

Am 30. August gibt es für Gerd Heidemann etwas zu feiern: Er ist jetzt 25 Jahre beim *Stern*. Die Chefredaktion hat ein großes kaltes Büfett auffahren lassen, dazu Sekt, Wein und Bier. Viele Kollegen kommen zum Gratulieren, auch

Henri Nannen beglückwünscht seinen Topreporter zum Jubiläum.

Kurz darauf erinnert Thomas Walde dringlich an das Tagebuchprojekt. Das ist schließlich nach der Ressortbesprechung auf der »Carin II« beschlossen worden. Seitdem haben Heidemann und Walde in der Nachrichtenredaktion des *Stern* an einem Abend alle Telefonbücher von Stuttgart und Umgebung nach einem Militaria-Händler Konrad Fischer durchsucht, aber ohne Ergebnis. Jetzt müsse man endlich mit der Sache vorankommen.

Ende September ruft Peter Koch, stellvertretender Chefredakteur und einer der designierten Nachfolger von Henri Nannen, Heidemann an und bittet ihn zu einem Gespräch in sein Büro. Heidemann solle endlich seine Kündigung zurückziehen, er gehöre doch zum *Stern*. Heidemann ziert sich, er habe sich eigentlich geschworen, sich nicht noch einmal umstimmen zu lassen. Zum Schluss lässt er sich doch überreden.

Koch schätzt Heidemanns Qualitäten als Rechercheur, er kennt aber auch seinen Nazitick und weiß von Suchen nach NS-Schätzen, nach dem verschwundenen Bernsteinzimmer, von Heidemanns Göring-Yacht und seiner Sammelleidenschaft, und dass der Reporter trotz der vergeblichen Suche in Südamerika immer noch hinter Martin Bormann her ist. Als Heidemann andeutet, dass er für Thomas Walde auf der Spur von Hitler-Tagebüchern ist, sagt ihm Koch, er solle sich auf gute Geschichten konzentrieren und die Finger »von Nazi-Scheiße« lassen.

Zunächst hat er auch gar keine Zeit dazu. Denn in der Nähe von Florenz sind Sabine und Susanne Kronzucker, die Töchter des ZDF-Journalisten Dieter Kronzucker, mit ihrem Cousin entführt worden. Die Kidnapper verlangen 4,3 Millionen Mark Lösegeld. Der Fall macht Schlagzeilen und erregt die Nation. Um das Lösegeld bezahlen zu können, entschließt sich die Familie Kronzucker, die Geschichte der Entführung zu versteigern. Wer am meisten bietet, soll nach dem glücklichen Ausgang die gesamten Informationen in allen Einzelheiten und alle Fotos exklusiv bekommen.

Der *Stern* schickt eine Reportercrew nach Florenz, auch Gerd Heidemann ist dabei. Viktor Schuller, stellvertretender Chefredakteur sowie Freund und Vertrauter von Henri Nannen, führt die Verhandlungen mit der Familie. Es wird eine regelrechte Auktion. Die Summen werden immer größer. Bei 1,6 Millionen Mark steigt der *Stern* aus. Die *Bunte* bekommt bei mehr als 2 Millionen schließlich den Zuschlag. Nach 68 Tagen kommen die drei Jugendlichen frei.

Die Rückreise unternehmen Heidemann und Schuller gemeinsam, weil der Reporter ihm in Bozen einen Hotelier vorstellen will, der während des Zweiten Weltkriegs als SS-Sturmbannführer in Italien eingesetzt war und als Vertrauter Mussolinis galt. Dieser Mann hat Heidemann den geheimen Briefwechsel zwischen Mussolini und Churchill zum Kauf angeboten. An dem Thema hatte Heidemann bereits mit Erich Kuby für eine *Stern*-Serie gearbeitet. Als der in der Chefredaktion für Serien Zuständige soll Schuller mit dem Hotelier über den angeblichen Schriftwechsel reden.

Während der Fahrt erzählt Heidemann, dass er seine Kündigung zurückgezogen habe und sich jetzt um die Tagebücher von Adolf Hitler kümmern wolle. Eins habe er bei einem Sammler in *Reutlingen* gesehen. Die Bücher sollen aus einem abgestürzten Flugzeug stammen. Diese Geschichte wolle er als Erstes klären. Schuller rät ihm von der Flugzeugsuche ab und schlägt stattdessen vor, einige Bände gegen ein garantiertes Honorar von dem Sammler zu besorgen und die dann von Experten auf Echtheit prüfen zu lassen.

Zurück in Hamburg berichtet Heidemann Walde von dem Gespräch. Der hält gar nichts von dem Vorschlag, Schuller gehe doch ohnehin in Pension. Im kommenden Jahr habe Koch das Sagen, auf den müsse man sich einstellen. Heidemann solle so vorgehen, wie er es für richtig halte. Heidemann antwortet, dann werde er zuerst nach dem Flugzeug fahnden.

Das Thema Hitler ist für das Ressort »Zeitgeschichte« ohnehin wieder aktuell geworden. Der Historiker Dr. Dirk Bavendamm, der als freier Mitarbeiter an der Ressortbesprechung auf der »Carin II« teilgenommen und einen Bericht über neu entdeckte Hitler-Dokumente angekündigt hat, liefert jetzt seinen Artikel ab. Die Professoren Jäckel und Kuhn haben dem Kollegen für einen Vorabdruck im *Stern* ihr gerade erschienenes Buch überlassen. Bavendamm hat Verse und Zeichnungen ausgewählt, die Hitler als Soldat im Ersten Weltkrieg zu Papier gebracht haben soll. Unter anderem auch das Gedicht »Der Kamerad«.

Unter der Überschrift »Gereimtes vom Gefreiten H.« heißt es in dem Bericht: »Die Entdeckung Hitlers ›als Dichter‹ verdankt die staunende Nachwelt den beiden Stuttgarter Professoren Eberhard Jäckel und Axel Kuhn. Zehn Jahre lang haben die beiden Historiker in Archiven, Bibliotheken und Privatsammlungen recherchiert, um sämtliche Aufzeichnungen des jungen Adolf Hitler zusammenzutragen. Das Ergebnis waren 694 Dokumente aus den Jahren 1905 bis 1924.«

Dass diese Gedichte aus der Sammlung des *Rolf Hartung* stammen und von Konrad Kujau produziert worden sind, bleibt unbekannt. Die beiden renommierten Professoren stehen für die Echtheit der Dokumente.

Die rätselhafte Ju 352 und die Stasi

Am 13. Oktober 1980 telefoniert Heidemann mit dem Bundesarchiv in Koblenz und Kornelimünster und bittet um Informationen über den Piloten Major Friedrich Gundelfinger. Aus dessen Wehrmachtsakte erfährt Heidemann unter anderem, welche Orden und Ehrenzeichen Gundelfinger verliehen wurden. Über den Tod des Piloten ist im Bundesarchiv nichts vermerkt. Heidemann wird an die Deutsche Dienststelle für die Benachrichtigung der nächsten Angehörigen von Gefallenen der ehemaligen deutschen Wehrmacht (WAST) in Westberlin verwiesen. Dort seien alle toten deutschen Soldaten registriert.

Ein WAST-Mitarbeiter nimmt die Anfrage von Heidemann entgegen und bittet ihn, eine Stunde später wieder anzurufen, dann könne er die Frage wahrscheinlich beantworten. Als Heidemann sich wieder meldet, ist der Sachbearbeiter tatsächlich fündig geworden: Friedrich Anton Gundelfinger ist am 21. April 1945 am Rande des sächsischen Dorfes Börnersdorf mit seinem Flugzeug abgestürzt und ums Leben gekommen. Gemeinsam mit den anderen getöteten Insassen sei der Major auf dem Friedhof von Börnersdorf begraben worden.

Jetzt hat Heidemann endlich den Beweis. Nicht über dem Böhmerwald oder dem Bayerischen Wald ist die Ju 352 verunglückt, sondern in der Nähe von Dresden. Sie ist auch nicht abgeschossen worden, sondern abgestürzt. Ein schönes Rechercheergebnis, aber keinerlei Beleg, dass es wirklich Hitler-Tagebücher gibt. Heidemann wertet es dennoch als weitere Bestätigung dafür, dass die Geschichte die er bei *Rolf*

Hartung erfahren hat, stimmt: Dass ein DDR-General seinem Bruder im Westen die Bücher und brisanten Dokumente liefert. Börnersdorf liegt schließlich in der DDR.

Jetzt muss Heidemann nur noch mehr über die Umstände des Absturzes herausfinden. Heimliche Recherchen in der DDR sind ausgeschlossen, aber vielleicht könnten ja die Kontakte zum DDR-Geheimdienst in dieser Sache von Nutzen sein.

Die Entscheidung wird vorerst vertagt, denn Thomas Walde hat einen Kurzurlaub geplant. Wie jedes Jahr im Herbst unternimmt er mit seinem Freund Wilfried Sorge eine Wanderung. Die beiden kennen sich schon aus gemeinsamen Schultagen in Uelzen. Sorge ist inzwischen auch beim Verlag Gruner+Jahr angestellt und zum stellvertretenden Verlagsleiter des *Stern* aufgestiegen.

Vom 27. bis zum 31. Oktober sind die beiden Freunde unterwegs. Walde berichtet von Heidemanns Tagebuchspur und dem in Börnersdorf abgestürzten Flugzeug. Mit Hilfe der Stasi könne man möglicherweise in der DDR recherchieren und den Fall weiter abklären. Es gebe nur eine Schwierigkeit: Koch habe Heidemann verboten, sich mit Nazithemen zu befassen. Aber deswegen die Tagebücher sausen lassen? Sorge sieht die Sache pragmatisch, die beiden sollten auf jeden Fall versuchen, nach Börnersdorf zu kommen. Wenn sie dort Erfolg hätten, sei ihr Einsatz doch gerechtfertigt. Auf jeden Fall sollten sie die Sache vertraulich behandeln und die Chefredaktion vorerst nicht einweihen.

Während Walde wandert, reist Heidemann durch Süddeutschland. In Herrsching am Ammersee besucht er Hitlers Chefpiloten, General a.D. Hans Baur. Wieder geht es um Gundelfinger und den Flugzeugabsturz und Hitlers Reaktion darauf. Baur bestätigt noch einmal, was er schon in seinem Buch geschrieben hat. Ja, an Bord der Maschine hätten sich Aufzeichnungen von Hitler und Dokumente aus der

Reichskanzlei befunden. Und Hitler habe sich mächtig aufgeregt, als er vom Verlust des Flugzeugs erfahren habe.

Von unterwegs telefoniert Heidemann auch wieder mit Tiefenthäler, der immer noch Käufer für die »Carin II« sucht. Jetzt will Heidemann mehr über diesen mysteriösen »Fischer« erfahren. Tiefenthäler erzählt ihm, der Mann komme aus Sachsen. Ein Verwandter sei DDR-General, ein anderer Museumsdirektor. Für ihre Lieferungen bekämen sie kleine Goldbarren als Bezahlung. Heidemann bittet Tiefenthäler, für ihn den Kontakt zu »Fischer« herzustellen und ihm für die Tagebücher 2 Millionen Mark anzubieten.

Danach macht sich Heidemann in Stuttgart auf die Suche nach »Fischer«. Er fragt Trödler und Antiquitätenhändler, aber niemand kennt einen »Fischer« aus Sachsen, der hier mit Militaria handelt.

Heidemann erinnert sich an einen alten Informanten, den Waffen- und Militaria-Händler *Karolus Scheppach* [Name geändert]. Der hatte ihm vor Jahren schon Informationen aus der kriminellen Szene verkauft. Heidemann weiß, dass *Scheppach* auch als V-Mann für die Kripo in Baden-Württemberg und das Bundeskriminalamt arbeitet. Vielleicht kann der ihm ja weiterhelfen. Aber auch da hat Heidemann kein Glück. *Scheppach* bietet ihm zwar eine abenteuerliche Geschichte über millionenschwere Goldverkäufe aus Rhodesien an, einen sächselnden Militaria-Händler Fischer in Stuttgart kennt er nicht.

Anfang November treffen sich Walde und Heidemann wieder in der Redaktion. Walde nimmt nun Kontakt mit seinem Stasi-Mann in Ostberlin auf, Deckname »Buchner«, Klarname Herbert Brehmer. Und es beginnt eine Ost-West-Groteske, die selbst dem Regisseur Helmut Dietl, dem der Tagebuch-Skandal als Vorlage zu dem Film »Schtonk« diente, zu abenteuerlich war.

Am 15. November fliegen Walde und Heidemann nach Berlin, steigen im Bahnhof-Zoo in die S-Bahn, fahren zum S-Bahnhof Friedrichstraße nach Ostberlin und reisen in die »Hauptstadt der DDR« ein. Im »Palast-Hotel« erwartet sie der Stasi-Offizier Peter Zabern, der dem legendären DDR-Spionage-Chef Markus Wolf so ähnlich sieht, dass sie ihn »den kleinen Wolf« nennen. Wenig später kommt ihnen in der Hotelhalle Stasi-Oberst Brehmer entgegengehumpelt, das Bein wegen einer Knieverletzung im Gipsverband.

Das Quartett begibt sich in die Tiefgarage des Hotels und steigt in einen Mercedes mit DDR-Kennzeichen. Zabern steuert das Auto in Richtung Dresden. Dort angekommen checkt die Gruppe im »Hotel Königstein« ein, Walde und Heidemann auf den Namen Buchner. Die Herberge zwischen Hauptbahnhof und Elbe ist ein wenig luxuriöses Plattenbau-Hochhaus, das vor allem von sowjetischen Touristen frequentiert wird. Nach einem gemeinsamen Mittagessen unternehmen die vier einen Spaziergang durch die Stadt. Beim Abendessen wird über aktuelle politische Themen diskutiert und reichlich Wodka getrunken. Auf dem Hotelzimmer geht das Gelage weiter.

Der Start nach Börnersdorf am nächsten Morgen verzögert sich deshalb. Erst gegen Mittag erreicht die Reisegruppe schließlich ihr Ziel. Der Wagen hält an der Dorfkirche, die vom Friedhof des 300-Seelen-Dorfes umgeben ist, und die Suche beginnt. Walde und Brehmer nehmen sich die Familiengräber vor, Heidemann erklimmt eine kleine Anhöhe im hinteren Teil des Friedhofs und findet unter Kiefern versteckt sechzehn Holzkreuze mit Emaillenamensschildern, von denen einige abgefallen sind. Heidemann ruft die anderen herbei, alle staunen. Als die Stasileute wegen Heidemanns Zielstrebigkeit skeptisch werden, klärt er sie auf: »Soldaten liegen niemals zwischen den Familiengräbern, sondern die sind meistens in der hintersten Ecke verscharrt worden.«

Heidemann fotografiert die Grabkreuze und den Kollegen Walde, wie er die Namen der mit Gundelfinger getöteten Flugzeuginsassen von den Schildern abschreibt. Nun kann kein Zweifel mehr an der Fundgeschichte bestehen. Beim anschließenden Essen im nahen Gottleuba wird über die erfolgreiche Suchaktion gesprochen. Aber Brehmer will vor allem über zukünftige Themen reden, die der *Stern* mit Hilfe der Staatssicherheit realisieren könnte. Etwa eine Reportage über das neue Leben der Bonner Spionage-Sekretärinnen in der DDR. Auch ein Interview mit DDR-Verteidigungsminister Heinz Hoffmann sei denkbar. Ingesamt fünf Tage verbringen die beiden *Stern*-Redakteure mit ihren Begleitern in der DDR. Zurück in Hamburg, melden sie sich, wie nach solchen Reisen üblich, beim Landesamt für Verfassungsschutz und berichten über ihre Erlebnisse mit den DDR-Geheimdienstlern. Eine Schutzmaßnahme, um etwaigen Spionagevorwürfen zu entgehen.

Zwei Wochen darauf, es ist kurz vor Weihnachten, fährt Heidemann wieder mit der S-Bahn nach Ostberlin. Walde hat den Besuch vorbereitet. Heidemann soll Stasi-Unterlagen über BND-Aktivitäten im damals von sowjetischen Truppen besetzten Afghanistan mitbringen und über weitere Recherchen in Börnersdorf reden. Heidemann trifft Stasi-Oberst Brehmer im Café des »Palast-Hotels«.

Nachdem das Thema Afghanistan abgehakt ist und Brehmer auch Unterlagen über Geschäfte der Bonner Waffenfirma MEREX mit Nigeria übergeben hat, sagt Heidemann, dass er in Börnersdorf gern Ortsansässige befragen würde, ob sie etwas über das abgestürzte Flugzeug und den Verbleib des Materials an Bord der Maschine wissen. Brehmer signalisiert sein Einverständnis. Er habe Heidemanns Traven-Buch gelesen und sei überzeugt, dass er mit seiner Art Erfolg haben könnte. Sollten Heidemann und Walde tatsächlich auf die Tagebücher Hitlers stoßen, müssten sie diese allerdings bei den DDR-Behörden abliefern, sagt Brehmer. Sie würden im Gegenzug Kopien davon erhalten.

In Augsburg hat sich Jakob Tiefenthäler inzwischen an die Schreibmaschine gesetzt und, wie von Heidemann erbeten, am 29. November 1980 einen Brief mit dem 2-Millionen-Mark-Angebot an »Conni Fischer«, Gerbersheimer Weg in Ditzingen geschrieben:

»Lieber Conni,
... Nun, was ich nachstehend zu sagen habe, wäre nichts für ein Ferngespräch, da man ja nie weiß, ob die Leitung nicht angezapft ist oder nicht. Ich setze voraus, daß Du vorerst absolutes Stillschweigen hierüber walten läßt und Dich niemanden gegenüber diesbezüglich äußern wirst:

Also, ein großer Hamburger Verlag ist an mich herangetreten, mit der Bitte, Kontakte zwischen Dir und dem Verlag herzustellen. Es handelt sich um die Tagebücher von AH, welche Du ja hast, bzw. beschaffen könntest. Man nannte mir gegenüber bereits einen Betrag von zwei Millionen, den man bereit wäre zu bezahlen. Außerdem wären diese Herren nicht einmal an dem Besitz dieser Tagebücher interessiert, als vielmehr an einer Fotokopierung. Die Tagebücher könnten nach wie vor in Deinem Besitz verbleiben. Solltest Du Kontaktbereitschaft signalisieren, so wäre der Kontakt innerhalb kürzester Zeit hergestellt. Selbstverständlich würde die ganze Angelegenheit streng vertraulich behandelt werden und äußerstes Stillschweigen von beiden Seiten ist Voraussetzung. Solltest Du eventuell Gold als Gegenwert vorziehen, so stünden auch hier unbegrenzte Mengen zur Verfügung! Ich würde mich glücklich schätzen, wenn Du mir sobald wie möglich diesbezüglichen Bescheid geben könntest. Doch bitte nicht am Telefon. Vielleicht sollte ich noch kurz erwähnen, daß der finanzstarke Verlag ganz alleine das Risiko einer eventuellen Publikation tragen würde, wie auch die Rechtsfolgen, welche sich aus einer solchen Publikation ergeben würden. Die Quelle, aus der die Bücher stammen, würde nie genannt werden, da sich der Verlag im Falle eines Rechtsstreits (Bundesregierung – Verlag) auf das Pressegeheimnis berufen würde. Alle diese Dinge hat man mir offiziell zugesichert und ist bereit, einen notariellen Vertrag mit Dir abzuschließen, wo alle Vertragspartner in jeder Hinsicht rechtlich abgesichert wären. Vielleicht gestattest Du, mein lieber Conni, noch die Bemerkung, daß diese Herren nicht von mir Deinen Namen erfahren haben. Zwar wissen sie, daß ein Herr Fischer den ›Schlüssel‹ zu diesen Büchern hat, bzw. kennt, doch wissen sie weder Deinen Vornamen, noch Deine Anschrift und werden diese auch nicht von mir erfahren, solltest Du diesem Projekt gegenüber eine negative Haltung einnehmen. Also, das wäre in wenigen Worten mein Anliegen! Bitte auch *Rolf* gegenüber, keinerlei Andeutung vorerst zu machen!

                Dein ergebener
                J. Tiefenthäler«

Doch »der liebe Conni«, der gerade von einer langen Reise zurückgekommen ist, lässt sich offenbar Zeit. Als Walde und Heidemann nach zehn Tagen bei Tiefenthäler nachfragen, hat »Conni« noch nicht auf den Brief reagiert. Heidemann kündigt seinem Kontaktmann an, man würde die Tagebücher natürlich nach allen Regeln der Kunst von Schriftexperten und Chemikern auf Echtheit untersuchen lassen, zum Beispiel das Alter der Tinte. Tiefenthäler hat nichts dagegen, er ist überzeugt, dass die Materialien von »Conni« jeder Prüfung standhalten. Er erzählt, dass Tagebücher und Dokumente aus der abgestürzten Maschine gerettet und in einer Scheune versteckt worden seien. Tiefenthäler versichert noch einmal, dass »Fischer« absolut vertrauenswürdig sei.

»Ich kann mich für diesen Mann verbürgen.« Bei der Gelegenheit erfährt Walde von Tiefenthäler auch, dass Heidemann die Summe von 2 Millionen Mark genannt hat. Walde bestätigt, dass er mit diesem Angebot einverstanden ist. Weder beim *Stern* noch beim Verlag Gruner+Jahr weiß zu diesem Zeitpunkt jemand, mit welchen Beträgen hier jongliert wird.

Mit Hilfe der WAST in Westberlin hat Heidemann inzwischen die Liste der Namen von den Gräbern in Börnersdorf abgearbeitet und ist auf die Witwe eines der Flugzeuginsassen gestoßen, die in Solingen wohnt. Ja, ihr Mann habe zum SS-Begleitkommando von Pilot Gundelfinger gehört. Ein Mann habe den Absturz schwerverletzt überlebt, der Bordschütze Franz Xaver Westermeier. Er habe sich später nach Bayern durchgeschlagen, und sie habe mit ihm korrespondiert. Westermeier habe ihr berichtet, dass die Maschine damals in Berlin mit Kisten und Kasten aus der Reichskanzlei voll beladen worden sei. Das Flugzeug habe Bäume eines Hochwaldes gestreift und sei deswegen abgestürzt.

Franz Xaver Westermeier wäre der ideale Zeuge gewesen. Er hätte aus erster Hand berichten können, was am 21. April 1945 nach dem Absturz bei Börnersdorf wirklich passiert ist. Aber der einzige Überlebende der Ju 352 ist am 24. April 1980 im oberbayerischen Haag gestorben.

Thomas Walde hat Mitte Dezember aus dem Gesamtdeutschen Ministerium in Bonn eine Liste aller DDR-Generäle besorgt. Darauf sind sämtliche Führungsoffiziere der Nationalen Volksarmee, des Staatssicherheitsdienstes und der Volkspolizei aufgeführt. Es sind auch zwei Generäle mit dem Namen Fischer darin vermerkt. Ein Dr. Rolf Fischer ist Stellvertretender Chef der DDR-Zivilverteidigung, ein Günther Fischer leitet die Hauptabteilung Pass- und Meldewesen im Ministerium des Inneren in Ostberlin. Ein Heinz Fischer ist nicht vermerkt. Auch ein Hinweis, dass einer der beiden einen Bruder im Westen hat, findet sich leider nicht. Es ist eigentlich auch eher unwahrscheinlich, dass jemand mit verwandtschaftlichen Beziehungen zum »Klassenfeind« eine derart hohe Position im Sicherheitsapparat der DDR erreichen kann. Aber wer weiß?

Weihnachten 1980 meldet sich Kujau endlich telefonisch bei Tiefenthäler und bedankt sich bei ihm für seine Glückwunschkarte zum Fest. Bei dem Gespräch stellt sich heraus, dass Kujau den Brief von Tiefenthäler mit dem 2-Millionen-Angebot gar nicht erhalten hat. Die Erklärung: An dem Klingelschild seiner Wohnung in Ditzingen steht nicht der Name »Fischer«, sondern »Kujau« und der Name seiner Lebensgefährtin. Gleichwohl hatten auch an »Fischer« adressierte Briefe in der Vergangenheit Kujau erreicht. Tiefenthäler verspricht, sofort eine Kopie des Schreibens auf den Weg zu bringen. Diese kommt bei Kujau an.

Der Jahreswechsel 1980/1981 bringt einen tiefen Einschnitt beim *Stern*. Henri Nannen tritt nach 33 Jahren als Chefredakteur des von ihm gegründeten Blattes zurück. Nannen hat aus der Illustrierten längst auch ein politisches Magazin gemacht, er spricht vom *Stern* gern als »Musikdampfer«, der vieles bietet, gute Unterhaltung, spannende Kriminalberichte, politische Enthüllungsstories, Klatschgeschichten über Stars und Prominente und vor allem die besten Fotoreportagen.

Immer wieder hat der *Stern* großes Aufsehen erregt. Nannen hat die neue Ostpolitik von Willy Brandt gegen den erbitterten Widerstand der CDU/CSU publizistisch unterstützt. Er hat sich mit alten Nazis angelegt, die es in der jungen Bundesrepublik wieder zu führenden Positionen gebracht haben. Nannen hat den Kampf gegen den Paragrafen 218 aufgenommen und eine Titelgeschichte gedruckt, in der

374 prominente und nicht prominente Frauen bekennen: »Ich habe abgetrieben.«

Jede Woche werden 1,8 Millionen Exemplare verkauft, das Anzeigengeschäft boomt. Der *Stern*, so sagt Nannen, ist die Lokomotive des Verlages, die nicht nur den Zug zieht, sondern den ganzen Bahnhof gleich mit. Nannen ist jetzt 67 Jahre alt. Inzwischen ist die Bertelsmann AG aus Gütersloh Hauptgesellschafter bei Gruner+Jahr geworden, und Bertelsmann-Chef Reinhard Mohn hat seinen Führungskräften im Vorstand und sich selbst die Pensionierung mit 60 Jahren verordnet. Für den *Stern*-Gründer wird da eine Ausnahme gemacht: Er legt jetzt zwar sein Amt als Chefredakteur nieder, wird aber Herausgeber des *Stern* und bleibt Vorstandsmitglied von Gruner+Jahr.

Seine Nachfolger in der Chefredaktion des *Stern* werden Peter Koch, Felix Schmidt und Rolf Gillhausen. Peter Koch, einst *Stern*-Korrespondent in Bonn, dann Chef der Ressorts »Deutschland Politik« und »Sonderthemen« und nun Stellvertretender Chefredakteur, hat sich als kritischer Journalist einen Namen gemacht. Seine Serien über weltweite Folter, Rüstungswahnsinn zu Zeiten des Kalten Krieges oder den Schnüffel- und Überwachungsstaat finden große Beachtung. Der profilierte Autor schafft sich damit aber auch Gegner. Doch Nannen stellt sich stets vor Koch. In der Redaktion ist Koch wegen seiner manchmal ruppigen Art und wegen seinen hohen Anforderungen bei manchem unbeliebt, viele schätzen ihn aber wegen seiner Linie als Blattmacher.

Felix Schmidt, ehemals Kulturchef des *Spiegel*, war schon einmal Stellvertretender Chefredakteur des *Stern* gewesen, dann einer von drei Chefredakteuren der *Welt am Sonntag* und danach Fernsehdirektor beim Südwestfunk in Baden-Baden. Nannen und der Vorstandsvorsitzende Dr. Manfred Fischer haben ihn heftig umworben. Nun kommt er zurück und ist vor allem verantwortlich für Musik, Kultur und

Unterhaltung. Schmidt gilt in der Redaktion als penibler Feingeist, der mit seinem spitzen Füllhalter in kleiner Schrift seine Anmerkungen und Urteile an den Rand der Manuskripte schreibt. Auch er ein Machtmensch.

Rolf Gillhausen hat 1952 als Fotograf beim *Stern* angefangen. Seine Reportagebilder begründen den Ruf des *Stern* als weltweit führendes Fotomagazin. Unter Nannen wird er 1965 als stellvertretender Chefredakteur verantwortlich für die gesamte Optik des Blattes. Er gilt als »Ober-Auge« des *Stern*. Sein Urteil ist bei den Fotografen gefürchtet. Wenn der Rheinländer »Gill« Fotos betrachtet und sagt »dat sin allet Jurken«, ist das Thema erledigt. Auch die Grafiker des *Stern*, die das Layout der Seiten gestalten, sind heilfroh, wenn ihr Chef diese nach eingehender Kritik endlich abnickt. Gillhausen gründet 1976 das Reportagemagazin *GEO* als Ableger des *Stern* und ist bis 1978 dessen erster Chefredakteur, ehe er zum *Stern* zurückkehrt. Nun wird er der Dritte in der neuen Chefredakteursrunde. Keiner der drei Chefs ahnt, dass ohne ihr Wissen die Jagd nach den Tagebüchern läuft.

Das Ressort »Zeitgeschichte« verliert einen Mitarbeiter. Leo Pesch wird zum Chef vom Dienst berufen und ist nun dafür zuständig, dass Texte, Titel, Vorspanne und Bildunterschriften der eingeplanten Artikel korrekt, passend und pünktlich an die Druckerei geliefert werden. Um das Tagebuchprojekt kümmern sich Thomas Walde und Gerd Heidemann allein weiter.

Anfang Januar trifft sich Gerd Heidemann mit einem Freund, der in Hamburg eine Werbeagentur besitzt. Dem erzählt er von seinen Recherchen und fragt, ob er nicht einen betuchten Menschen kenne, der die Beschaffung der Tagebücher vorfinanzieren könne. Denn er sei sich nicht sicher, ob der *Stern* dafür wirklich mehrere Millionen ausgeben würde.

Der Freund kennt tatsächlich jemanden, der das nötige Geld und die richtige politische Einstellung hat – einen Millionär aus Leiden. Der war einst Mitglied der niederländischen SS, hat in Russland gekämpft und nach dem Krieg im Ölgeschäft in Venezuela Millionen gemacht.

Dieser Mann ist tatsächlich bereit, Geld zu investieren und das Risiko einzugehen. Denn er ist sicher, dass sich mit Hilfe der Tagebücher seine Überzeugung belegen lässt, Hitler habe vom Massenmord an den Juden nichts gewusst. Der *Stern* könne die Tagebücher zuerst auswerten, dann wolle er sie in den USA gegen Höchstgebot vermarkten. Für den Fall der Fälle hat Heidemann nun also auch einen Finanzier.

Am 6. Januar erhält Heidemanns Tagebuch-Enthusiasmus allerdings einen Dämpfer. An diesem Tag wird der Hitler-Nachfolger Großadmiral Karl Dönitz auf dem Waldfriedhof von Aumühle bei Hamburg beerdigt. Alte und neue Nazis haben sich mit Fahnen und Ehrenzeichen versammelt, um von dem alten Kämpfer Abschied zu nehmen. Der *Stern* hat Reporter und Fotografen vor Ort geschickt. Auch Gerd Heidemann ist dabei.

Am Rande der Beerdigung trifft er Otto Günsche, den persönlichen Adjutanten Hitlers. Günsche hat 1945 die letzten Monate des Krieges im Bunker der Reichskanzlei in nächster Nähe zu Hitler verbracht und nach dessen Selbstmord die Leiche verbrannt. Als Heidemann ihn darauf anspricht, dass Hitler Tagebuch geschrieben hat und die Bände Ende April aus dem umkämpften Berlin ausgeflogen wurden, sagt Günsche, er halte das für absolut ausgeschlossen. Hitler habe kein Tagebuch geführt. Das deckt sich zwar mit der Aussage der ehemaligen Hitler-Sekretärin Christa Schröder, mit der Heidemann einen Monat zuvor telefoniert hat, aber können die beiden das wirklich so genau wissen? Schließlich hat er das Tagebuch doch in der Hand gehabt. Heidemann wird später eine zweite, ganz eindeutige Warnung von Günsche genauso in den Wind schlagen. Es ist das erste Mal, dass eine Tatsache, die nicht ins Bild passt, einfach verdrängt wird. Heidemann ebenso wie Walde werden darin ein hohes Talent entwickeln.

»Wie viel Geld brauchen Sie sofort?«

Am 15. Januar 1981 telefoniert Konrad Kujau wieder mit Tiefenthäler und sagt, er habe dessen Brief nun erhalten und sei an dem Geschäft interessiert. Tiefenthäler könne dem Hamburger Verlag seinen Namen und seine Telefonnummer mitteilen. Der meldet die frohe Botschaft sofort an Heidemann weiter, und der wählt umgehend Kujaus Telefonnummer.

Kujau meldet sich als »Fischer«, Heidemann erklärt, er sei Reporter beim *Stern* und habe bei *Rolf Hartung* den Tagebuchband 1. Halbjahr 1935 gesehen und würde nun gern alle 25 Tagebücher erwerben. Kujau antwortet, es seien insgesamt 27. Heidemann berichtet von seiner Reise nach Börnersdorf und dass er dort die Gräber von Gundelfinger und dessen Begleitern gefunden habe.

Diese Details sind Kujau bislang unbekannt, passen aber perfekt in seine Legende. Er gaukelt Heidemann vor, dass er selbst gerade auch in Börnersdorf gewesen sei und erfahren habe, dass Bauern 1945 die Ladung der Ju 352 geborgen hätten. Als er, Kujau, dann in der Lokalzeitung eine Anzeige aufgegeben habe, in der er Militaria suchte, hätte sich ein alter Mann namens Seifert aus dem Nachbarort von Börnersdorf bei ihm gemeldet und berichtet, ein Landwirt namens Hoffmann und dessen Sohn hätten die Kisten aus dem Flugzeug in eine Scheune geschafft. Für diese Information habe Seifert verlangt, dass Kujau ihm sein Grab bezahle, was er dank der Mithilfe der Nordelbischen Kirche auch getan habe.

Er habe dann, so Kujau weiter, seinen Generalsbruder nach Börnersdorf geschickt, der den gesamten Fund sichergestellt habe. Er sei mit dem Vorschlag von Heidemann einverstanden, müsse aber noch mit den Verwandten in der DDR sprechen. Kujau bestätigt auch die Mitteilung von Tiefenthäler, dass schon neun Hitler-Bände im Westen seien. Heidemann sagt, man könne, wenn gewünscht, die ganze Sache durch einen notariellen Vertrag absichern. Das Telefonat wird ohne feste Verabredung beendet.

Heidemann ist überzeugt, endlich am Ziel zu sein. Die Tagebücher sind in greifbarer Nähe. Er informiert Walde über die glückliche Entwicklung, und sie diskutieren darüber, was nun zu tun sei. Die Chefredaktion zu informieren kommt nicht in Frage. Peter Koch, gerade zwei Wochen Chefredakteur des *Stern*, hatte ja gesagt, Heidemann solle auf jeden Fall die Finger von »Nazi-Scheiße« lassen. Und außerdem muss bei solchen Summen, wie sie für die Tagebücher aufgewendet werden, ohnehin der Vorstand von Gruner+Jahr entscheiden, das übersteigt bei weitem den finanziellen Entscheidungsspielraum der *Stern*-Chefs. Heidemann erinnert an seinen holländischen Finanzier, aber Walde will davon nichts wissen.

Jetzt trifft es sich gut, dass er mit seinem Jugendfreund Wilfried »Seppl« Sorge, dem stellvertretenden Verlagsleiter des *Stern*, weiter über die Sache gesprochen hat. Der ist bereit, ihnen nun einen direkten Draht zum Vorstand zu verschaffen. Das sollten sie doch auf jeden Fall wahrnehmen. Für dieses Gespräch soll Heidemann ein Protokoll aller bisherigen Erkenntnisse anfertigen, das man den G+J-Oberen dann präsentieren kann.

Heidemann setzt sich an die Schreibmaschine. Es wird ein Bericht mit einer Fülle von Details, wie bei ihm üblich, aber zusätzlich mit einigen wichtigen Behauptungen, für die weder er noch Walde einen Beleg haben. Es wird eine Collage aus Wunsch und Wirklichkeit, eine verführerische Mixtur aus Fakten und Fabeln, die er als Tatsachen präsentiert. Heidemann schreibt:

»Betr.: Die Tagebücher Adolf Hitler

In der Nacht vom 20. zum 21. April 1945 startete eine JU-352 (Kennzeichen ›KT-VC‹) von Berlin nach Salzburg. Die Maschine, die Hitlers Geheimakten und Aufzeichnungen – 27 handgeschriebene Tagebücher über den Zeitraum 1932 bis 16. April 1945 und den 3. Band ›Mein Kampf‹ – aus der bedrohten Reichshauptstadt in Sicherheit bringen sollte, erreicht nie ihr Ziel.

Der Abflug der Maschine hatte sich in der Nacht um einige Stunden verspätet. Erst um 5.00 Uhr morgens konnte der Pilot, Major Friedrich Gundelfinger, das Flugzeug starten.

Um nicht von feindlichen Jägern entdeckt zu werden, mußte er in der Morgendämmerung sehr tief fliegen. Gegen 6.00 Uhr streifte die Maschine im Erzgebirge einige Tannenspitzen und stürzte ab. Fast alle Passagiere kamen dabei ums Leben, nur zwei konnten von Bauern aus dem nahen B. schwerverletzt geborgen werden. Einer, der dem Führerbegleitkommando angehört hatte, starb drei Tage später im Lazarett, während der Bordschütze, der im hinteren Teil der Maschine gesessen hatte, das Unglück überlebte.

Als Hitler von seinem Chefpilot erfuhr, daß dieses Flugzeug in Salzburg nicht angekommen war und niemand etwas über den Verbleib wußte, soll er tief getroffen gewesen und zu General Hans Baur gesagt haben: ›Dann wären ja die Akten verloren, die mein Diener Arndt mitbekommen hat – wichtigste Unterlagen, die der Nachwelt zum Verständnis meiner Handlungen und Entscheidungen dienen sollten. Das wäre eine Katastrophe.‹

Tagelang soll er sich nicht beruhigt haben, der Verlust schien ihm unendlich nahegegangen zu sein. Die Maschine gilt bis heute bei den Historikern als verschollen.

Bauern fanden damals die Kisten mit dem Schriftgut im nicht verbrannten hinteren Teil des Flugzeugs und versteckten sie. Ein Mann aus Süddeutschland, der sich als Besucher in der DDR aufhielt, stieß durch Zufall auf diesen ›Schatz‹ und kaufte den Bauern die Sachen nach und nach ab. Im Laufe vieler Jahre schmuggelte er sie in den Westen. Ein Teil der Aufzeichnungen befindet sich noch immer in der DDR.

Für ca. 2 Millionen Mark könnte ich die 27 handgeschriebenen Halbjahrestagebuchbände, das Originalmanuskript des bisher unveröffentlichten 3. Bandes ›Mein Kampf‹ (von Hitler 1934 und 1935 geschrieben), die von Hitler und Kubizek geschriebene Oper ›Wieland der Schmied‹ und zahlreiche andere wichtige Schriftstücke bekommen.

Bedingung: Der Name des Mannes, der die Sachen aus der DDR herausgeholt hat, darf nur mir bekannt sein, und das Geld muß ihm von mir im Ausland ausgehändigt werden.

Einen Teil des Geldes muß ich in der DDR auszahlen, wenn ich die letzten Sachen selbst heraushole.

Die Örtlichkeiten sind mir bekannt. Mit Dr. Thomas Walde war ich bereits im vergangenen Jahr heimlich in B.

Über die Echtheit des Materials besteht kein Zweifel.

Ich kenne fast alle Überlebenden aus dem Führerbunker persönlich und habe die entsprechenden Auskünfte einholen können. Wenn unser Verlag trotzdem kein Risiko eingehen will, schlage ich vor, daß ich einen Verlag in den USA suche, der die Vorauszahlung übernimmt und uns die Veröffentlichung in Deutschland zusichert.«

Schon die Behauptung im ersten Absatz, in der abgestürzten Maschine hätten sich 27 Tagebuch-Bände befunden, ist durch nichts belegt. Sie ist reine Spekulation.

Dass Gundelfingers Flugzeug bei Historikern als verschollen gilt, ist schlicht unwahr. Die entsprechenden Bücher belegen das Gegenteil.

Es gibt keinen einzigen Zeugen dafür, dass Bauern aus dem hinteren Teil des Flugzeugwracks irgendwelche Kisten herausgeschleppt und versteckt hätten. Heidemann und Walde wissen, dass auch diese Darstellung pure Spekulation ist.

Auch dass ein Mann aus Süddeutschland durch Zufall bei Bauern in der DDR auf den »Schatz« gestoßen ist, verkaufen Heidemann und Walde als bare Münze, obwohl sie dafür keinerlei Beweis haben. Dasselbe gilt für den Schmuggel in den Westen und für die behauptete Tatsache, es gebe noch andere Hitler-Dokumente in der DDR.

Wichtig für den gesamten weiteren Verlauf der Skandalgeschichte ist die Bedingung von Heidemann: Nur er dürfe den Namen des Lieferanten kennen, und er würde ihm das Geld übergeben. Hier wird der Grundstein für die Geheimniskrämerei gelegt, die später zu einer Bunkermentalität bei allen Beteiligten führt.

Das Protokoll wird Teil einer Präsentationsmappe, die Heidemann mit Fotos von den Gräbern in Börnersdorf und dem Ort selbst, mit Landkarten und Abbildungen des Flugzeugtyps Ju 352 schmückt. Außerdem legt er seine Berichte von Gesprächen mit Hinterbliebenen der Absturzopfer und Kopien der einschlägigen Literaturstellen bei, die als Beleg oder zumindest als Indiz dafür herhalten sollen, Hitler habe entgegen der allgemeinen Überzeugung doch Tagebuch geschrieben.

Am selben Tag kommt bei Heidemann ein Brief aus Ostberlin an, abgestempelt am 22. Januar. Absender ist ein gewisser »Peter Börner«, der ihm mitteilt, die Nachlasssache sei nun so weit gediehen, dass man sich erneut treffen sollte. Entweder vom 23. bis 27. Februar oder vom 3. bis 8. März. Hinter dem Pseudonym verbirgt sich Stasi-Offizier Peter Zabern. Die kryptische Mitteilung bedeutet grünes Licht für Gerd Heidemann, bei den Einwohnern von Börnersdorf Nachforschungen anzustellen.

Aber bevor er zur zweiten geheimen Reise nach Sachsen aufbricht, steht noch der wichtige Termin mit dem Vorstand von Gruner+Jahr an, den Wilfried Sorge eingefädelt hat. Am Mittag des 27. Januar treffen sich Walde und Heidemann mit Sorge in dessen Büro im 8. Stock des Verlagshauses an der Außenalster. Die Präsentationsmappe mit den Friedhofsbildern wird bestaunt, der ganze Fall noch einmal durchgesprochen. Walde lobt das Engagement von Heidemann.

Um 16.15 Uhr begibt sich das Trio eine Etage höher zu Zeitschriftenvorstand Jan Hensmann. Der überrascht seine Gäste mit der Mitteilung, auch Verlagschef Manfred Fischer habe sich eine halbe Stunde für das Treffen freigeschaufelt. So tragen Heidemann und Walde ihre Jagd auf die Tagebücher den beiden Verlagsmanagern detailreich vor, Fischer ist besonders von ihren Erzählungen über die Fahrt nach Börnersdorf mit Stasi-Begleitung fasziniert. Auch die Fotos in der Präsentationsmappe beeindrucken Hensmann und Fischer. Sie sind sich einig, dass damit der Weg zu den Tagebüchern überzeugend dargelegt ist.

Als Heidemann berichtet, dass er mit einem holländischen Millionär in Verbindung steht, der die Beschaffung der Tagebücher auf eigenes Risiko finanzieren will, sagt Fischer, an diesem brisanten zeitgeschichtlichen Stoff dürfe der Verlag auf keinen Fall vorbeigehen. Der *Stern* interessiere ihn dabei zum jetzigen Zeitpunkt gar nicht. Der Verlag wolle aus dem Stoff Bücher machen und weltweit vermarkten, der *Stern* könne die Tagebücher ja ebenfalls auswerten.

Dann wird die Aufgabenverteilung diskutiert. Heidemann soll die Tagebücher beschaffen, die Geschichte des abgestürzten Flugzeuges weiter recherchieren und die Urheberrechte an Adolf Hitlers Werken für den Verlag sichern. Denn sowohl der Freistaat Bayern als auch die Erben Hitlers, vertreten durch Prof. Werner Maser in Speyer, beanspruchen diese Rechte für sich. Heidemann weiß zu berichten, dass die Nachkommen der Hitler-Schwester Paula in ärmlichen Verhältnissen in London leben. Ihnen sollen das Copyright und die Eigentumsrechte an den Tagebüchern abgekauft werden, ohne zu offenbaren, um welche Dokumente es sich dabei im Einzelnen handelt.

Thomas Walde und Wilfried Sorge haben die Aufgabe, die weltweit besten Schrift- und Materialsachverständigen zu suchen. Die sollen beauftragt werden, die Tagebücher zu begutachten, sobald eine größere Anzahl im Besitz des Verlages ist. Mit dieser Strategie kann das Risiko ausgeschlossen werden, dass der Lieferant bestimmt, welches Buch untersucht werden soll. Denn es könne ja durchaus sein, dass es echte und falsche Exemplare gibt. Die nach dem Stand der historischen Forschung wahrscheinlichste Möglichkeit, dass Hitler überhaupt keine Tagebücher geschrieben hat, wird an diesem Nachmittag nicht einmal diskutiert.

Manfred Fischer behält sich selbst die Entscheidung vor, wann er seinen Vorstandskollegen und *Stern*-Herausgeber Henri Nannen sowie die drei *Stern*-Chefredakteure Koch, Schmidt und Gillhausen in das Projekt einweihen will. Denn die Runde ist sich einig, dass die ganze Aktion vorerst streng geheim behandelt werden muss. Sonst sei zu befürchten, dass die neu installierten Chefs auf der Suche nach einem Knüller das Tagebuchthema sofort ins Blatt heben und damit die weitere Beschaffung gefährden würden. Heidemann und Walde geben in dem Zusammenhang zu bedenken, dass der Bruder des süddeutschen Lieferanten »Fischer« General in der DDR sei. Falls die Quelle der Tagebücher bekannt werde, sei dessen Leben gefährdet.

Dann wendet sich Verlagschef Fischer an Heidemann und fragt ihn: »Wie viel Geld brauchen Sie sofort?« Heidemann antwortet, dass wohl 200 000 Mark vorerst genug seien. Er wolle dem Lieferanten das Geld zunächst zeigen, um ihm zu demonstrieren, dass er auch größere Summen ohne Quittung bar auszahlen könne. Vielleicht sei es ja auch möglich, schon ein, zwei Bücher zu erwerben.

Fischer entscheidet, dass Heidemann sofort mit der Summe auszustatten sei. Es ist inzwischen später Nachmittag. Alle Banken haben geschlossen. Der Leiter der Abteilung Steuern und Finanzen bei Gruner+Jahr, Peter Kühsel, wird herbeigerufen und weiß Rat. Die Filiale der Deutschen Bank am Flughafen Fuhlsbüttel hat noch geöffnet. Mit einem Anruf klärt Kühsel, dass dort auch 200 000 Mark in bar vorhanden sind. Heidemann unterschreibt eine auf dem Briefbogen der *Stern*-Verlagsleitung getippte Quittung: »Ich bestätige hiermit den Empfang von DM 200 000,-- (i.W. zweihunderttausend DM) in bar. Hamburg, den 27. Januar 1981 Gerd Heidemann.«

Gemeinsam mit Kühsel und dem Leiter des Rechnungswesens fährt er danach zum Flughafen, die Summe wird ausgezahlt, und Heidemann steckt die Geldbündel in eine grüne Plastiktasche. Kurz nach 18.00 Uhr besteigt er das Flugzeug nach Stuttgart.

Von nun an steht bei Gruner+Jahr die Welt auf dem Kopf. Alle bislang geltenden Spielregeln sind außer Kraft gesetzt, und die üblichen Kontrollmechanismen zwischen Verlag und Redaktion funktionieren bei den Hitler-Tagebüchern ebenfalls sämtlich nicht mehr.

Der Normalfall wäre gewesen, dass Heidemann und Walde zur Chefredaktion gehen und ihr Projekt präsentieren. Dort hat man die Erfahrung und das Know-how, auch mit heiklen journalistischen Themen umzugehen. Dort kann man auch Heidemann besser einschätzen. Man kennt seine Tendenz, sich leidenschaftlich auf ein Thema zu stürzen und sich dabei auch mal zu verrennen. Die Erinnerung an seine Suche nach Martin Bormann in Südamerika ist noch ganz frisch.

Angenommen, die Chefredakteure wären von der Tagebuchgeschichte überzeugt gewesen, dann hätten sie als Nächstes zum Verlag gehen und sich die Großinvestition genehmigen lassen müssen. Denn zu diesem Zeitpunkt haben die Chefredakteure nur bis zu einer Grenze von 150 000 Mark freie Hand. Die übliche Reaktion der Verlagsmanager und Kaufleute ist eine gewisse Skepsis, wenn die Redaktion so tief in die Tasche greifen will. Mit hoher Wahrscheinlichkeit wären Gutachter beauftragt worden, sobald der erste Tagebuchband vorgelegen hätte. Erst bei positiven Rückmeldungen wäre weiter investiert worden, und die Chefredaktion wäre Herr des Verfahrens gewesen, hätte kontrollieren können, wer als Gutachter beauftragt und was ihm vorgelegt wird. Die Chefredaktion hätte auch die Ergebnisse der Gutachten unmittelbar erfahren und einschätzen können. Sie hätte außerdem bestimmen können, dass ausgewiesene Hitler-Kenner zur Beurteilung dieser brisanten Materie hinzugezogen werden.

Das alles kann die Chefredaktion nicht, denn vorläufig weiß sie nichts davon, was hinter ihrem Rücken zwischen zwei Redakteuren und den Verlagsoberen ausgehandelt wird. Es scheint Verlagschef Fischer auch nicht zu stören, dass er mit seinem Parforceritt ganz eindeutig gegen die Verträge verstößt, die er noch vor kurzem mit den neuen Chefredakteuren unterschrieben hat. Denn in diesen Verträgen wird den *Stern*-Chefredakteuren die alleinige Kompetenz zugesprochen, was Personal und Inhalte des *Stern* angeht.

Der Vorstandsvorsitzende spielt bei den Hitler-Tagebüchern Chefredakteur. Er entscheidet, was ein Mitglied der *Stern*-Redaktion zu tun und zu lassen hat. Er erklärt das Ressort »Zeitgeschichte« sozusagen zum Sperrgebiet für die Chefredaktion. Damit verstößt er nicht nur gegen das bei Gruner+Jahr geltende Chefredakteursprinzip, er hebelt mit seinen einsamen Beschlüssen auch die Satzung der Gruner+Jahr Aktiengesellschaft aus. Denn in der ist festgelegt, dass über wichtige Vorgänge der gesamte Vorstand gemeinsam berät und abstimmt. In § 4 der Geschäftsordnung des G+J-Vorstandes heißt es: »Die Mitglieder des Vorstandes sind verpflichtet, sich gegenseitig und fortlaufend in dem Umfang, der angesichts ihrer Verantwortung für den Geschäftsbereich im ganzen erforderlich ist, zu unterrichten.«

Zumindest Vorstandsmitglied und *Stern*-Herausgeber Henri Nannen hätte Manfred Fischer besser sofort informiert und seine jahrzehntelange journalistische Erfahrung genutzt. Stattdessen wird das Projekt zur geheimen Kommandosache erklärt. Doch dieses Vorgehen ist nur der erste Teil des Skandals, wenig später wird Manfred Fischer seine Alleingänge fortsetzen und die Chefredakteure weiter entmachten, ohne dass sie das ahnen.

So sitzt Heidemann mit seiner prallen Geldtasche im Flugzeug nach Stuttgart. Die Sicherheitskontrolle in Fuhlsbüttel hat er ohne Probleme passieren können. Peter Kühsel hat ihm noch mit auf den Weg gegeben, bloß vorsichtig mit dem vielen Geld zu sein. Nach der Landung in Stuttgart nimmt Heidemann einen Leihwagen und mietet sich in einem Hotel am Flughafen ein. Da er von Tiefenthäler weiß, dass »Fischer« ein Fan von NS-Devotionalien ist, hat er die Göring-Uniform und eine mit Edelsteinen besetzte Zigarettendose mit im Gepäck. Vielleicht kann er ja damit den Mann verführen, ihm ein Tagebuch zu überlassen.

Heidemann weiß, dass Konrad »Fischer«/Kujau seinen Militaria-Laden in der Stuttgarter Aspergstraße hat und in

Ditzingen im Gebersheimer Weg wohnt. Am nächsten Morgen fährt er zuerst in die Stuttgarter Innenstadt. Das Geschäft ist geschlossen. Heidemann klingelt, aber keine Reaktion. Er fotografiert das Schaufenster, in dem eine Uniformjacke von Kaiser Franz Joseph ausgestellt ist. Von einer alten Frau, die aus dem Haus kommt, erfährt Heidemann, dass der Ladeninhaber nur höchst selten hier ist. Von einer Telefonzelle aus ruft er »Fischers« Nummer an, aber niemand hebt ab.

Am Abend fährt Heidemann nach Ditzingen. Im Gebersheimer Weg steht Reihenhaus an Reihenhaus. Heidemann stellt sein Auto in einer Nebenstraße ab und geht zu einer Telefonzelle. Unangemeldet vor der Wohnungstür zu stehen, hält er für unklug. Er wählt wieder »Fischers« Nummer, aber es meldet sich jemand mit einem anderen Namen. Als Heidemann sich vorstellt und »Herrn Fischer« sprechen will, antwortet Konrad Kujau, das sei er selbst. Heidemann sagt, dass er ganz in der Nähe sei und gern vorbeikommen würde. Kujau ist einverstanden. Inzwischen hat es angefangen zu schneien. Als Heidemann vor der Haustür steht und klingelt, erkennt er durch die beschlagene Brille, dass dort zwei Namen stehen, allerdings nicht »Fischer«. Der eine liest sich ungefähr »Kojak«, jedenfalls merkt er sich diesen Namen.

Kujau öffnet die Tür, ein kleiner rundlicher Mann mit Schnauzbart und Halbglatze, dessen sächsischer Dialekt nicht zu überhören ist. »Sie sind also der Herr Heidemann«, begrüßt er den Gast. Der nickt und bedankt sich bei Kujau, dass er Zeit für ihn hat. Kujau führt Heidemann ins Wohnzimmer, dort trifft er Kujaus Lebensgefährtin, die auf dem Sofa sitzt. Heidemann empfindet die Einrichtung Marke »Gelsenkirchener Barock« und die ganze Atmosphäre als eher spießig, und »Fischer« in seinen Pantoffeln hat so gar nichts, was einen an einen geheimnisumwitterten Grenzgänger zwischen Ost und West erinnert.

Nachdem Kujau einen Whisky serviert hat, sagt Heidemann, dass er ihn gern auf Görings Yacht »Carin II« empfangen hätte, aber das könne man ja noch nachholen. Kujau erzählt, er habe von *Hartung* erfahren, dass Heidemann ihm den Auto-Stander des Reichsmarschalls verkauft habe. Auch bei ihm in Stuttgart seien häufig Leute, die Sachen von Göring suchten. Erst vor kurzem seien Kanadier bei ihm gewesen und hätten für einen horrenden Preis ein Hochzeitsbild mit Widmung von Hermann und Emmy Göring erworben. Die Stimmung ist ein wenig so, wie wenn sich zwei Angler darüber unterhalten, welch große Fische sie an Land gezogen hätten.

Plötzlich wechselt Kujau das Thema und sagt, er wäre daran interessiert, die Ernennungsurkunde des damaligen DDR-Botschafters Fischer bei Idi Amin zu bekommen. Der sei nämlich ein Cousin von ihm. »Jetzt ist er Außenminister.« Gerd Heidemann, der häufig in Kampala gewesen ist und den ugandischen Diktator Amin persönlich kennt, weiß, dass sein Gegenüber Unsinn erzählt. Der Diplomat, der von 1973 bis 1977 die DDR in Afrika vertreten hat, ist Hans Fischer. Der DDR-Außenminister, der 1975 sein Amt in Ostberlin übernahm, heißt dagegen Oskar Fischer. Heidemann weist auf diesen Widerspruch hin, und Kujau antwortet: »Äh, dann ist er es nicht.« Heidemann hat diese Szene dem Autor des 1990 erschienenen Buches *Der Fund*, Peter Ferdinand Koch, so geschildert.

Und wie reagiert Heidemann als skeptischer Reporter und Rechercheprofi auf diese windige Behauptung? Bringt es ihn ins Grübeln, dass jemand die prominente Verwandtschaft durcheinanderwirft? Kommt er auf den Gedanken, dass mit diesem Konrad »Fischer« etwas nicht stimmen kann? Hält er es nicht für seltsam, dass draußen am Türschild nicht

»Fischer«, sondern so etwas wie »Kojak« steht? Nichts dergleichen.

Wochen später wird er Kujau auf die beiden Namen am Klingelschild ansprechen, und der macht ihm dann weis, das seien die beiden Namen seiner Lebensgefährtin aus einer früheren Ehe. Und Heidemann fährt auch kein zweites Mal nach Ditzingen, um das Schild noch einmal genau zu betrachten, die Aufschrift korrekt zu notieren und den Namen »Kujau« noch ein wenig zu recherchieren, wo der doch in der Sammlerszene immer als »Fischer« auftritt. Recherchen bei der Stuttgarter Polizei hätten zutage gefördert, dass Kujau sich gern »Fischer« nennt, sich mit einem falschen Doktortitel schmückt und deswegen vorbestraft ist.

So hätte es schon bei der ersten Begegnung die Chance gegeben, den Schwindel aufzudecken. Denn wenn der Stuttgarter Dokumentenhändler und Tagebuchlieferant nicht »Fischer«, sondern Kujau heißt, dann bricht die ganze Fundlegende zusammen, dann kann Kujau auch keinen Bruder in der DDR haben, der »Fischer« heißt und NVA-General ist.

Aber an diesem Abend bleibt Gerd Heidemann konsequent auf der Tagebuchspur. Er berichtet von der Dönitz-Beerdigung und dass er dort den Hitler-Adjutanten Otto Günsche getroffen und gefragt habe, ob der etwas von Tagebüchern wisse. Und der habe das genauso ins Reich der Fabel verwiesen wie die Hitler-Sekretärin Christa Schröder. Nun tischt ihm Kujau die Geschichte auf, ein Informant in Ostberlin habe ihm berichtet, dass die Russen nach dem Krieg selbst intensiv nach den Tagebüchern gesucht hätten. Der »Führer« habe aber den Befehl gegeben, diese zu verbrennen.

Diese Behauptung ist völlig neu. Wenn es einen solchen Befehl gegeben hätte, müsste es ja irgendwelche Zeugen für die Existenz von Tagebüchern geben. Die naheliegende

Frage, woher dann der Band bei *Rolf Hartung* stamme, stellt Heidemann nicht. Denn wenn Hitler diesen Befehl tatsächlich gegeben haben sollte, wären die Bücher wohl kaum an Bord des Gundelfinger-Flugzeuges geschafft worden.

Anstatt kritisch nachzufragen und Kujau weiter fabulieren zu lassen, was sicherlich irgendwann auch Heidemann skeptisch gemacht hätte, berichtet er nun seinem Gastgeber en Detail über seine Recherchen in Börnersdorf. Der weiß bis zu diesem Moment noch nichts Genaues über den Absturz der Ju 352, kann aber jede Einzelheit gut gebrauchen, um seine Geschichte weiterzuspinnen. Er beschreibt nun dem staunenden *Stern*-Reporter die Größe der angeblich zwei Kisten, die von einem Bauern und seinem Sohn in ihr Haus geschleppt worden seien. In diesem Haus sei dann ein Feuer ausgebrochen, aber die Kisten konnten gerettet und sicher versteckt werden. Von einem Befehl Hitlers, die Tagebücher zu verbrennen, ist nicht mehr die Rede.

Heidemann fragt Kujau stattdessen, wie lange es denn dauern werde, bis alle Bände im Westen seien, und wie viele es denn genau seien. Tja, antwortet Kujau, er hoffe, dass der Transport aus der DDR zügig vonstatten gehe. 27 Bücher gebe es, neun habe er schon, allerdings nicht greifbar. Eines sei bei *Hartung*, andere in den USA. Daran hätte der Hearst-Konzern Interesse, als Kaufpreis seien 2 Millionen Dollar im Gespräch. Und die restlichen Bücher habe sein Anwalt. Der erste Band beginne übrigens im August 1932. Damals sei Hitler nach Berlin umgezogen und habe eine Zimmerflucht in einem Hotel gemietet. Dieses Buch habe er schon in der DDR in der Hand gehabt und versucht, darin zu lesen. Die letzte Eintragung stamme vom 19. April 1945.

Um zu beweisen, dass er wirklich Interesse an den Tagebüchern hat, holt Heidemann seinen Koffer mit der Göring-Uniform und die grüne Tasche mit dem Bargeld aus dem Flur. Er sei bereit, sich von der Uniform zu trennen, wenn man ins Geschäft komme, sagt Heidemann, als er das Stück auspackt und Kujau hinhält. Wenn ihm Kujau zumindest ein Tagebuch mitgäbe, das er seinen Chefs auf den Tisch legen könnte, wäre er bereit, schon mal 150 000 Mark als Anzahlung zu übergeben. Kujau fragt, ob er denn tatsächlich so viel Bares dabeihabe. Daraufhin öffnet Heidemann seine Plastiktasche. Kujau ist entzückt und ruft in die Küche, wo seine Lebensgefährtin gerade Butterbrote schmiert: »Willst du mal 150 000 Mark sehen?« Auch sie bestaunt die Geldbündel.

Jahre später wird es beim Tagebuch-Prozess in Hamburg auch um die Frage gehen, wie viel Geld Gerd Heidemann von den 9,3 Millionen Mark, die ihm der Verlag für die Beschaffung bar übergab, für sich selbst abgezweigt hat. Ob er schon beim ersten Treffen mit Kujau 50 000 von den 200 000 Mark für sich einplante, weil ihm zu dieser Zeit finanziell das Wasser bis zum Hals stand. Heidemann wird das vehement bestreiten und argumentieren, dass er, wenn es um Honorare ging, immer gern versucht habe die Summen nach unten zu pokern.

An diesem Abend diskutieren Heidemann und Kujau noch über die Transportwege aus der DDR. Der Reporter schlägt vor, er könne doch vielleicht auch ein paar Bände über die Grenze schaffen. Das hätte den Vorteil, dass er dann sagen könne, er selbst habe das Material aus der DDR beschafft. Kujau will diese Idee mit seinem Bruder besprechen. Auf keinen Fall dürfe sein Name genannt werden, er werde auch keinesfalls Quittungen unterschreiben. Heidemann ist mit diesem Verfahren einverstanden.

Am Ende verabredet man sich für den nächsten Morgen in Kujaus Stuttgarter Laden, dann könne man auch mit dem Anwalt telefonieren. Beim Abschied sagt Kujau, es sei für ihn jetzt sicher, dass niemand anders als Heidemann die Tagebücher bekäme. Er begleitet seinen Gast zum Auto.

Das ist inzwischen so eingeschneit, dass Kujau beim Losfahren mit anschieben muss. Im Hotel angekommen, setzt sich Heidemann hin und macht eine Kalkulation auf, was mit den von Verlagschef Manfred Fischer für das Hitler-Projekt eingeplanten 2 Millionen alles zu finanzieren sei, neben den Tagebüchern der dritte Teil von *Mein Kampf*, dazu handschriftliche Dokumente und Bilder. Auf einem Zettel vermerkt er:

»Dok. und Bilder   500 000,--
27 Tagebücher à
50 000,--   1 350 000,--
Mein Kampf   150 000,--
                      2 000 000,-- «

Dann rechnet er aus, was er für die »Carin II« einschließlich seiner Göring-Sammlung erwarten kann. Abzüglich einer zehnprozentigen Vermittlungsprovision für Jakob Tiefenthäler kommt er da auf 1 125 000 Mark.

Schließlich denkt er darüber nach, wie das Geschäft mit »Fischer« steuerlich zu behandeln ist. Er skizziert da drei Varianten:

»1. Lösung
(normales Verfahren)
Bücher und Rechte für Honorar u.
Tantiemen (inclus. Mehrwertst.)
2. Honorar pauschal für Material
(muß mit 56 % versteuert werden)
plus Mehrwertsteuer 13 %«

Die dritte Variante ist unleserlich. Nachdem er diese Rechenexempel zu Papier gebracht hat, legt sich Heidemann schlafen.

Am nächsten Morgen treffen sich Heidemann und Kujau im Laden in der Aspergstraße. Die zwei Räume hat Kujau mit Soldatenhelmen aus dem Ersten Weltkrieg, mit Reservistenkrügen, mit Wehrmachtsuniformen, NS-Fahnen und anderen Nazistücken dekoriert. Heidemann bestaunt die Ausstellung und erkennt, dass er es hier mit einem leidenschaftlichen Sammler zu tun hat, wie er es selbst ist. Kujau zeigt ihm eine Anzeige aus einer DDR-Zeitung, mit der seine Verwandten in Löbau Verdienstkreuze und Erinnerungsstücke aus dem Ersten Weltkrieg gesucht hätten. Auf diese Anzeige hin habe sich der alte Mann bei seinem Schwager gemeldet und ihm Hitler-Material verkauft. Von ihm sei auch der Tipp mit dem Bauern gekommen, der 1945 die Kisten aus dem Flugzeug geborgen hätte. Sein Schwager und sein Generalsbruder hätten von diesem Landwirt dann im Tausch gegen Lebensmittel, kleine Goldbarren und Devisen die Tagebücher und Hitler-Dokumente bezogen.

Um die Mittagszeit gehen die beiden über die Straße in ein jugoslawisches Restaurant, in dem Kujau offenbar Stammgast ist. Vom Tresen aus telefoniert er mit seinem Anwalt. Nach kurzer Zeit gibt Kujau den Hörer an Heidemann weiter, der Anwalt wolle ihn selbst sprechen. Zu Heidemanns Verwunderung sagt der Anwalt, er wolle einen Vertrag über die Lieferung der schon vorhandenen und noch aus der DDR zu beschaffenden Tagebücher abschließen. Heidemann erklärt daraufhin, dann könne er doch gleich mit der Rechtsabteilung von Gruner+Jahr verhandeln. Der Anwalt antwortet, das werde er mit seinem Mandanten besprechen.

Als Heidemann zum Tisch zurückkehrt und von dem Gespräch berichtet, braust Kujau auf, ein Vertrag komme auf keinen Fall in Frage. Alle Anwälte seien Ganoven. »Die wollen nur an jeder Sache mitverdienen.« Angeblich habe er den Anwalt beauftragt, die Tagebücher in Amerika zu verkaufen, und nun sähe der seine Felle wegschwimmen. In der Situation überlässt Heidemann Kujau die Göring-Uniform gegen das Versprechen, diese demnächst gegen ein Tagebuch zu verrechnen. Kujau sagt zu, innerhalb von einer Woche die drei Bücher aus dem Tresor des Anwalts zu liefern.

Am Nachmittag fliegt Heidemann nach Hamburg zurück, geht am nächsten Tag zum stellvertretenden *Stern*-Verlagsleiter Wilfried Sorge und berichtet von seiner ersten Begegnung mit Konrad »Fischer«. Der Mann sei ein »sehr wohlhabender Sammler«, sein Bruder General bei der Volksarmee. Der habe die ersten Tagebücher zunächst in Reisegepäck und nun in Klavieren versteckt über die Grenze schmuggeln lassen. »Wenn das rauskommt, ist mein Lieferant ein toter Mann.« Die ganze Sache müsse streng geheim bleiben, sonst würde der Nachschub sofort gestoppt. Als Heidemann dann die 200 000 Mark wieder abliefern will, winkt Sorge ab. Heidemann solle das Geld vorerst aufbewahren und bei dem Stuttgarter »am Ball« bleiben. Außerdem bittet er den Reporter, doch einmal aufzuschreiben, wie er sich einen Vertrag über die Tagebücher vorstellt.

Jetzt ist Heidemann in der Situation, sich gewissermaßen selbst einen Blankoscheck ausschreiben zu können. Er weiß, dass »Fischer« keinen Vertrag mit Gruner+Jahr abschließen will. Da er auch der einzige Kontaktmann zu dem Stuttgarter Tagebuchlieferanten sein wird, gibt es keinerlei Kontrollinstanz für das geplante Geschäft. Niemand wird Zeuge sein, wie viel Geld er übergeben wird.

Und so konzipiert Heidemann seinen Vertragsentwurf:

»Betr.: 27 Hitler-Tagebücher (1932 – 16.4.45)
und dritter Band ›Mein Kampf‹ (1928–34 handgeschrieben)

Honorierungs- und Beteiligungsvorschlag

Kaufpreis: 2,5 Millionen DM
Zahlbar: 200 000 DM Pfand für das erste Tagebuch. 1,2 Millionen DM für die ersten sieben Tagebücher Restzahlung in Raten von je 55 000,-- DM für jedes weitere Tagebuch.
200 000,-- DM für das handgeschriebene Manuskript des dritten Bandes ›Mein Kampf‹ bzw. ›Unser Kampf‹

Abwicklung läuft über Heidemann, der das Geld u.U. in der DDR übergeben und dort Material abholen muß.

Bei Weiterverkauf des unbearbeiteten Materials ins Ausland verbleiben 60 Prozent der Bruttoeinnahmen beim Verlag, 30 Prozent erhält Heidemann, 10 Prozent erhält Dr. Walde.

Buchausgaben: Verlag verpflichtet sich zur vollständigen Veröffentlichung der Tagebücher. Mitherausgeber, Bearbeiter und Kommentierer sind Heidemann und Dr. Walde. Historiker werden nur mit Zustimmung der beiden zur Mitarbeit herangezogen. Eine eventuelle *Stern*-Serie wird ebenfalls von Heidemann und Dr. Walde bearbeitet.

Honorar: 7,2 Prozent an Heidemann, 4,8 Prozent an Walde, und zwar bis zu einer verkauften Auflage von 40 000 des Ladenpreises. Für jedes darüber hinaus verkaufte Exemplar 9 Prozent an Heidemann, 6 Prozent an Dr. Walde (plus Mehrwertsteuer). Die Bruttoerlöse aus allen Nebenrechten, Lizenzausgaben usw. werden nach Eingang im Verhältnis 60 : 40 zugunsten der Autoren geteilt, wobei die 60 Prozent für die Autoren wiederum 60 : 40 unter Heidemann und Dr. Walde aufgeteilt werden.

Honorarvorschuß: DM 80000,-- an Heidemann (abzügl. bereits gezahlter DM 20000,-- DM für NS-Themen)
DM 60000,-- an Dr. Walde
zahlbar in drei Raten, und zwar 1/3 bei Vertragsabschluß, 1/3 bei Vorliegen aller Tagebücher, 1/3 bei Fertigstellung des ersten Bandes.

Der an Heidemann 1976 gezahlte Honorarvorschuß für ›Bordgespräche‹, der lt. Vertrag Ende 1980 zu Gunsten des Autors verfallen war, kann mit den Honorareingängen verrechnet werden, da das Tagebuch-Projekt mit Hilfe der Göring-Yacht verwirklicht werden konnte.

Mit den Hitler-Erben wird sich Heidemann auseinandersetzen und die Frage der Rechte klären.

Dr. Walde und Heidemann müssen während der Bearbeitung des Buchprojektes von anderen redaktionellen Arbeiten freigestellt werden.

Falls es nicht dringend erforderlich werden sollte, der Bundesregierung die Originalunterlagen im Austausch für evtl. Veröffentlichungsrechte zur Verfügung stellen zu müssen und der Verlag nach Abzug aller Kosten einen Reingewinn von mindestens DM 500000,-- erzielt, bleibt das Original-Material im Besitz von Heidemann. Bis zu diesem Zeitpunkt verwahrt Heidemann im Auftrag des Verlages das Material. Sollten die Tagebücher vom Verlag oder von Heidemann veräußert werden, erfolgt ebenfalls eine Teilung von 60:40 zugunsten des Verlages.

Erreicht der Verlag einen Reingewinn von mindestens 2 Millionen DM, steht das Material Heidemann zur freien Verfügung. Ein evtl. späterer Veräußerungsgewinn muß nicht mehr aufgeteilt werden.«

Die Richter des Landgerichts Hamburg sehen später diesen

Zeitpunkt als den Moment an, zu dem Heidemann »eine Möglichkeit sah, seine drückenden finanziellen Sorgen aus der Welt zu schaffen, und sich entschloß, sie zu nutzen«. Dem Verlag gegenüber gab er vor, für jedes Tagebuch knapp 85 000 Mark zu bezahlen. Mit »Fischer«, so das Landgericht, hatte er sich auf maximal 60 000 Mark als Stückpreis geeinigt. Bei 27 Tagebüchern ein Plus von 675 000 Mark für Heidemann.

Der geleimte Professor

Am 5. Februar 1981 besuchen *Hartung* und Kujau in Stuttgart Prof. Jäckel in seinem Universitätsinstitut. Der hatte ja im Herbst zuvor gemeinsam mit seinem Kollegen Kuhn das Buch mit Hitler-Schriften aus den Jahren 1904 bis 1925 veröffentlicht, in dem auch 72 von Kujau für *Hartung* produzierte Dokumente publiziert wurden. Darunter das angebliche Hitler-Gedicht »Der Kamerad« von 1916. Dieses Gedicht hatte auch der *Stern* in seinem Bericht über das Jäckel-Buch unter dem Titel »Gereimtes vom Gefreiten H.« abgedruckt.

Inzwischen ist Jäckel auf eine Ungereimtheit hingewiesen worden. Das Gedicht »Der Kamerad« stamme nicht von Adolf Hitler, sondern sei aus dem 1936 veröffentlichten Buch *Gedichte der Kameradschaft* von einem Herybert Menzel abgekupfert. Der sei 1906 geboren, und war 1916 also zehn Jahre alt. Logischerweise kann Hitler dieses Gedicht also noch nicht einmal im Ersten Weltkrieg abgeschrieben haben. Für Jäckel liegt der Verdacht nahe, dass es sich hier um eine Fälschung handelt.

Der Professor konfrontiert seine Besucher mit den Tatsachen. Kujau gibt sich ahnungslos, er könne zu der Sache nichts sagen, nur, dass alle Dokumente aus dem 1945 in Börnersdorf abgestürzten Flugzeug stammen. Er wisse, dass ein *Stern*-Reporter vor Ort recherchiert habe und die Darstellung von Hitlers Chefpiloten Hans Baur bestätige.

Damit sind Jäckels Zweifel zwar nicht ausgeräumt, gegen Kujau hegt er aber keinen Verdacht. Er schenkt ihm vielmehr ein Exemplar seines Buches und schreibt als Widmung hinein:

»Für Herrn Konrad Fischer mit bestem
Dank für die Unterstützung und
freundlichem Gruß
Eberhard Jäckel
5. Februar 1981«

Beim Abschied fragt er seine Besucher, ob sie etwas dagegen hätten, wenn er die Dokumente dem Bundeskriminalamt zur Begutachtung vorlege. *Hartung* und Kujau sind einverstanden. Jäckel wird am 6. Mai fünf Dokumente beim BKA einreichen und darum bitten, diese materialkundlich zu prüfen.

Einen Tag nach seinem Treffen mit Jäckel in Stuttgart telefoniert Kujau mit Heidemann. Der möchte nun endlich die versprochenen Tagebuchbände bekommen. Kujau berichtet von seinem Besuch bei dem Professor und sagt, der sei nun mächtig sauer, weil er die Tagebücher nicht bekomme. Kujau erzählt auch von der Debatte um das Gedicht »Der Kamerad«. Priesack habe den Text in einem Buch gefunden, dessen Autor erst 1906 geboren sei. Aber Kujau erfindet dazu eine Erklärung: Dasselbe Gedicht sei schon in einem Buch von 1871 gedruckt worden, da habe wohl einer vom anderen abgeschrieben.

Diese merkwürdige Geschichte weckt nicht Heidemanns Argwohn, obwohl der *Stern* ja gerade dieses Gedicht als Hitler-Werk veröffentlicht hatte. Der kritische Reporter schluckt die Lügengeschichte. Ihn interessieren die Tagebücher. Kujau vertröstet ihn, der Referendar seines Anwalts habe den Auftrag, in die Schweiz zu fahren und die dort in einem Safe lagernden Bände abzuholen. Diese Reise verbinde er allerdings mit einem kurzen Skiurlaub und komme deswegen erst am 11. Februar nach Stuttgart zurück. Heidemann befürchtet, dass der junge Mann dann ja die Bücher kopieren könne. Ausgeschlossen, antwortet Kujau, die Bücher seien in einem geschlossenen Umschlag verpackt. Der Referendar glaube, es seien Geschäftspapiere.

In Wahrheit braucht Kujau Zeit, um die drei versprochenen Bände zu produzieren. Denn bislang gibt es nur den Halbjahresband von 1935, und der liegt seit November 1975 bei *Rolf Hartung*. Aber Kujau ist bestens präpariert, die Tagebücher von Adolf Hitler zu fälschen.

Viele Jahre schon hat er sich mit dem Leben von Adolf Hitler befasst und sich eine umfängliche NS-Bibliothek zugelegt. Besonders interessant für das Tagebuchprojekt ist die chronologische Darstellung von dem ehemaligen Führer des NS-Studentenbundes Gerhard Rühle *Das dritte Reich* und die dreibändige Arbeit von Max Domarus, einem Hitler-Verehrer, der seit 1932 alle öffentlichen Reden, Aufrufe, Erlasse, Interviews und Zeitungsartikel Hitlers gesammelt und nach dem Zweiten Weltkrieg das Leben und die Taten seines Idols dokumentiert hat. Kujau besitzt auch mehrere Bände des Tagebuchs des Oberkommandos der Wehrmacht, aus dem er ebenfalls nützliche Informationen für sein Werk ziehen kann.

Genug Stoff für ein Gerüst aus historischen Fakten, das der phantasiebegabte Kujau mühelos mit persönlichen Gedanken, Einschätzungen und Urteilen ausschmücken kann. Kujau hat sich gründlich mit der Geschichte des Dritten Reiches beschäftigt und weiß, welche Ereignisse der Hitler-Zeit noch immer kontrovers diskutiert werden. Etwa Hitlers Rolle im sogenannten Röhm-Putsch, den Hitler zum Anlass nahm, den Chef der SA Ernst Röhm ermorden zu lassen, weil der ihm im Wege stand. Oder Hitlers persönliche Verantwortung für den Massenmord an den Juden. Oder die Hintergründe für die Entscheidung des Hitler-Vertreters Rudolf Heß, mitten im Krieg ins feindliche England zu fliegen. Wenn Kujau dazu ein paar »Hitler«-Erklärungen aufschreibt, wird sogar die Fachwelt die Bücher bedeutend finden.

Wegen der von Heidemann angekündigten Untersuchungen durch Schrift- und Materialgutachter macht sich Kujau keine Gedanken. Die Handschrift des »Führers« kann er seit langem täuschend echt nachahmen und flüssig zu Papier bringen. Er weiß auch, dass es ganz wenige echte Vergleichsschriften gibt, und hat deshalb keine Sorgen, als Fälscher enttarnt zu werden.

Die Kladden hat er sich aus dem »Konsum«-Laden im sächsischen Bautzen besorgt. Er schreibt mit Stahlfedern und alter Tinte. Über die Möglichkeiten, Dokumente kriminaltechnisch zu untersuchen, ist Kujau nicht informiert. Im Zweifelsfall kann er sich auch immer noch darauf berufen, dass das Material aus der DDR stamme und er ja nur der Vermittler gewesen sei. Er muss sich jetzt nur mächtig mit dem Schreiben beeilen, denn Heidemann drängelt.

Im Verlagshaus Gruner+Jahr kündigt sich derweil eine große personelle Veränderung an. Am 11. Februar tagen in Gütersloh die Aufsichtsräte von Bertelsmann AG und Gruner+Jahr und beschließen, dass der bisherige G+J-Vorstandsvorsitzende Dr. Manfred Fischer am 1. Juli Bertelsmann-Chef und Nachfolger von Eigentümer Reinhard Mohn werden soll, der dann in den Aufsichtsrat wechseln will.

Für die Fischer-Nachfolge gibt es bei Gruner+Jahr zwei hochkarätige Kandidaten, beide erfolgreich und weltgewandt und beide vierzig Jahre alt. Zum einen Gerd Schulte-Hillen, zum anderen Dr. Jan Hensmann.

Schulte-Hillen ist Chef von Gruner Druck in Itzehoe. Der Diplomingenieur aus dem Sauerland hat seine Karriere bei Bertelsmann in Gütersloh begonnen. Danach hatte er die zuvor marode Druckerei von Gruner+Jahr in Itzehoe innerhalb von zwei Jahren auf Vordermann gebracht und dabei einen Druckerstreik ins Leere laufen lassen, weil er seine leitenden Angestellten mit Hilfsarbeitern an die Maschinen stellte. Anschließend war er als Troubleshooter nach Amerika geschickt worden und hatte die Konzerntochter Brown-Printing in Minnesota saniert. Ein Mann mit robustem Selbstbewusstsein und Durchsetzungsvermögen und einer, der mit spitzem Bleistift rechnen kann. Sein Manko: Er hat keinerlei Erfahrungen im Umgang mit Redaktionen.

Hensmann kennt sich da als Zeitschriftenvorstand bestens aus. Unter seiner Ägide hat Gruner+Jahr das Reportage-Magazin *GEO* gestartet, und der *Stern*-Ableger ist von Anfang an ein großer Erfolg bei Lesern und Anzeigenkunden. Auch die Neugründungen des Wissensmagazins *P.M.* und der Wirtschaftszeitschrift für den Mittelstand *Impulse* laufen hervorragend. Das Engagement von G+J in Frankreich und Spanien gibt zu den schönsten Hoffnungen Anlass. Wenn da bloß nicht die Pleite mit *GEO USA* wäre. Gegen die übermächtige Traditionszeitschrift *National Geographic* hat der Verlag versucht, die Erfolgsgeschichte von *GEO* in Amerika zu wiederholen, und ist dabei nicht zuletzt wegen seines arroganten Auftretens grandios gescheitert. 30 Millionen US-Dollar werden in den Sand gesetzt, nach damaligem Kurs rund 90 Millionen Mark. Das ist natürlich ein Minuspunkt beim Wettstreit um den Chefsessel. Außerdem fehlt Hensmann der Gütersloher Stallgeruch.

Der Aufsichtsrat entscheidet sich für Gerd Schulte-Hillen als Vorstandsvorsitzenden. Hensmann bleibt Stellvertreter. In das Geheimprojekt »Hitler-Tagebücher« wird Manfred Fischer seinen Nachfolger Schulte-Hillen im Mai einweihen.

Am Tag dieser spektakulären Aufsichtsratssitzung bekommt Gerd Heidemann endlich grünes Licht von Kujau, er kann zwei Tage später nach Stuttgart kommen und die ersten Tagebücher in Empfang nehmen. Freitag, der 13. sei nun mal sein Glückstag, sagt Heidemann. Bei der Gelegenheit bittet er Kujau auch, ihm aus dem Flugzeugfundus doch möglichst viele Hitler-Handschriften herauszusuchen, die brauche er als Vergleichsmaterial für die Schriftgutachter. Es muss für Kujau wie ein Volltreffer im Lotto gewesen sein, dass er nun auch noch die Dokumente liefern kann, mit denen »sein Hitler« verglichen werden soll.

So fliegt Gerd Heidemann am Vormittag des 13. Februar wieder nach Stuttgart, im Handgepäck die Plastiktüte mit den 200 000 Mark. Kujau erwartet ihn in der Ankunftshalle, die beiden gehen in das Restaurant Schwabenstüberl. Kujau übergibt dem Reporter die ersten drei Tagebücher. Andächtig liest Heidemann aus einer der Kladden vor, denn Kujau hat auch ihm erzählt, dass er die komische Sütterlinschrift nicht entziffern kann. Nach dem Treffen ruft Heidemann in Hamburg an und berichtet Thomas Walde von seinem Erfolg. Man verabredet sich am Flughafen Fuhlsbüttel.

Als Heidemann dort am späten Abend landet, ist Walde schon ganz ungeduldig. In einer Kneipe in der Nähe des Flughafens stoßen beide auf den glücklichen Ausgang der Reise an, und Heidemann erzählt haarklein alles über seine Begegnung mit Konrad »Fischer«. Auf eine Lesung verzichtet Heidemann, weil Walde befürchtet, dass Gäste am Nebentisch hellhörig werden könnten. Der Ressortleiter bedauert, ausgerechnet jetzt zu einer zwölftägigen Reserveübung einrücken zu müssen. Als Hauptmann der Reserve hat er sich beim »Lehrstab Pressepraktikum« angemeldet. Aber Heidemann könne sich ja an seinen Freund Wilfried Sorge wenden.

Der ruft am nächsten Morgen an und verabredet sich mit Heidemann für den Nachmittag. Dann soll auch der Vertrag in die endgültige Form gegossen werden. Sorge blättert die drei Bücher durch und formuliert dann die Vereinbarung mit

Heidemann. Normalerweise ist das eine Aufgabe für die Rechtsabteilung des Verlages. Doch von dieser geheimen Kommandosache sollen auch die Hausjuristen nichts erfahren. Möglicherweise hätten sie bei einigen Vertragspassagen auch den Kopf geschüttelt:

»Vertrag
zwischen
Gruner + Jahr AG. & Co
Druck- und Verlagshaus
– nachstehend Verlag genannt –
und
Gerd Heidemann
– nachstehend Autor genannt –

§ 1 Leistung des Autors
1.) Der Autor beschafft dem Verlag aus der DDR die Originalmanuskripte der Tagebücher Adolf Hitlers aus den Jahren 1933–1945, sowie den handgeschriebenen dritten Band von ›Mein Kampf‹ (bzw. ›Unser Kampf‹).

Der Verlag stellt dem Autor für den Erwerb der Unterlagen vom derzeitigen Besitzer DM 85 000,-- (fünfundachtzig) pro Tagebuch-Band und DM 200 000,-- (zweihundert) für ›Unser Kampf‹ zu Verfügung.

Der Autor erwirbt im Auftrag des Verlages für den Verlag alle verfügbaren Manuskripte.
2.) der Autor wird dem Verlag bei der Auseinandersetzung mit den Erben Adolf Hitlers behilflich sein. Er wird versuchen, die Eigentumsrechte zu erwerben und auf den Verlag zu übertragen. Der Verlag wird die Erben unter Vermittlung des Autors entschädigen.
3.) Der Autor wird gemeinsam mit Dr. Thomas Walde auf der Grundlage der Manuskripte eine *Stern*-Serie und ein bzw. mehrere *Stern*-Bücher veröffentlichen. Der Umfang

und die Form der Serie wird gemeinsam mit der Chefredaktion des *Stern* festgelegt.

Das *Stern*-Buch (bzw. die *Stern*-Bücher) wird neben den vollständigen Originaltexten Kommentare, historische Verweise, Illustrationen etc. enthalten, die von den Autoren in Absprache mit der *Stern*-Buchproduktion beschafft und erarbeitet werden.

Weitere Mitarbeiter (z.b. Historiker) für die Erstveröffentlichung des Stoffes werden nur mit Zustimmung der Autoren verpflichtet.

[...]

§ 3 Honorar

1.) Die Autoren werden für die Produktion der *Stern*-Serie nicht gesondert honoriert. Der *Stern* erwirbt die Serien-Rechte kostenfrei und stellt dafür die Autoren für zwei Jahre – beginnend mit dem Vorliegen aller verfügbaren Originalbände – von der sonstigen redaktionellen Arbeit frei.

2.) Für die Herausgabe der *Stern*-Bücher erhält der Autor als Honorar 6 Prozent des Einzelverkaufspreises für jedes verkaufte und bezahlte Exemplar bis zu einer Auflage von 10 000 Exemplaren pro Band. Bei einer verkauften und bezahlten Auflage von 10 001 bis 50 000 Exemplaren beträgt der Honorarsatz 7,2 Prozent ab einer verkauften und bezahlten Auflage von 50 001 beträgt der Honorarsatz 9 Prozent. [...]

4.) Von den Erlösen, die dem Verlag aus einer anderweitigen Verwertung des Werkes (Lizenzen u.ä.) zufließen, erhält der Autor 36 Prozent. Der Verlag wird die Originalmanuskripte zehn Jahre nach Beginn der publizistischen Nutzung dem Autor überlassen. Der Autor wird bei seinem Ableben die Bände der Bundesregierung testamentarisch vermachen.

6.) Als Vorschuß auf das Honorar erhält der Autor bei Vorliegen von acht Bänden des Hitler-Tagebuchs DM 300 000,-- (dreihunderttausend). [...]

§ 4 Sonstige Rechte und Pflichten der Beteiligten

[...]
4.) Sollte sich der Verlag wegen schwerwiegender, beim Vertragsabschluß nicht voraussehbarer Umstände an der Veröffentlichung des Werkes gehindert sehen, so ist er berechtigt, vom Vertrag zurückzutreten. In diesem Fall verfallen an den Autor geleistete Zahlungen. Veröffentlicht der Autor das Werk in einem anderen Verlag, ist er zur Erstattung dieser Zahlungen verpflichtet.«

Die programmierte Katastrophe

Vier Tage später hat Heidemann die drei Tagebuchbände für sich fotokopiert und liefert die Originale bei Sorge ab. Der gibt sie an Dr. Manfred Fischer weiter, der andachtsvoll darin liest. Als Zeuge vor dem Hamburger Landgericht sagt er später, es sei »geradezu ein sinnliches Erlebnis« gewesen. Noch am selben Tag gibt der Verlagschef 1 Million Mark für die Beschaffung der nächsten Bände frei. Die Runde der Eingeweihten trifft sich zu einer weiteren Geheimkonferenz. Heidemann macht noch einmal seine Kalkulation auf: Je 85 000 Mark für die 27 Tagebücher, plus 200 000 Mark für den dritten Band *Mein Kampf* macht 2,5 Millionen Mark. Dr. Fischer entscheidet, mit dieser Summe »ins Risiko« zu gehen. Am 23. Februar unterschreiben er und Heidemann den von Sorge konzipierten Vertrag. Am 12. März schließt Thomas Walde mit dem Verlag einen ähnlichen, wenn auch weniger lukrativen Vertrag.

Damit ist die Katastrophe programmiert. Ein weiteres Mal sind alle üblichen Kontrollen ausgeschaltet, ein weiteres Mal hat der Verlagschef Oberchefredakteur gespielt. Ohne dass die eigentlich verantwortliche Chefredaktion und der Herausgeber des *Stern* etwas davon ahnen, beauftragt Fischer zwei *Stern*-Redakteure damit, die angeblichen Hitler-Tagebücher zu beschaffen und auszuwerten. Sie sollen daraus eine *Stern*-Serie und diverse *Stern*-Bücher produzieren. Dass für den Inhalt des Blattes nach den geltenden Anstellungsverträgen allein die Chefredakteure zuständig sind, stört den Verleger nicht.

Aber die Hitler-Verträge sind auch in anderen Punkten unbegreiflich. Nicht nur, dass Heidemann Millionenbeträge bar in die Hand gedrückt bekommen wird und unkontrolliert ausgeben kann – das hat es zuvor und auch danach nie gegeben –, Heidemann und Walde werden auch die alleinigen Herren über die Tagebücher. Ihnen wird das exklusive Recht zugestanden, Hitlers Aufzeichnungen auszuwerten, und sie werden zugleich am wirtschaftlichen Erfolg des Geheimprojekts maßgeblich beteiligt. In einer Aufstellung »Wirtschaftlicher Erfolg der Tagebücher« schätzt Wilfried Sorge eineinhalb Jahre später die Extraeinnahmen durch Buchrechte, Taschenbuchrechte und Lizenzerlöse für Heidemann auf 4,19 Millionen Mark und für Walde auf 1,1 Millionen Mark. Neben den monatlichen Gehaltszahlungen, versteht sich.

Außerdem sind die Millionäre in spe, vertraglich abgesichert, die Einzigen, die nun die Tagebücher überprüfen, kritisch durchsehen und journalistisch aufbereiten dürfen. Ein klassischer Fall von Interessenkollision ist hier in Vertragsform gegossen worden. Denn wenn sie ihre Arbeit richtig machen und auch Zweifeln auf den Grund gehen, könnte der Traum von den Millionen und vom großen Ruhm leicht ausgeträumt sein.

Es gibt aber auch niemand anderen, der die Aufgabe des kritischen Begleiters eines so risikoreichen Projekts übernehmen könnte. Heidemann und Walde allein kennen die genauen Umstände der Beschaffung, Heidemann allein kennt den Tagebuchlieferanten persönlich. Eine völlig unmögliche Situation. Normal und beim *Stern* hundertfach praktiziert wäre es gewesen, den Informanten des brisanten Stoffes zu überprüfen. Was hat es mit dem geheimnisvollen Konrad »Fischer« auf sich? Wie sieht sein Umfeld aus? Wenn Heidemann wie üblich gearbeitet hätte, also ohne Scheuklappen, Kujau hätte mit seinen Lügengeschichten keine Chance gehabt. Aber Heidemann verbreitet im Kreis der Eingeweihten ja die Mär, alles müsse streng geheim bleiben, weil sonst Menschenleben in Gefahr geraten. Mit dem Segen des Verlagschefs wird so ein journalistisches Himmelfahrtskommando gestartet: Zwei Laien dürfen sich daranmachen, die vermeintlichen Aufzeichnungen eines Politverbrechers und Massenmörders auszuwerten und historisch einzuordnen – Walde, der Politikwissenschaftler und Geheimdienstexperte, Heidemann, der Reporter, Fotograf und Hobbyhistoriker. Sie verbringen die folgenden zwei Jahre mit dem hochsensiblen Thema Adolf Hitler.

Neben Zeitgeschichte steht aber vor allem ein Thema auf der Tagesordnung: Geld. Nach Vertragsabschluss erhält Heidemann, so das Landgericht, 480 000 Mark in bar ausgezahlt, die vereinbarte Summe für die nächsten fünf Tagebücher einschließlich der 55 000 Mark, die Heidemann für die ersten drei Bände seinem Lieferanten angeblich schuldig bleiben musste, weil er ja nur 200 000 Mark dabeihatte.

Das Jonglieren mit den großen Beträgen wird zur Routine. Wilfried Sorge hat eine handschriftliche Liste angelegt, in die er einträgt, welche Summe der Vorstandsvorsitzende angewiesen hat und wann Heidemann bei ihm welchen Betrag bar in Empfang nimmt. Sorge ist der Einzige, der mit dieser unkonventionellen Buchführung den Überblick behält. Heidemann erfährt von Kujau, wie viele Bände abholbereit sind. Dann meldet er seinen Finanzbedarf bei Sorge an, der zahlt ihm die Summe auf die Hand. Heidemann quittiert. Sorge kontrolliert nach den Reisen, ob Heidemann auch die angekündigte Anzahl der Bände mitgebracht hat. Ab und zu kommt Kujau mit dem Schreiben in Verzug und liefert weniger als angekündigt, dann macht Sorge einen entsprechenden Vermerk in seiner Liste. Aber weder Sorge noch jemand anders notiert, wann Heidemann die Tagebücher liefert, noch um welche speziellen Bände es sich jeweils handelt.

Ende Februar ist Manfred Fischer in Gütersloh. Er informiert Bertelsmann-Chef Reinhard Mohn über die geheime Aktion und zeigt ihm die drei Tagebücher. Dessen Kommentar: »Wenn die echt sind, habt ihr einen großen Fisch an der Angel.«

Zur selben Zeit bekommt Heidemann einen Anruf von Kujau, der ihm vorflunkert, er werde jetzt nach Ostberlin fahren und dort einen Bekannten aus dem sächsischen Löbau treffen. Der arbeite in der Versandabteilung der örtlichen Klavierfabrik und habe mit dem Verpacken der Instrumente zu tun. Die nächsten Tagebuchbände würden in Klavieren versteckt aus der DDR in den Westen geschmuggelt. Am 1. März meldet sich Kujau erneut und berichtet von seinen Reiseerlebnissen in Ostberlin. Neben dem Bekannten habe er noch einen Mann getroffen, der ihm den Marschallstab von Hermann Göring beschaffen könne. Auf dem Gebiet ist Heidemann nun Fachmann und weiß, dass der Marschallstab auf Hawaii liegt. Er sagt das auch zu Kujau. Der bleibt bei seiner Geschichte, doch auch diese Lüge macht Heidemann, den erfahrenen Rechercheur, nicht skeptisch.

Er will vor allem wissen, wann denn endlich die nächsten Tagebücher kommen. Gerade seien wieder zwei aus den USA eingetroffen, wenn Heidemann wolle, könne er sie sofort in Hamburg vorbeibringen. So geschieht es, am 2. März ist Kujau in Hamburg. Sein Flugzeug kann wegen Nebels nicht in Hamburg landen und wird nach Hannover umgeleitet, Kujau reist mit dem Taxi an, wie Heidemann in einer Aktennotiz schreibt. Der einzigen übrigens, so das Landgericht, neben einem Vermerk aus dem April 1983, über seine Beziehung zu Kujau. Preise, Lieferungen und Zahlungen notiert er nie.

Kujau berichtet, dass weitere Bände unterwegs sind. Die Fahrer der staatlichen Spedition Deutrans, die die Klaviere in die Bundesrepublik brächten, würden sich jeweils bei ihm melden. Heidemann will die Lieferungen beschleunigen und schlägt vor, der Verlag könne doch zehn Klaviere in Löbau bestellen. Kujau winkt ab, zwecklos bei den langen Lieferfristen in der DDR.

Beim nächsten Telefonat drei Tage später sagt Heidemann, man werde jetzt den Schweizer Experten Frei-Sulzer mit einem Schriftgutachten beauftragen. Natürlich seien alle Beteiligten sicher, dass die Tagebücher echt seien, aber später, wenn man die Bücher international vermarkten werde, sei es vor allem bei den Amerikanern besser, ihnen Gutachten auf den Tisch legen zu können. Für den Schriftvergleich brauche er aber möglichst viele handgeschriebene Originaldokumente von Hitler, am besten auf amtlichen Briefbögen. Keine Kopien, die gebe es im Bundesarchiv, Gutachter wollten Originale. Ob Kujau so etwas besorgen könne? Der verspricht, den Wunsch mit seinen Lieferanten in der DDR zu bereden.

Dass Heidemann inzwischen einen beinharten Geschäftssinn entwickelt hat, beweist er mit seiner nächsten Aktion. Er bootet Jakob Tiefenthäler aus, der ihm den Kontakt zu Kujau vermittelt hat, und bringt ihn um die versprochene Provision. Heidemann ruft ihn am 7. März an und gaukelt ihm vor, aus dem Tagebuchgeschäft werde nichts. Er habe nur den einen Band bei *Hartung* gesehen, weitere Exemplare lägen in den USA. Der »Fischer« traue sich nicht mehr, nach Börnersdorf zu fahren, um die restlichen über die Grenze zu holen.

Nach Gaunermanier weiht er Kujau in seine Intrige ein und schlägt ihm vor, dass er Tiefenthäler sagen solle, ihm seien die DDR-Reisen zu riskant. Wenn Heidemann die Fahrten auf eigene Gefahr unternehmen wolle und erfolgreich sei, dann würde er ihm ein oder zwei Bände verkaufen. Und nur dafür bekomme Tiefenthäler dann seine Vermittlungsgebühr. Kujau ist mit der Täuschung einverstanden.

Am 10. und 20. März fliegt Heidemann nach Stuttgart und holt weitere Bände ab. Jetzt hat Kujau acht Tagebücher geliefert, die Jahrgänge 1934, 1937 und 1938 und den ersten Band 1933. Merkwürdig nur, dass es für 1938 nicht zwei Halbjahresbände gibt, sondern gleich drei Tagebücher. Ist der »Führer« plötzlich fleißiger geworden? Weder Heidemann noch Walde oder Sorge bringt diese wundersame Wendung ins Grübeln. Heidemann ist froh, dass acht Bände beisammen sind, denn jetzt ist die Voraussetzung dafür erfüllt, dass er seinen Vorschuss von 300 000 Mark bekommt. Der Verlag überweist die Summe auf Heidemanns Konto bei der Deutschen Bank, der löst damit umgehend seinen Schiffskredit von 249 000 Mark ab. Außerdem erhält er am 25. März von Wilfried Sorge die nächste Rate Bares, 340 000 Mark für weitere vier Tagebuchbände.

Die Beschaffungsaktion ist nun eingespielt und läuft reibungslos. Ein guter Anlass, auf das sensationelle Projekt anzustoßen. Ort der Feier: die Göring-Yacht »Carin II«, die in der Billwerder Bucht in Hamburg-Rothenburgsort vertäut ist. Gerd Heidemann hat alle Außenlichter des Schiffes angeschaltet, als am Abend des 2. April Verlagschef Dr. Manfred Fischer, sein Stellvertreter Dr. Jan Hensmann, der stellvertretende *Stern*-Verlagsleiter Wilfried Sorge und Ressortleiter Dr. Thomas Walde an Bord klettern.

Heidemann hat sich zur Begrüßung einen Scherz einfallen lassen. »Darf ich Sie zu einer Besichtigung des ehemaligen Schiffes des ehemaligen Chefs meines jetzigen Chefs einladen?«, sagt er zu Fischer. Der guckt verdutzt, und Heidemann klärt ihn auf. Schließlich sei Henri Nannen als junger Luftwaffen-Leutnant doch Hermann Göring unterstellt gewesen. Allgemeine Heiterkeit. Heidemann führt seine Gäste in den Maschinenraum, wo sich drei Dieselmotoren mit insgesamt 440 PS befinden, und erzählt, wie sich Göring das schmucke Schiff von der Automobilindustrie hat schenken lassen und welche Majestäten nach dem Krieg an Bord waren. Er weiß sogar von dem ehemaligen Schiffskoch aus Krefeld zu berichten, der ihm erzählt habe, dass der britische Thronfolger Prinz Charles als Kind in seiner Kombüse beim Kartoffelschälen helfen musste. Und natürlich zeigt er die riesige Klosettbrille aus Mahagoni, eine Extraanfertigung für den dicken Göring.

Nach dem Rundgang serviert Heidemann Sekt in versilberten Bechern, legt Fotoalben und Logbücher der »Carin II« auf den Tisch und erzählt, wie er an die geschichtsträchtige Yacht gekommen ist und wer schon alles an dem Tisch aus kaukasischem Nussbaum gesessen hat. Fischer blättert im Bordbuch und findet die Eintragung von SS-Brigadeführer Wilhelm Mohnke: »Kein Volk kann ohne seine Geschichte leben.« Er liest auch die Eintragung von Erich Kuby, der »das herrliche Dritte Reich« hatte wiederauferstehen lassen. Fischer ist entsetzt. »So etwas dürfte ein Erich Kuby nicht einmal im Scherz schreiben.«

Nach diesen Präliminarien kommt die Runde zum Thema der geheimen Konferenz: Man ist sich einig, dass die Chefredaktion und der Herausgeber des *Stern* weiterhin nichts von der Existenz der Hitler-Tagebücher erfahren dürften. Mindestens noch vier Wochen müsse man die Sache geheim halten, entscheidet Fischer, dann könne er ja zunächst einmal Henri Nannen einweihen. Die Diskussion wogt hin und her, auf welche Weise man den *Stern*-Chefs erklären wird, warum sie so lange nicht informiert wurden. Zum Schluss des Abends möchte sich Manfred Fischer auch ins Bordbuch der »Carin II« eintragen. Heidemann reicht das Buch, und der Verlagschef schreibt:

»Wir haben hier heute Dinge besprochen, die man einem Tagebuch nicht (noch nicht) anvertrauen kann. Ich wünsche Gerd Heidemann und uns, daß all dieses zu einem guten Ende führt.
2. April 1981   Manfred Fischer«

Und sein Stellvertreter Jan Hensmann erweist sich als Mann von Humor. Er schreibt in Anlehnung an den Raben von der »Kalau«-Seite des *Stern* darunter:

»Lieber'n Verführer am Abend
als'n Führer am Morgen.«

Die Erinnerung an den gelungenen Abend ist noch ganz frisch, als Anfang Mai eine Alarmmeldung kommt. Thomas Walde liest in dem Fachblatt *Vierteljahrshefte für Zeitgeschichte* eine »Notiz zu einer Edition von Aufzeichnungen Hitlers«. Auszug: »Nachdem die Ausgabe ›Hitler. Sämtliche Aufzeichnungen 1905-1924‹ (Quellen und Darstellungen zur Zeitgeschichte, Band 21, Stuttgart 1980) erschienen war, erhielten die Herausgeber dankenswerterweise von zwei Benutzern Hinweise, die Zweifel an der Echtheit einiger in die Ausgabe aufgenommener Stücke hervorriefen. Die Herausgeber haben diese Hinweise überprüft und sind zu dem Ergebnis gelangt, daß die Zweifel berechtigt sind, Sie betreffen einen verhältnismäßig kleinen Bestand, den die Herausgeber trotz einer gewissen Unsicherheit der Forschung zugänglich machen zu sollen glaubten, weil er bisher völlig unbekannt war und in der Hand eines Privatbesitzers verblieb, der der Nennung seines Namens nicht zustimmte.«

In dem kleinen Artikel machen Professor Jäckel und sein Kollege Kuhn ihre Zweifel an der Echtheit des angeblichen Hitler-Gedichts »Der Kamerad« öffentlich. Heidemann ist darüber schon seit Wochen durch Kujau informiert. Die renommierten Historiker weisen darauf hin, dass dieses Gedicht mit einem Begleitschreiben der NSDAP-Reichsleitung ausgestattet ist – den von Kujau produzierten Echtheitszertifikaten –, deshalb seien alle veröffentlichten Dokumente mit solchen Begleitschreiben zweifelhaft. Es sind insgesamt fünfundfünfzig. Darüber hinaus auch die anderen Stücke »aus dem gleichen Bestand«, gemeint ist die *Hartung*-Sammlung. Das sind weitere siebzehn Dokumente ohne Begleitschreiben. Walde ist sofort klar, welche Brisanz in dieser Notiz steckt, er informiert Heidemann. Beide wissen, dass Jäckel zahlreiche Dokumente für sein Buch von *Rolf Hartung*, dem Unternehmer aus *Reutlingen*, erhalten hat. Beide wissen auch, dass Konrad »Fischer« aus Stuttgart viele Dokumente an *Hartung* verkauft hat, genauso wie den Tagebuchband von 1935. Es liegt auf der Hand, dass »Fischer« die verdächtigen Stücke geliefert haben kann. Besonders beunruhigend ist die Tatsache, dass Jäckel die Dokumente mit den Begleitschreiben der NSDAP für gefälscht hält, die ja gerade die Echtheit der Papiere bestätigen. Heidemann und Walde wissen, so das Hamburger Landgericht, dass sie inzwischen fünf Tagebücher besitzen, die mit solchen von Jäckel beschriebenen Papierstreifen zugeklebt waren.

Jetzt ist eigentlich Alarmstimmung angesagt. Schon knapp eine Million Mark ist ausgegeben, möglicherweise für eine Fälschung, für Altpapier! Jetzt müssten eigentlich die Eingeweihten zusammengetrommelt werden. Walde und Heidemann müssten die Verlagsoberen Fischer, Hensmann und Sorge über die neue, besorgniserregende Lage informieren. Gemeinsam müsste diskutiert werden, was in dieser Situation unternommen werden soll. Zum Beispiel könnte Walde sich bei Prof. Jäckel nach den näheren Umständen erkundigen, schließlich hat der dem *Stern* gegen Honorar einen Vorabdruck aus seinem Buch gestattet, und genau das nun umstrittene Gedicht »Der Kamerad« ist ja veröffentlicht worden. Was liegt also näher, als Jäckel zu befragen? Oder Heidemann könnte mit *Rolf Hartung* telefonieren, der weiß ja auch ganz genau, welche Kopien von welchen Dokumenten er Jäckel für seine Hitler-Sammlung überlassen hat. Und *Hartung* könnte noch einmal bestätigen, dass er diese Papiere von Konrad »Fischer« bekommen hat. Just von dem Mann, der Heidemann mit den Tagebüchern beliefert.

Aber was tut Walde? Er beauftragt Heidemann, bei seinem Vertrauten in Stuttgart anzurufen und den zu fragen, ob der etwa die von Jäckel in Zweifel gezogenen Schriftstücke geliefert habe. Heidemann tut das und bittet Kujau, in dem Jäckel-Buch nachzuschauen, ob die Dokumente aus seiner Quelle kommen. Wie nicht anders zu erwarten, meldet Kujau sich wenig später und sagt, keines der zweifelhaften Dokumente stamme aus seiner Sammlung. Nach dieser Mitteilung aus Stuttgart ist die Sache für Walde und Heidemann erledigt. Niemand wird informiert. Die selbsternannten Zeitgeschichtler gehen beruhigt zur Tagesordnung über.

Nur Kujau lässt die Sache nicht auf sich beruhen. Er hat Heidemann ja schon eingeredet, ein Xaver Kern habe das Gedicht »Der Kamerad« bereits 1871 veröffentlicht. Um auf Nummer sicher zu gehen, produziert Kujau zwei amtliche Briefe von DDR-Behörden, die alle Zweifel ausräumen sollen.

Mit dem Staatswappen der DDR und einem aus Letraset-Buchstaben zusammengebastelten Briefkopf »Staatsarchiv für Literatur der DDR« schmückt er ein Blatt Papier und schreibt mit Maschine folgenden Text:

»1000 Berlin DDR, den 18.5.81

Genosse
Generalmajor der NVA
Dr. Heinz Fischer

Teilen Ihnen Genosse Fischer mit, das der Text in etwas abgeänderter Form des Gedichtes ›Der Kamerad‹ unter dem Titel ›Nun sind alle Kameraden‹ aus der Feder von Xaver Kern im Jahre 1871 verfaßt wurde.

Diese Verse wurden unter versch. Titeln bis 1942 immer wieder unter anderen Textern veröffentlicht. Immer mit etwas geänderten Text.
Auch 1956 im Volk und wissen, DDR, Heft 9.
Eine Ablichtung des Originals geht Ihnen in den nächsten Tagen zu.

(gez.) Schunk
(i.A. Schunk)«

Dieses hanebüchene Dokument, das von Fehlern nur so strotzt, bekommt Heidemann am 23. Juli 1981 von Kujau überreicht. Dazu ein zweites amtliches Schreiben, wieder mit Rubbelbuchstaben der Marke »Letraset« und folgendem Inhalt:

»Dr. H. Feininger
Chefgraphologe der Regierung der DDR
Staatl. Vereidigter Sachverständiger
der Graphologi

Berlin,
Hauptstand der DDR, 1.06.81

Genossen Generalmajor
Dr. H. Fischer

Geehrt. Genosse Fischer!
Kann Ihnen nach langer Prüfung der mir zuges. Originale und Bilder (Handschriften und Tusche-Bilder) des A. Hitler nur versichern, das es sich alles. um Originale handelt.
Konnte auch einige der Originale in der SU (im Archiv in Moskau) vergleichen, die Schreiben und Bilder sind von der Hand des fasch. Diktators.
Man kann im Schriftbild erkennen, wenn diese Person erregt war (Änderung der Struktur des Schriftbildes), auch wenn

er ein dienstl. Schreiben verfaßte, (gezwungene Schriftlinien).
Die Mappe mit den Abzügen habe ich ebenfalls einer Prüfung unterzogen.
Bis auf ein Blatt sind alle aus der Hand des Hitler. (Blatt ist gekennzeichnet).
Ich gratuliere Ihnen zu diesem Fund, er wird eine große Bereicherung für unsere Forschung in der DDR über die dunkelte Geschichte unseres Landes sein.
Ich verbleibe mit den besten Grüßen!
(gez.) Feininger
Dr. H. Feininger«

Diese beiden Briefe müssen allein schon von Form und Diktion her größte Skepsis auslösen. Die Fehler fallen Walde und Heidemann natürlich auf, sie finden das aber nicht beunruhigend. Natürlich wäre es ein Leichtes für Heidemann und Walde, etwa beim Gesamtdeutschen Ministerium zu überprüfen, ob es ein »Staatsarchiv für Literatur der DDR« und einen »Chefgraphologen der Regierung der DDR« gibt, der noch dazu sein Fachgebiet Graphologie nur mit »i« schreibt. Eine solche, absolut übliche Recherche unterbleibt aber, weil Walde befürchtet, dass damit die geheime Beschaffung der weiteren Tagebücher gefährdet werden könnte.

Auch um den Abdruck des Gedichts »Der Kamerad«, das angeblich 1956 in Heft 9 einer Schriftenreihe im Verlag Volk und Wissen erschienen sein soll, bemühen sich die Tagebuchbearbeiter nicht. Er wäre, wenn er denn existiert hätte, leicht zugänglich gewesen.

Es bringt Heidemann und Walde auch nicht ins Grübeln, dass der »Generalmajor Dr. Heinz Fischer«, der bisher unter größter Geheimhaltung und angeblicher Lebensgefahr die Tagebücher und Hitler-Dokumente in den Westen schmuggeln lässt, auf der anderen Seite von staatlichen Stellen ganz offiziell seinen Fund aus der abgestürzten Ju 352 begutachten lässt. Selbst in Moskauer Archiven hat der »Chefgraphologe« Vergleichsschriften aufgetrieben. Wie will »Generalmajor Dr. Heinz Fischer« eigentlich erklären, dass diese wertvollen Dokumente plötzlich verschwinden? Und von westdeutschen Historikern und im *Stern* veröffentlicht werden? Es ist ein Stück aus dem Tollhaus. Und es macht die Sache für den *Stern* nicht weniger peinlich, dass Kujau Kopien des »Schunk«-Briefes auch Prof. Jäckel, Prof. Priesack und dem Unternehmer *Hartung* in die Hand drückt, ohne dass diese stutzig werden. Das »Feininger«-Schreiben bekommt neben Heidemann nur *Rolf Hartung*.

Verlagsmanager Dr. Manfred Fischer hat zu der Zeit ganz andere Sorgen. Als gewiefter Kaufmann hat er von Anfang an erkannt, dass mit Hitler-Tagebüchern Millionen zu verdienen sind. Der Stoff kann in Büchern und Serien verwertet und weltweit können Lizenzen an ausländische Zeitungen und Buchverlage vergeben werden. Ganz nebenbei ist ja der Bertelsmann-Verlag, dessen Chef Fischer bald wird, auf den wichtigsten Märkten selbst vertreten.

Um das lukrative Geschäft aber wirklich machen zu können, müssen zwei Voraussetzungen erfüllt sein: Erstens müssen die Tagebücher durch Gutachten abgesichert zweifelsfrei echt sein, und zweitens muss der Verlag den ausländischen Lizenznehmern nachweisen können, dass er über das Urheberrecht an Hitlers Werken verfügt. Bei der unübersichtlichen Lage, wer denn nun tatsächlich der Erbe Hitlers sei, eine durchaus heikle Angelegenheit.

Jetzt ist juristischer Sachverstand gefragt. Und so weiht Manfred Fischer Anfang Mai Dr. Andreas Ruppert, den Chef der Rechtsabteilung von Gruner+Jahr in die Geheimaktion ein. Am 6. Mai 1981 findet zu diesem Thema eine vertrauliche Konferenz statt, an der neben Ruppert und

Fischer auch Jan Hensmann und Gerd Heidemann teilnehmen. Letzterer berichtet, dass der Tagebuchverfasser in mehreren Tagebüchern verfügt habe, im Falle seines Todes dürften die jeweiligen Bände nur an seine Schwester Paula ausgehändigt werden. Also müssen die leiblichen Erben des »Führers« ermittelt und mit ihnen über das Copyright verhandelt werden. Abgesehen davon ist bekannt, dass der Freistaat Bayern Rechte für sich beansprucht, und möglicherweise stehen ja auch der Bundesrepublik Deutschland Rechte an den Tagebüchern zu. Die Runde beschließt, dass Ruppert sich um die Urheberrechte und Heidemann um die Erben kümmern soll. Um Echtheitsgutachten geht es an diesem Tage nicht.

Adolf Hitler und das Papst-Attentat

Eine Woche später, es ist der 13. Mai 1981, gibt es zwei Ereignisse, die für den Ablauf des Tagebuchskandals wichtig sind – ein neuer Hinweis auf Ungereimtheiten in den Hitler-Memoiren und ein Attentat, das weltweit Schlagzeilen macht. An diesem Mittwoch telefoniert Heidemann mit dem ehemaligen SS-General Wilhelm Mohnke und liest ihm einige Tagebuchpassagen vom März 1933 über die »Leibstandarte Adolf Hitler« vor. Beim *Stern* weiß zwar noch nicht einmal die Chefredaktion von den angeblichen Tagebüchern, aber seinen Freunden hat er natürlich davon erzählt. Mohnke ist allerdings auch Experte, was dieses Thema betrifft, denn er hat der »Leibstandarte« seit ihrer Gründung angehört. Heidemann zitiert aus dem Band November 1932 bis Juni 1933:

»15. März 1933: Besichtigung der schon ausgesuchten Männer und der Unterkünfte der Extra-Standarte der SS in Lichterfelde. Diese SS-Standarte soll meinen Namen tragen, und auf mich eingeschworen werden.

17. März 1933: Die christlichen Gewerkschaften erklärten sich für unpolitisch.

Ab heute besteht eine SS-Standarte mit Sitz in Lichterfelde.

Ab sofort werde(n) alle mich betreffenden Sicherheitsmaßnahmen von diesen Leuten durchgeführt.

Diese Leute sind besonders ausgesuchte Nationalsozialisten.

Die Standarte trägt ab heute meinen Namen und ist auf mich eingeschworen.
18. März 1933: Besuch bei meiner Leibstandarte. Es sind prächtige Männer!
Bis in die Nacht hinein Gespräche mit Mitgliedern des Kabinetts.«

Mohnke ist verblüfft. Er ist sicher, dass die Eliteeinheit der SS im März 1933 noch nicht »Leibstandarte Adolf Hitler« geheißen hat und auch nicht in Lichterfelde stationiert war. Aber vielleicht habe Hitler das ja nachträglich in sein Tagebuch eingetragen. Dem widerspricht Heidemann, da sei der »Führer« ganz pingelig gewesen und habe Nachträge besonders gekennzeichnet. Mohnke verspricht, der Sache auf den Grund zu gehen.

Schon am Tag darauf informiert er Heidemann, dass er in seinen Unterlagen Folgendes festgestellt hat: Im Februar 1933 erhielt der spätere SS-General Sepp Dietrich den Befehl, eine Truppe aufzustellen, die für den persönlichen Schutz Hitlers verantwortlich sein sollte. Die im ganzen Reich ausgewählten Nationalsozialisten trafen dann am 17. März in Berlin ein. Erst Ende April 1933 bezogen sie die Kadettenanstalt in Berlin-Lichterfelde. Am Anfang hieß die Truppe schlicht »Stabswache Berlin«, ab Ende April dann »SS-Sonderkommando Berlin«. Auf dem Parteitag am 9. November 1933 in Nürnberg, dem »Kongreß des Sieges«, wurde die Einheit vereidigt, und Dietrich meldete sie mit den Worten »Leibstandarte angetreten«. Offiziell bekam sie den Namen »Leibstandarte Adolf Hitler« erst im April 1934.

Heidemann informiert Walde. Die Sache ist nun wirklich äußerst dubios. Hitler konnte ja wohl kaum hellsehen, was den Namen anging, und er durfte wohl mit jedem Detail seiner persönlichen Schutztruppe vertraut gewesen sein und gewusst haben, in welcher Kaserne sie untergebracht war. Ein weiteres Alarmsignal, ein neuer Anlass, den Vorstand zu informieren, aber auch diesmal unternehmen Walde und Heidemann nichts. Gegen alle Logik hoffen sie, dass Mohnke sich irrt. Heidemann bestellt im Nationalarchiv in Washington Mikrofilme zum Thema »Leibstandarte«. Die bleiben aber versehentlich beim Zoll liegen und treffen erst 1982 im Ressort »Zeitgeschichte« ein. Zu der Zeit interessiert sich niemand mehr dafür.

Und dann ist da noch das zweite Ereignis an jenem 13. Mai, das Walde und Heidemann zusätzlich in Atem hält: Auf dem Petersplatz in Rom schießt der türkische Rechtsextremist Mehmet Ali Ağca auf Papst Johannes Paul II. und trifft ihn mit drei Kugeln. Der Papst überlebt den Anschlag schwerverletzt. Ein typischer Fall für einen großen Rechercheneinsatz des *Stern*. Augenzeugen müssen gefunden und interviewt, Bilder beschafft, alle erreichbaren Informationen über den Attentäter recherchiert und mögliche Hintermänner aufgetrieben werden. Dutzende Reporter und Fotografen werden in Marsch gesetzt, Gerd Heidemann soll in die Türkei fliegen und klären, wer Ali Ağca ist und was ihn zu der Bluttat getrieben hat.

Chefredakteur Felix Schmidt lässt nach Heidemann suchen, aber der ist nicht zu finden. Das Ressort »Zeitgeschichte« ist zu der Zeit schon aus dem Redaktionshaus in der Warburgstraße in eine Dependance am Mittelweg umgezogen, wo auch die Rechtsabteilung von Gruner+Jahr ihre Büros hat. Hier sitzen Heidemann und Walde und beratschlagen, wie sie sich jetzt verhalten sollen. Heidemann will die Beschaffung der Tagebücher auf keinen Fall unterbrechen, denn wenn er einmal mit der Ağca-Recherche beginnt, kann ihn der Fall Wochen beschäftigen. Aber einfach auf Tauchstation gehen? Das ist mit Felix Schmidt nicht zu machen.

Walde rät Heidemann, sich krankschreiben zu lassen, er habe doch ohnehin Probleme mit dem Rücken.

Jetzt informiert Walde seinen Freund Wilfried Sorge über die Zwickmühle. Der telefoniert mit Hensmann, der die Idee mit der Krankschreibung für einen guten Ausweg hält, aber Heidemann lehnt ab. Die Sache ist ihm zu heikel. Also ruft Hensmann Verlagschef Fischer an, der im Urlaub ist. Es wird entschieden, dass die Chefredaktion jetzt eben eher als geplant in die geheime Tagebuchaktion eingeweiht werden muss.

Als Ersten setzt Hensmann *Stern*-Herausgeber Henri Nannen ins Bild, der gerade mit seinem Freund Victor Schuller Ferien in der Provençe macht. Als der nach dem Telefonat fragt, was es denn Wichtiges aus Hamburg gäbe, antwortet Nannen: »Top secret – vergiß es.«

Anschließend ruft Hensmann die drei Chefredakteure Koch, Schmidt und Gillhausen in den 9. Stock, präsentiert ihnen einige Tagebücher und berichtet, dass Heidemann diesen sensationellen Fund gemacht habe und die weiteren Bände besorge. Zu diesem Zeitpunkt hat der Verlag bereits 1,02 Millionen Mark in die »Hitler«-Kladden investiert. Koch ist empört, dass der Vorstand diese Aktion hinter dem Rücken der Chefredaktion mit Heidemann und Walde gestartet habe. Auch Schmidt und Gillhausen fühlen sich übergangen. Allen drei ist klar, dass Vorstandschef Manfred Fischer massiv in ihre Kompetenzen eingegriffen hat.

Zurück in der 6. Etage, diskutieren die drei Chefredakteure über den Vertragsbruch. Über fällige Rücktritte wird geredet und darüber, beim Aufsichtsrat zu protestieren. Aber soll man es angesichts dieses Knüllers auf einen Formalienstreit ankommen lassen? Die Chefredakteure entscheiden sich, gute Miene zum Spiel des Verlages zu machen. Heidemann muss auch nicht in die Türkei fliegen, er kann sich weiter um die Tagebücher kümmern.

Wenige Tage später trifft sich die Runde zu einer neuen Besprechung. Diesmal sind auch Manfred Fischer, Henri Nannen, Wilfried Sorge, Gerd Heidemann und Thomas Walde dabei. Heidemann erzählt noch einmal die Fundgeschichte, berichtet von der Suche nach dem abgestürzten Flugzeug, von dem DDR-General, dem Schmuggel über die Grenze und seinem Kontaktmann in Stuttgart. Namen nennt er nicht. Höchste Diskretion sei nötig. Auch die Chefredakteure werden zur strengsten Geheimhaltung verpflichtet.

Walde erklärt, er habe in einer offiziellen Liste der DDR-Militärs geprüft, ob es einen NVA-General mit dem ihm bekannten Namen gebe, und er sei auf keine Widersprüche gestoßen. Es stimmt zwar, dass er zwei Generäle mit dem Namen Fischer gefunden hat, die heißen allerdings Rolf und Günther mit Vornamen. Einen Heinz, wie der Bruder des Stuttgarter Lieferanten ja heißen soll, hat er in der Liste nicht entdeckt. Diese Tatsache verschweigt Walde allerdings. Auch die inzwischen aufgekommenen Zweifel wegen des merkwürdigen Gedichts »Der Kamerad« und der Fehler mit der »Leibstandarte Adolf Hitler« werden weder von Walde noch von Heidemann angesprochen.

Die drei Chefredakteure sind noch immer verstimmt darüber, dass Verlagschef Fischer die Sache hinter ihrem Rücken eingefädelt hat. Der reagiert gelassen. Wenn die *Stern*-Chefs den Stoff nicht wollten, könnte der Verlag die Tagebücher auch woanders vermarkten, sie hätten die Wahl. Natürlich wollen sich Koch, Schmidt und Gillhausen die Sensation nicht entgehen lassen und übernehmen das Projekt für den *Stern*. Von den Exklusivverträgen zwischen Verlag und Heidemann und Walde erfahren sie noch immer nichts.

Aber das Interesse an dem brisanten Stoff bleibt zur Verwunderung von Wilfried Sorge ohnehin lange gering. Er hat erwartet, dass die Chefredakteure sich sofort in die Materie einlesen und intensiv mit dem Fall beschäftigen. Es wäre durchaus normal gewesen, Walde und Heidemann intensiv zu befragen und darüber zu diskutieren, was in den Hitler-Tagebüchern steht und wie man das journalistisch aufbereiten kann. Aber ganz offensichtlich sehen sie die ganze Sache eher als ein Verlagsprojekt an. Und wenn die spitz rechnenden Kaufleute solche Summen bereitstellen, dann müssen sie von der Seriosität der Sache überzeugt sein.

So unternimmt denn Heidemann am 25. Mai eine Routinereise nach Stuttgart und holt bei Kujau neue Tagebücher ab. Bei der Gelegenheit erinnert er ihn noch einmal daran, dass er Vergleichsmaterial für die Schriftgutachter brauche, möglichst »etwas Offizielles«. Zum Beispiel die Ernennungsurkunde des Generaloberst Ewald von Kleist zum Generalfeldmarschall, die er schon bei einem vorigen Besuch bei Kujau an der Wand entdeckt hatte. Die ist offenbar von Hitler persönlich von Hand geschrieben und unterzeichnet worden. Aber auch diesmal will sich Kujau nicht davon trennen.

Zurück in Hamburg, liefert Heidemann die neuen Bände bei Sorge ab, es sind inzwischen zwölf. Dann bricht er zu seiner zweiten Reise nach Börnersdorf auf, die Thomas Walde mit seinen Kontaktleuten bei der Stasi auf das beste vorbereitet hat. Er gibt Heidemann seine Verabredungen mit Herbert Brehmer und Peter Zabern sogar schriftlich, wobei die Abkürzung »GH« für Gerd Heidemann und »B« für Börnersdorf steht:

»Gesprächsablauf: GH soll mit Legende Verwandter nach B. kommen. Wir würden zu dritt o. viert uns weit genug von B. einmieten (jetzt war in einem Heim reserviert), GH solle dann mit Taxe nach B. fahren, solle Brief Fiebig-Neffe dabei haben.

Er könne Fotoapparat mitnehmen, jedoch dürfe bei eventueller Geschichte nicht der Eindruck entstehen, wir hätten Interviews machen können. Als Zielpersonen habe man für GH abgeklärt:
1. Pfarrersfrau, deren Mann eine ausführliche Dorfchronik geführt habe
2. Bürgermeistersfrau Herta Göbel, die für Grabpflege sorge
3. Tischler Ernst Grosser, in dessen Wald der Absturz gewesen sei.
Alle drei seien im Rentenalter, Mitbringsel seien angebracht. G. könne noch die Absturzstelle zeigen, die sonst an falschem Platz vermutet würde. Dort habe ein Holzkreuz mit einem Stahlhelm gestanden. Zur Absturzzeit seien in B. noch viele franz., sowj. u. amer. Kriegsgefangene im Arbeitseinsatz gewesen. ... Insgesamt müsse man mit 5 Reisetagen inkl. An- u. Abreise rechnen.«

Mit dem erwähnten Fiebig-Neffen hat es folgende Bewandtnis: Heidemann will in Börnersdorf keinesfalls als *Stern*-Reporter auftreten, sondern als ein Neffe von Max Fiebig, der 1945 beim Absturz der Ju 352 ums Leben kam. Das tut er mit Einverständnis der Fiebig-Witwe, die ihm darüber hinaus einen Brief mitgibt, der ihn als Neffen ausweist.

So ausgestattet fliegt Heidemann nach Westberlin und trifft sich am 26. Mai im Ostberliner »Palast-Hotel« mit Herbert Brehmer und Peter Zabern. Im weißen Mercedes fährt das Trio gen Süden und quartiert sich nahe der tschechischen Grenze in ein im Wald gelegenes Jagdhaus der Staatssicherheit ein. Abends gibt es üppig zu essen und zu trinken, und Brehmer erzählt, wie sorgsam man in den zurückliegenden Wochen Heidemanns Besuch in Börnersdorf konspirativ vorbereitet habe.

Am nächsten Morgen nimmt Heidemann, wie geplant, ein

Taxi nach Börnersdorf und besucht die Witwe des Bürgermeisters, die Pfarrersfrau und den Tischler, verteilt Westkaffee und sagt, dass er Zeitzeugen suche, die Auskunft über den Tod seines Onkels geben könnten.

Er trifft den damals siebzigjährigen Bauern Richard Elbe, der ihm erzählt, wie er mit sowjetischen und französischen Kriegsgefangenen vom nahen Gut Enderlein zur Absturzstelle im »Heideholz« gerannt ist. Das Flugzeug brannte. »Die Maschine lag auf dem Rücken. Vorn war sie aufgeschlitzt. Die Menschen im Flugzeug waren eingeklemmt. Um den Bordschützenstand herum knallte es. Vermutlich explodierte die Munition. Plötzlich kam jemand aus den Trümmern gekrochen, richtete sich auf und rief: ›Kommt doch her, ihr feigen Hunde, kommt her. Ihr seid ja bloß feige.‹ – Aber das ging doch nicht, bei dem Qualm und der Hitze.« Der Überlebende ist Franz Westermaier.

Bauer Elbe hat gemeinsam mit einem Landarbeiter die verstümmelten Leichen der Besatzung auf einem Karren auf den Friedhof von Börnersdorf gebracht. In der Uniformtasche von Pilot Gundelfinger fand ein Arzt bei der Leichenschau ein Zigarettenetui mit Gravur: »Zur Erinnerung an 500 000 zurückgelegte Flugkilometer«, dazu ein Soldbuch, mit dem der tote Pilot identifiziert wurde.

Heidemann erfährt, dass ein großer Teil der Fracht in der Ju 352 verbrannt sei, die Reste hätten am Boden herumgelegen. Kurz nach dem Absturz sei ein SS-Kommando erschienen und habe die Unglücksstelle abgesperrt. Der Sohn des verstorbenen Bürgermeisters Göbel erinnert sich, dass sein Vater Papiere aus dem Flugzeugwrack auf dem Boden aufbewahrt hat. Die habe er aber nach Kriegsende seinem Nachfolger übergeben, und »der hat alles verbrannt«.

Diese Rechercheergebnisse aus Börnersdorf veröffentlicht der *Stern* mit allen Details im April 1983 in der Titelgeschichte über die »Hitler-Tagebücher«. Die Erinnerungen der Zeugen sind alles andere als ein Beleg für die Existenz der Tagebücher, vielmehr dafür, dass die Fracht vernichtet wurde. Gleichwohl werden in Heidemanns »Fund-Geschichte« folgende, durch keinerlei Recherche belegte Behauptungen zu lesen sein: »Die Bücher existieren. Erst sind sie damals in der Umgebung von Börnersdorf versteckt, dann von einem deutschen Offizier sichergestellt worden. Über den Wert der Bände für die Geschichtsforschung waren sich die Finder wohl im klaren. Lange sind die Bücher zurückgehalten worden, ob aus Angst oder aus Unkenntnis über den richtigen Weg einer historischen Verwertung – da bleiben viele Fragezeichen. Die Namen derer, die Hitlers Tagebücher im April 1945 geborgen haben, sowie die Wege der Bücher in den Westen wird der *Stern* nicht nennen. Die Finder haben zur Bedingung gemacht, daß ihre Anonymität gewahrt bleibt.«

Die einzigen greifbaren Fundstücke, die Heidemann im Mai 1981 in Börnersdorf auftreibt und mit nach Hamburg bringt, sind zwei Fenster mit breiten Gummirändern, die möglicherweise aus der Kanzel der Ju 352 stammen. Bauer Elbe hatte sie nach dem Krieg in einen Kaninchenstall eingebaut.

Mitte Juni ist Gerd Heidemann in Speyer und trifft dort den Historiker Prof. Werner Maser, der als Vertreter der Erben Adolf Hitlers gilt. Es ist der erste Schritt, um sich die Urheberrechte an den Tagebüchern zu sichern. Denn ohne die kann der *Stern* die Aufzeichnungen nicht veröffentlichen und keine Presse- und Buchlizenzen ins Ausland verkaufen. Bei einer Konferenz Anfang Mai von Verlagschef Manfred Fischer, seinem Stellvertreter Jan Hensmann und Justiziar Andreas Ruppert hatte Gerd Heidemann die Runde darüber informiert, dass Hitler in mehreren Tagebüchern schriftlich verfügt hätte, im Falle seines Todes dürften diese Bände nur seiner Schwester Paula ausgehändigt werden. Deshalb ist eine Einigung mit den leiblichen Erben Hitlers dringend nötig. Diese Aufgabe wird Heidemann übertragen.

Zunächst erzählt er Prof. Maser von der abgestürzten Ju 352 und von Hitler-Dokumenten, die aus dem Flugzeugwrack geborgen worden seien. Dass es in Wahrheit um Hitlers Tagebücher geht, verschweigt Heidemann. Dann bittet er Maser, ihm doch seinen Vertrag mit den Hitler-Erben zu zeigen. Denn Heidemann weiß, dass Hitlers Schwester Paula einen Vertrag über die Verwertungsrechte an Werken ihres Bruders mit dem Genfer Rechtsanwalt und Verleger Genoud hat. Wer denn nun den entscheidenden Vertrag mit den Erben habe, fragt Heidemann. Maser antwortet, dass alle Verträge bei einem Rechtsanwalt namens Prof. Sieger lägen. Die Erben hätten sich in zwei untereinander zerstrittene Gruppen gespalten, sagt Maser und zeigt eine Notiz über die Erbfolge in der Familie, die Heidemann abschreibt:

»Paula Hitler (21. Januar 1896 – 1. Juni 1960) war Adolfs einzige Schwester. Ihre Eltern waren, wie bei Adolf, Alois und Klara Hitler.

Angela Hitler (geb. 1883) war eine Tochter aus der Ehe Alois Hitlers (Adolfs Vater) mit Franziska Matzelberger (gestorben 1884). Sie führte ihrem Halbbruder Adolf bis 1935 den Haushalt. Ihre Tochter Angela (»Geli«) nahm sich, angeblich von Adolf Hitler schwanger, am 18. September 1931 in Hitlers Münchener Wohnung das Leben.

Das Paula Hitler laut Erbschein vom 17. Februar 1960 (Amtsgericht München) zustehende Erbe (2/3 des Hitler Besitzes) fiel nach ihrem Tode infolge einer Entscheidung des Amtsgerichts Berchtesgaden (Nr. VI 108/60) vom 25. Oktober 1960 an die Kinder ihrer Halbschwester Angela Hitler.«

Es ist für Heidemann klar, dass Maser nicht alle Erben vertritt, gleichwohl schließt er am 18. Juni 1981 mit ihm folgenden Vertrag:

»Prof. Dr. Werner Maser erhält als Nachlaß-Verwalter Adolf Hitlers und der Erben Adolf Hitlers ein einmaliges Honorar von DM 20 000,--, in Worten: Zwanzigtausend in bar und gestattet dafür Gerd Heidemann, alle von diesem aufgefundenen beschafften und evtl. noch hinzukommenden Dokumente und schriftliche Aufzeichnungen aus der Hand Adolf Hitlers (einschl. aufgezeichneter Telefonate und Gespräche), die bisher nicht veröffentlicht wurden, zeitlich, räumlich und sachlich unbeschränkt (auch zum Zwecke der Werbung) und in jeder Form zu veröffentlichen und zu verwerten oder veröffentlichen und verwerten zu lassen.

Prof. Dr. Werner Maser überträgt Gerd Heidemann alle für diesen Zweck erforderlichen Nutzungs- und Persönlichkeitsrechte für alle Zukunft, einschließlich der Nebenrechte.

Prof. Dr. Werner Maser erklärt, daß er als von der Familie bestellter Nachlaßverwalter dazu befugt ist und nicht bereits anderweitig über sie verfügt hat. Erfüllungsort ist Hamburg, Gerichtsstand ist ebenfalls Hamburg. Es gilt deutsches Recht.«

Einen Tag später schließt Heidemann mit Maser einen zweiten Vertrag, in dem er sich darüber hinaus auch die Eigentumsrechte an den Dokumenten, Bildern, Zeichnungen und schriftlichen Aufzeichnungen Hitlers übertragen lässt, die in seinem Besitz sind oder noch gelangen werden. Für die Veröffentlichungsrechte zahlt Heidemann an Maser 20 000 Mark, die ihm später vom Verlag erstattet werden. Für die Eigentumsrechte gibt er Maser weitere 5000 Mark in bar aus eigener Tasche. Den Eigentumsvertrag erwähnt er in Hamburg auch nicht, als er dort Walde, Sorge und Ruppert über sein Treffen mit Maser berichtet und den Vertrag über die Veröffentlichungsrechte vorlegt.

Das Treffen in Speyer hat die Beziehung zwischen Reporter und Professor so gefestigt, dass sie Ende Juni gemeinsam eine Reise nach Österreich und Süddeutschland unternehmen. Zuerst besuchen sie Leonding, wo Hitler als Kind mit seinen Eltern wohnte. Maser hat die Idee, dort ein Hitler-Museum zu eröffnen, Heidemann will das Vorhaben finanzieren. Beide besuchen den Bürgermeister und tragen ihm die Pläne vor. Heidemann wiederholt das Angebot später noch schriftlich, aber die Stadtverwaltung lehnt letztlich dankend ab.

Danach fahren die zwei nach Braunau am Inn, wo Hitler geboren wurde, und an den Obersalzberg, wo er sein Feriendomizil »Berghof« hatte. Die erhofften Treffen mit Hitler-Erben, die Maser ermöglichen will, kommen nicht zustande. Die Reise ist ein Schlag ins Wasser.

Da ist es eine gute Nachricht, dass Kujau sich meldet und Heidemann mitteilt, es seien neue Tagebücher eingetroffen. Am 5. Juli fliegt der Reporter wieder nach Stuttgart, diesmal begleitet von seiner Ehefrau. Verlagschef Fischer hat inzwischen weitere 800 000 Mark für die Tagebuchbeschaffung angewiesen, und Gerd Heidemann ist mit weiteren 255 000 Mark Bargeld ausgestattet. Nachdem das Geschäftliche abgewickelt ist, gehen Konrad Kujau und seine Lebensgefährtin mit dem Ehepaar Heidemann zum Essen in das Lokal »Zur Krone«. Heidemann bittet Kujau, doch noch mehr Einzelheiten über den Tagebuchfund in Börnersdorf zu erzählen. Der schmückt seine Geschichte weiter aus und berichtet auch von einer S-Bahn-Fahrt nach Ostberlin, wo er Geld übergeben habe. Heidemann möchte auch so eine Reise unternehmen, damit er später, falls nötig, gegenüber dem Finanzamt aussagen könnte, er habe Geld für die Tagebücher in der DDR ausgezahlt.

Und auch dafür, wie man die Stasi austricksen kann, die ja bei erfolgreicher Tagebuchsuche in der DDR die Originalbände verlangt, hat Heidemann einen Plan, den er mit Kujau diskutiert. Sie müssten lediglich behaupten, dass die Tagebücher schon vor Gründung der DDR in die Schweiz gebracht wurden und dass Heidemann sie dort einem Sammler abgekauft habe. Der geschäftstüchtige Reporter entwickelt große Kreativität im Täuschen.

Konrad Kujau hat sich Gedanken darüber gemacht, was er Heidemann noch präsentieren könnte, wenn einmal das letzte Tagebuch geschrieben ist. Beim Essen in der »Krone« erzählt er von Hitlers Oper »Wieland der Schmied«. Das Werk habe er gemeinsam mit seinem Jugendfreund, dem gelernten Tapezierer und späteren Kapellmeister August Kubizek, geschaffen. Hitler und Kubizek hatten sich in Linz kennengelernt und in Wien einige Zeit zusammen in einem Untermietzimmer gewohnt. Die Liebe zur Musik von Richard Wagner verband die beiden, so sei dann auch die Oper entstanden, fabuliert Kujau. Selbstverständlich könne er die Originalpartitur beschaffen. Und auch mit König Ludwig II. von Bayern habe sich Hitler beschäftigt und über den Märchenkönig 1920 ein Manuskript verfasst. Die Oper »Wieland der Schmied« wird bei der Diskussion um die Veröffentlichung der Tagebücher im *Stern* noch eine kuriose Rolle spielen. Heidemann ist jedenfalls erfreut, dass es mehr Hitler-Werke gibt als erwartet.

Seinem Ressortleiter Thomas Walde kann er das aber nicht direkt mitteilen, denn der ist zu dieser Zeit wieder einmal mit seinem Freund Wilfried (»Seppl«) Sorge unterwegs. Diesmal machen die beiden Urlaub auf der dänischen Ostseeinsel Bornholm. Sie müssen aufgeräumter Stimmung sein, wie eine Postkarte vermuten lässt, die in dem Buch *Der Fund* abgedruckt ist:

»An den Erb- und Ahnenforscher
Gerd Heidemann Red. *Stern*
Warburgstr. 50
D 2000 Hamburg 36
W-Germany

Lieber Gerd, im ›Spiegel‹ lasen Seppl u. ich gar Grausliches über Görings vergrabene Tassen und Teller in der Brandenburger Heide. Hoffentlich spuckt uns da keiner in die Suppe. Ich hoffe, daß unser lieber Onkel Konni inzwischen viele schöne Bücher empfangen hat ...
      Herzlich Dein Thomas
      u. S. Sorge«

Wegen dieser *Spiegel*-Geschichte sucht Heidemann im Sommer 1981 wieder Kontakt zu seinem alten Bekannten *Karolus Scheppach*, mit dem ihn eine bizarre Beziehung verbindet. *Scheppach* sollte ihm schon Ende 1980 bei der Suche nach dem Militariahändler Konrad »Fischer« helfen, musste aber passen. Nun hat der *Spiegel* berichtet, dass in einem Dorf in der Schorfheide eine Kiste mit Göring-Porzellan gefunden worden sei. Den Hinweis habe ein gewisser »Dr. Weber« gegeben. Heidemann ist sauer und will von *Scheppach* mehr über die NS-Schätze wissen, um sich selbst an der Suche beteiligen zu können.

Scheppach gibt sich auskunftsfreudig und sagt, »Dr. Weber« sei ein Adjutant von Hermann Göring und habe im Auftrag des Reichsmarschalls im Stolpsee nahe Görings Sommersitz »Carinhall« Kisten mit 450 Kilogramm Gold und Platin und eine Kiste mit Göringgeschenken versenkt. Außerdem sollen sich die von Göring in Frankreich erbeuteten Gemälde in 47 Aluminium-Kisten verpackt in einem Kellergewölbe in etwa 30 Kilometer Entfernung von »Carinhall« befinden. Und in einem Bombentrichter nahe der Bahnstrecke Berlin–Friedrichswalde seien Akten aus dem Reichsluftfahrtministerium versteckt worden.

Auch über das sagenumwobene Bernsteinzimmer weiß *Scheppach* Neues zu berichten. Der Preußenkönig Friedrich I. hatte es einst nach einem Entwurf von Andreas Schlüter für das Charlottenburger Schloss bauen lassen. Sein Sohn Friedrich Wilhelm I. schenkte es 1716 dem russischen Zaren Peter dem Großen, dem es bei einem Besuch in Berlin so außerordentlich gefallen hatte. Es wurde 1755 im neuerbauten Sommerpalast in Zarskoje Selo, dem heutigen Puschkin, vor den Toren Petersburgs aufgebaut. Nach Hitlers Überfall auf die Sowjetunion wurde das Bernsteinzimmer von deutschen Soldaten demontiert, nach Königsberg geschafft und dort ausgestellt. 1944 wurde es wieder in Kisten verpackt und in die als bombensicher geltenden Kellergewölbe des Schlosses eingelagert. Britische Bomber und russische Artillerie legten das Schloss in Schutt und Asche. Das Bernsteinzimmer gilt seither als verschollen, und ganze Heerscharen vom Schatzsuchern, Hobbyhistorikern, Kunstexperten und Journalisten versuchen seit Jahrzehnten vergebens, es wieder aufzuspüren.

Die Fahndung nach dem Göring-Gold

Auch Heidemann hat sich von dem Jagdfieber anstecken lassen. Und nun erzählt ihm *Scheppach*, es gebe Hinweise, dass Göring die Kisten habe vergraben lassen, und zwar an zwei Orten in der DDR und einem in unmittelbarer Nähe der bundesdeutschen Grenze zur DDR. Außerdem seien in einem Familiengrab auf dem Friedhof im brandenburgischen Templin kurz vor Kriegsende Rohdiamanten versteckt worden.

Weil er aber Ärger mit den DDR-Behörden habe, die ihm bei der Porzellankiste den Finderlohn vorenthalten hätten, bietet er Heidemann an, statt seiner die Schatzsuche zu übernehmen. Heidemann sieht die Chance, gleich mehrere Ziele zu erreichen. Erstens kann er eine ganze Stange Geld verdienen, und wenn er tatsächlich das Bernsteinzimmer findet, kann er vielleicht die Sowjetführung dazu bewegen, im Gegenzug Rudolf Heß aus dem Kriegsverbrechergefängnis in Berlin-Spandau freizulassen, wo der seine lebenslängliche Strafe absitzt.

Heidemann und *Scheppach* schließen eine entsprechende Vereinbarung. Heidemann zahlt 25000 Mark, die Hälfte der Summe, die *Scheppach* schon in die Schatzsuche investiert hat, und bekommt dafür den Schatzplan des »Dr. Weber«. Sie beschließen, einen etwaigen Finderlohn untereinander aufzuteilen.

Mit Wissen von Walde unterbricht Heidemann seine Tagebuchbeschaffung, um sich dem nächsten Abenteuer zu widmen. Im August 1981 ist er in Ostberlin und verhandelt mit dem Amt für den Rechtsschutz des Vermögens der DDR.

Man kommt überein, dass der Reporter 50 Prozent des Goldes oder den entsprechenden Geldwert bekommt, wenn man im Stolpsee fündig wird. Die Gemälde und das Bernsteinzimmer sollen an die rechtmäßigen Eigentümer übergeben werden. Der Vertrag beginnt mit der schönen Präambel: »Im Interesse der Wahrung und Erhaltung von Kulturgut als Teil der humanistischen Weltkultur und in Erwägung, daß die Erhaltung des kulturellen Erbes für alle Völker der Welt von großer Bedeutung ist, ...«

Tatsächlich beginnen kurz darauf Pioniere der Nationalen Volksarmee in dem 421 Hektar großen See mit der Suche nach Görings Goldkisten. Die NVA hat dafür einen Schwimmbagger zu Wasser gelassen, der an verschiedenen Stellen buddelt. Heidemann beobachtet die Arbeiten von einem Schlauchboot aus, mit dem er um den Bagger paddelt, korrekt gekleidet mit Jackett, weißem Hemd und Krawatte. Leider gestaltet sich die Suche schwieriger als vermutet, denn ausgerechnet in diesem Bereich sind nach dem Krieg mehrere hunderttausend Tonnen Havelschlamm abgekippt worden.

Laut Schatzplan sollen die Kisten an einer Stelle versenkt worden sein, deren Koordinaten u.a. von einem Kirchturm-Kreuz und einem Nagel markiert werden, der in einen bestimmten Baum eingeschlagen sein soll. Heidemann streift durch den Wald und sucht alle möglichen Bäume nach dem Nagel ab, aber er findet ihn nicht. Die NVA-Offiziere werden langsam ungeduldig.

Von Ostberlin aus telefoniert Heidemann mit *Scheppach* und verlangt zusätzliche Informationen, um den Schatz orten zu können. Der antwortet, »Dr. Weber«, der in Wahrheit Mathias von Walde heiße, sei in die Schweiz gefahren und nicht zu erreichen. Den Markierungsnagel habe von Walde aber wieder aus dem Baum gezogen. Die NVA-Pioniere rücken samt Schwimmbagger vom Stolpsee ab, Heidemann kehrt nach Hamburg zurück und kümmert sich wieder um die Tagebücher, und *Karolus Scheppach* wird sich ein halbes Jahr lang bedeckt halten.

Ende Juli 1981 ist Heidemann wieder in Stuttgart, um Tagebücher abzuholen. Diesmal hat Kujau eine andere abenteuerliche Geschichte auf Lager. Angeblich hat er ein Ölgemälde entdeckt, das Adolf Hitler seinem Leibpiloten Hans Baur verehrt habe. Als der im Mai 1945 aus Berlin geflohen sei, habe er das Bild mitgenommen und unterwegs bei einem Kohlenhändler deponiert. Sein Bruder Heinz, der NVA-General, habe es aufgestöbert und dem Händler abgekauft.

Heidemann ist sofort Feuer und Flamme und will das Bild kaufen. Schade, sagt Kujau, das Bild sei noch bei seinem Bruder in Köthen. Der beteilige übrigens inzwischen die Generäle Hoffmann und Geißler an den Tagebucherlösen. Heidemann könne sich ja einmal mit ihm in Ostberlin treffen. Bei dem Gespräch könne er mit Heinz auch gleich über »das Vermächtnis von Hitler« verhandeln, immerhin 21 Seiten lang.

Es wäre sicherlich spannend gewesen, wenn Heidemann Heinz Kujau im Palast der Republik getroffen hätte. Der hätte sich wahrscheinlich schnell in der Fabelwelt seines Bruders Konrad verheddert. Aber Heidemann schlägt das Angebot aus. Mit seinem norddeutschen Akzent könne er wohl kaum den Schweizer Sammler spielen, der die Tagebücher kauft.

Es gäbe gute Gründe für Heidemann, den neuen Legenden von Kujau zu misstrauen. Warum sollte Bruder Heinz plötzlich Generalskollegen an dem Westgeld beteiligen? Warum sollte er ein solch unglaubliches Risiko eingehen? Und was hat es mit dem angeblichen »Vermächtnis« auf sich? Heidemann weiß, dass Hitler am 2. Mai 1938 ein Testament geschrieben hat und am 29. April 1945, einen Tag vor seinem Selbstmord, im Bunker in Berlin Martin Bormann sein persönliches und politisches Vermächtnis diktiert hat. Warum sollte er es dann noch einmal selbst schreiben?

Auf so naheliegende Fragen kommt Heidemann offenbar nicht. Vielleicht, weil er längst ganz andere Probleme hat. Kujau hat nämlich inzwischen die Preise moderat erhöht. Nach Feststellungen des Hamburger Landgerichts auf maximal 80 000 Mark pro Kladde, minus des üblichen Rabatts, den er Heidemann einräumt. Als der nun in Hamburg die neuen Bände abliefert, sagt er zu Sorge und Walde, sein Lieferant verlange statt 85 000 jetzt 100 000 Mark. Deshalb habe er »Fischer« 45 000 Mark schuldig bleiben müssen. Die Preiserhöhung wird klaglos akzeptiert. Für die kommenden drei Bände bekommt Heidemann 300 000 Mark Bares von Sorge, plus die angeblich ausstehenden 45 000 Mark.

Und als er mit den drei Bänden nach Hamburg zurückkehrt, verkündet er Sorge und Walde, nun habe sich der Kaufpreis auf 200 000 Mark pro Band verdoppelt. Sein Lieferant habe das damit begründet, dass die Bücher auch umfangreicher und somit wertvoller geworden seien. Das Unfassbare passiert: Ohne langes Hin und Her wird auch dieser Preis gebilligt. Insgesamt 15 Kladden zu je 200 000 Mark wird Heidemann bei Sorge abliefern und Kujau – laut Landgericht Hamburg – dafür maximal 80 000 Mark pro Band zahlen.

Inzwischen ist Gerd Schulte-Hillen am 1. Juli 1981 Vorstandsvorsitzender von Gruner+Jahr geworden. Kurz zuvor hat ihn sein Vorgänger Manfred Fischer in das Geheimprojekt eingeweiht und ihm auch die Fundgeschichte mit der abgestürzten Ju 352 erzählt. Fischer ist nun Chef von Bertelsmann in Gütersloh und Aufsichtsratsvorsitzender bei Gruner+Jahr. Er hat die Tagebuchbeschaffung gestartet und die Verträge mit Heidemann und Walde geschlossen, die *Stern*-Chefredakteure sind auch über die Existenz der Bücher informiert – Schulte-

Hillen sieht keinerlei Veranlassung, sich jetzt näher mit dem ganzen Thema zu befassen. Es ist für ihn eher ein Routinevorgang, als er am 6. August eine Zahlungsanweisung über 1 Million Mark unterschreibt, damit die Tagebuchkasse wieder aufgefüllt werden kann. Im September zeichnet er weitere 600 000 Mark für Heidemann ab.

Gleichzeitig profiliert sich Schulte-Hillen im Verlag als Kostenmanager. Den versammelten Chefredakteuren und Ressortleitern des *Stern* verkündet er, ab sofort würde in den Redaktionen statt Fruchtsäften nur noch Mineralwasser kostenfrei auf den Tisch gestellt. Damit spare man pro Jahr 20 000 Mark oder mehr. Ob es denn darauf ankomme, wird ihm entgegengegrummelt. Das richtige Stichwort für Schulte-Hillen: 20 000 Mark für nichts zu halten, mit diesem Denken müsse Schluss sein. Es sei gut, wenn jede Wasserflasche daran erinnere, dass man »von Verschwendung nicht reich werden kann«. Er sei entschlossen, »das Haus blitzblank zu sparen«.

Die verpasste Enthüllung

Zur selben Zeit wird dem *Stern* eine Geschichte angeboten, mit der das Blatt bundesweit für Furore hätte sorgen können. Allein Chefredakteur Peter Koch verhindert durch eine krasse Fehlentscheidung, dass der *Stern* diese Enthüllungsgeschichte druckt. Den Ruhm erntet das Konkurrenzblatt *Der Spiegel*, der damit sein Image als »Sturmgeschütz der Demokratie« dauerhaft zu festigen weiß. Und Peter Kochs Position Gerd Schulte-Hillen gegenüber wird in dieser Affäre nachhaltig erschüttert. Wenn er danach je Vorbehalte oder Skepsis gegenüber den »Hitler-Tagebüchern« geäußert hätte, sie wären mit Hinweis auf diese Pleite vom Tisch gewischt worden. Peter Koch ist von nun an eine »lame duck«.

Die Sache beginnt Ende 1979. Mein Freund und Kollege Sepp Ebelseder und ich sprechen darüber, wie der gewerkschaftseigene und gemeinnützige Bau- und Wohnungskonzern »Neue Heimat« mit seinen Mietern umgeht. Die »Neue Heimat« ist damals der größte Vermieter in der Bundesrepublik. Nach außen hin tritt der Konzern unter seinem Chef Albert Vietor als Wohltäter der Sozialmieter auf, als eine Firma, die den vielen ärmeren Familien günstigen Wohnraum zur Verfügung stellt. Doch das positive Image hat längst Risse. Wir haben mehrere Hinweise bekommen, wie ruppig die »Neue Heimat« mit ihren Mietern umgeht. Anlass genug, das Geschäftsgebaren des Wohnungsmultis zu recherchieren.

Die Konzernlenker sind längst zu Managern mutiert, denen es allein um Macht und Einfluss geht. Die gemeinnützige

»Neue Heimat« hat die Republik mit einem Geflecht von Beziehungen zu einflussreichen Politikern überzogen, die aus Ackerland Bauland machen und die Interessen des Konzerns vehement vertreten. Die »Neue Heimat« ist längst im lukrativen Städtebau aktiv und hat zum Beispiel das Congress-Centrum in Berlin und das neue Klinikum in Aachen gebaut. Albert Vietor ist der von den Chefs der Gewerkschaften gefeierte Boss, der bei großen Festen die Puppen tanzen lässt und sich im Ruhm sonnt.

Der Alltag im Reich der »Neuen Heimat« sieht rauer aus. Ebelseder trägt Konzernaffären mit öffentlichen Auftraggebern zusammen, entdeckt ein internes Papier mit einer Bestechungsstrategie, spricht mit Mietern, die drangsaliert werden, wenn sie aufmucken. So wird einem 77-jährigen Rentner in Dortmund gekündigt, weil der erfolgreich gegen die »Neue Heimat« geklagt hat und seitdem als »renitent« gilt. Einem alten Ehepaar in Hamburg schraubt die Wohnungsgesellschaft eine Regenrinne quer unter die Schlafzimmerdecke, weil das Dach nicht dicht zu kriegen ist. Das Regenwasser tropft nun in einen Eimer. Das Foto mit der Regenrinne ist die zweite Doppelseite in dem Bericht »Angeklagt: Die Neue Heimat«, der im März 1980 erscheint.

Zuvor hat Ebelseder beim Pressesprecher der »Neuen Heimat«, John Siegfried Mehnert, detaillierte Stellungnahmen zu allen Vorwürfen eingeholt. Kaum ist die Skandalgeschichte im *Stern* gedruckt, gerät Mehnert in große Schwierigkeiten. Er wird vom NH-Management verdächtigt, dem *Stern* Interna gesteckt zu haben, und darüber hinaus dafür kritisiert, dass es ihm nicht gelungen ist, solch einen kritischen Artikel überhaupt zu verhindern. Juristisch ist der *Stern*-Bericht nicht angreifbar, also rät Mehnert seinem Chef zu einem Streitgespräch mit dem Blatt.

Das Interview erscheint im April und ist für Vietor peinlich, weil Ebelseder weitere Skandalfälle recherchiert hat, mit denen die neue Veröffentlichung illustriert wird. Etwa das Foto einer alten Berlinerin inmitten einer Trümmerlandschaft. Sie musste für längere Zeit ins Krankenhaus. Als sie nach Hause zurückkommt, ist ihre Wohnung leer geräumt, Fenster und Türen sind herausgebrochen. Die »Neue Heimat« will das alte Haus nämlich abreißen.

Nach dieser publizistischen Pleite schickt Vietor seinem Pressesprecher die Kündigung, bis zu seinem Ausscheiden aus dem Konzern wird er auf ein Abstellgleis geschoben und soll eine Mieterzeitschrift entwickeln. Ebelseder hatte in mehreren Gesprächen Mehnert immer wieder auf Gerüchte angesprochen, die NH-Chefs würden anrüchige Privatgeschäfte machen. Der hatte sich dazu nicht geäußert, aber es war deutlich, dass die Spekulationen mehr als nur Gerüchte waren. Wir hielten also Kontakt zu Mehnert, auch nachdem Peter Koch ihm bei einem Gespräch unmissverständlich klargemacht hatte, er könne keinesfalls erwarten, beim *Stern* als Redakteur eingestellt zu werden.

Ebelseder lädt ihn zu einer großen Geburtstagsparty ein. Wir gehen gemeinsam mehrfach essen. Im Sommer 1981 gerät die »Neue Heimat« erneut in die Schlagzeilen, die Staatsanwaltschaft Berlin ermittelt in mehr als zwanzig Fällen wegen des Verdachts auf Subventionsbetrug. Außerdem berichten die Zeitungen über Prozesse, die zahlreiche NH-Mieter wegen unverhältnismäßig hoher Heizkostenforderungen führen. Es wird immer deutlicher, dass sich bei dem Gewerkschaftskonzern ein großer Skandal zusammenbraut.

An einem Nachmittag Ende September bekomme ich einen Anruf von Mehnert, er lädt mich zum Essen in seine Wohnung ein, es gäbe etwas zu lesen. Sepp Ebelseder ist zu der Zeit auf einer längeren Auslandsreise. Während Mehnert in der Küche am Herd steht und eine Spaghettisauce zubereitet, lese ich ein etwa achtzig Seiten langes Manuskript. Es ist eine Skandalchronik ohnegleichen. Die Männer aus dem »Neue Heimat«-Vorstand sind, getarnt durch einen Treuhänder, Gesellschafter der umstrittenen Heizfirma »teletherm GmbH & Co KG«, die die NH-Mieter mit Fernwärme versorgt. Ähnliche Zustände bei der Antennenfirma »AVB«, die bei der »Neuen Heimat« die Antennenanlagen wartet, und bei der Firma »Fapaco«, die in »Neue Heimat«-Siedlungen die Tankstellen verpachtet.

Ich frage Mehnert, ob er diese Vorgänge auch mit den entsprechenden Dokumenten belegen kann. Er versichert, dass er für jede Behauptung schriftliche Beweise hat. In seinem Buch *Die Gewerkschaftsbande – Der größte Wirtschaftsskandal der Nachkriegsgeschichte, aufgeschrieben von dem Mann, der die Neue Heimat zu Fall brachte* hat Mehnert fünfzehn Jahre später genau beschrieben, wie er sich die Unterlagen heimlich beschafft und kopiert hat und wie es zur Veröffentlichung kam.

Mir ist klar, dass die Informationen ausreichend Stoff für eine spannende *Stern*-Serie bieten, einen Wirtschaftskrimi, der die Republik erschüttern kann. Mehnert erwartet dafür ein Honorar von 100 000 Mark. Eine stolze Summe, aber angesichts der Brisanz des Materials durchaus gerechtfertigt. Ich sage Mehnert zu, dies auch gegenüber Chefredakteur Peter Koch zu vertreten.

Der hört sich meinen Bericht interessiert an, will aber bei dieser Honorarhöhe das Manuskript selbst lesen. Es gelingt mir, Mehnert zu überzeugen, mir den Text für ein Wochenende zu überlassen, da ohne seine Beweise ohnehin niemand etwas veröffentlichen könne. Koch liest und bestätigt am Montagmorgen meine Einschätzung, es hier mit einem heißen Thema zu tun zu haben. Zu meinem Entsetzen sagt er dann aber, er könne den Informanten nicht ausstehen, ich solle ihm 15 000 Mark bieten. Ich sage, dass so ein Angebot einer Beleidigung gleiche. Die Debatte wird heftig. Wenn das sein letztes Wort sei, werde Mehnert mit seiner Geschichte zum *Spiegel* gehen, und wir wären um eine Enthüllungsgeschichte ersten Ranges gebracht. Das könne er doch nicht im Ernst wollen. Doch Koch bleibt bei seiner Entscheidung: 15 000 Mark anbieten, eventuell könne man ja später noch etwas drauflegen.

Am Montagmittag bin ich mit Mehnert im nahen Restaurant »Da Paolino« an der Außenalster verabredet, um ihm das Manuskript zurückzugeben und über den Preis zu verhandeln. Es wird eine peinliche Begegnung. Nachdem die Vorspeise mit Smalltalk über die Runden gebracht ist, will er wissen, was Koch nun biete. Ich sage es ihm. Wie erwartet ist Mehnert empört, nimmt sein Manuskript und verlässt das Lokal. Was ich damals nicht weiß: Er hat tatsächlich längst Kontakt zum *Spiegel* aufgenommen. Ich bleibe mit einem Gefühl hilfloser Wut zurück und ahne nicht, mit welchen Summen Gerd Heidemann zur selben Zeit für die Beschaffung der »Hitler-Tagebücher« ausgestattet wird.

Konrad Kujau hat einen Teil des Geldes vom *Stern* im Sommer 1981 in den Kauf einer Ladenetage in der Stuttgarter Schreiberstraße 22 investiert. Die Räume sind zu einem edlen Rahmen für seine Militariasammlung umgestaltet worden. Am 22. September besucht Gerd Heidemann zum ersten Mal das neue Domizil. Diesmal hat er in seiner Tasche ein Tonbandgerät versteckt, das er heimlich mitlaufen lässt. Kujau berichtet, dass zwei neue Tagebücher eingetroffen sind und dreißig Kilometer hinter der Grenze auf einem Lastwagenanhänger weiteres Material lagere.

Zu Heidemanns Überraschung präsentiert Kujau ihm ein besonderes Tagebuch – den später so genannten »Sonderband Heß«. Eine schwarze Kladde, wie die anderen Tagebücher, aber inhaltlich konzentriert sich Hitler darin ausschließlich auf den sagenumwobenen Flug seines Stellvertreters Rudolf Heß am 10. Mai 1941 nach England. Beide blättern das Buch durch, und Heidemann liest, dass Heß sich angeblich mit Hitlers Segen nach Großbritannien auf den Weg gemacht hat. Kujau sagt andachtsvoll: »Dass der Führer das gewusst hat!« Ob er ihm auch diesen Band verkaufen könne, müsse er noch mit seinem Bruder besprechen, er gehe aber davon aus, sagt Kujau.

Gerd Heidemann möchte an diesem Tag auch seine Schulden für die Materialien begleichen, die er privat bei Kujau gekauft hat. Der kramt diverse Zettel hervor und rechnet. Er kommt auf 89 000 Mark, bietet Heidemann aber einen generösen Rabatt an. Der beginnt Geld zu zählen und sagt zu Kujau, er möge doch die Gesamtsumme für Tagebücher und Privatkäufe addieren. Kujau tut das, nennt die Anzahl »zwei« für die Tagebücher und sagt: »Das sind erst einmal ohne deine Prozente hundertsech ...«. In dem Moment drückt Heidemann die Aus-Taste des heimlich laufenden Tonbands. Er verhindert so, dass genaue Zahlen dokumentiert werden. Daher ist nicht überliefert, welche Summe Kujau tatsächlich nennt. Auch bei anderen mitgeschnittenen Gesprächen mit Kujau schaltet Heidemann immer dann ab, wenn es um Geldbeträge geht.

An diesem Tag zahlt er insgesamt 201 000 Mark an Kujau. Nachdem das Geschäftliche erledigt ist, gehen beide in ein nahes Restaurant. Kujau erzählt beim Essen, dass er auch die »Blutfahne« besorgen könne. Eine NS-Reliquie, die am 9. November 1923 von NSDAP-Anhängern beim Marsch auf die Feldherrnhalle getragen worden war. Dieser Putschversuch Hitlers wurde von der Polizei mit Waffengewalt verhindert. Vier Polizisten und vierzehn Putschisten kamen dabei ums Leben.

Und noch einen NS-Kult-Schatz kündigt Kujau an. Mit

der nächsten Sendung aus der DDR erwarte er auch die Pistole, mit der sich Adolf Hitler am 30. April 1945 umgebracht habe. Es sei eine belgische FN mit Handballensicherung. Ein beigefügter Begleitbrief bestätige, dass es Hitlers Waffe gewesen sei. Heidemann ist sehr interessiert, er erinnert sich aber, dass Hitler sich mit einer deutschen Walther-Pistole erschossen haben soll. Ob er die Pistole kaufen werde, sagt Heidemann deshalb, hänge entscheidend von dem Echtheitszertifikat ab. Im Sommer 1982 hat er sie in seine Sammlung einverleibt und wird sie stolz Verlagschef Schulte-Hillen und *Stern*-Herausgeber Henri Nannen präsentieren. Auch um die Pistole entwickelt sich noch ein Stück aus dem Tollhaus. Genug Gründe, an Kujau zu zweifeln. Doch auch diese Warnungen wird Heidemann in den Wind schlagen.

Anfang November 1981 macht Konrad Kujau eine schöpferische Pause und fliegt für sechzehn Tage in den Urlaub ins sonnige Südafrika. Heidemann bekommt derweil von Sorge 200 000 Mark für ein neues Tagebuch und 400 000 Mark für den Ankauf des »Heß-Bandes«. So viel verlange der Lieferant in Stuttgart, gaukelt Heidemann Sorge vor. Der Verlag ist auch mit diesem Preis einverstanden, schließlich handelt es sich ja um einen Sonderband. Wenn es um Hitler geht, scheint Sparkommissar Schulte-Hillen die Spendierhosen anzuziehen.

Am 23. November ist Heidemann wieder bei Kujau, bekommt zwei Tagebücher und den »Heß-Band« und zahlt – so das Hamburger Landgericht – die gängigen 80 000 Mark pro Buch minus den üblichen Rabatt. Zurück in Hamburg liefert Heidemann die drei Bücher bei Sorge ab und erzählt eine kuriose Geschichte: Sein Lieferant habe ihm diesmal ein Tagebuch geschenkt, sodass der »Heß-Band« unterm Strich auch nur 200 000 Mark gekostet habe.

Es ist Zeit, Bilanz zu ziehen: Mit dem »Heß-Band« liegen

jetzt 25 Tagebücher vor, der Verlag hat dafür bislang 3,02 Millionen Mark investiert. Aber die Sammlung von 1932 bis 1945 ist längst nicht komplett. Ursprünglich sollten es ja 27 Halbjahresbände sein. Aber der »Führer« scheint ein viel fleißigerer Tagebuchschreiber gewesen zu sein. Am Ende besitzt der Verlag 60 Bände, und niemand wird angesichts dieser wundersamen Vermehrung stutzig. Wie soll Hitler diese vielen Kladden heimlich gefüllt haben, wo doch auch seine engsten Vertrauten und Mitarbeiter nie etwas davon bemerkt haben?

Der 4. Dezember ist für Gerd Heidemann ein großer Tag, er wird fünfzig Jahre alt. Einen Tag vorher reist er gemeinsam mit seiner Ehefrau nach Stuttgart und trifft sich bei der Autobahnausfahrt Münchingen im »Holiday Inn«-Hotel mit Konrad Kujau und dessen Lebensgefährtin, um in diesen runden Geburtstag hineinzufeiern. Es wird ein fröhlicher Abend. Konrad und Gerd sind schon seit längerem per du, jetzt trinken auch die beiden Frauen Brüderschaft. Das festigt die freundschaftlichen Beziehungen. Heidemann freut sich schon auf die Silvester-Kreuzfahrt, die er für sich und die Seinen auf der MS »Astor« gebucht hat, ein schöner Familienausflug für 27 000 Mark.

Zurück in Hamburg trifft Heidemann in der Redaktion seinen Freund und Leiter der *Stern*-Bilddokumentation Heinrich Hoffmann, den Sohn von Hitlers Leibfotografen. Er hat ihm aus Stuttgart ein besonderes Geschenk mitgebracht: Einen Brief Adolf Hitlers an Hoffmann senior und eine Postkarte mit einem gemalten Hitler-Portrait. Beides in einem Holzrahmen gerahmt. Auf der Rückseite hat Heidemann eine seiner Visitenkarten angebracht: »Für Heinrich Hoffmann jr. zum Weihnachtsfest 1981! Herzlichst Gerd Heidemann«.

Der Text des Briefes lautet:

»AH

Mein Lieber Hoffmann!
Ich bin überrascht, das Bild der Postkarte zu sehen.
Das Bild zeigt mich im Jahr 1929 und ich habe damals dem Maler persönlich gesessen. Der Maler war Prof. Ernst Heitemann. Lieber Hoffmann, es interessierte mich, was ist aus dem Maler geworden, lebt er noch und wo ist das Bild jetzt. Ich meine, trotz des ... Malstils ist das Bild doch gelungen. Erwarte in den nächsten Tagen auch Ihren Besuch.

> Mit besten Grüßen an
> Ihre Familie
> Ihr
> Adolf Hitler
> Obersalzberg,
> den 3. März 1931«

Heidemann zeigt Hoffmann einige Tagebücher und erzählt ihm, die Postkarte und der Brief stammten ebenfalls aus der abgestürzten Ju 352. Hoffmann freut sich über das Geschenk, findet aber schon das Briefpapier mit den »AH«-Initialen »als zu kitschig für Hitlers Geschmack«. Außerdem fragt er sich, wie denn der Brief in die Akten der Reichskanzlei komme, der müsste sich doch eigentlich im Nachlass seines Vater befinden. Und völlig unverständlich ist für ihn, dass Hitler im März 1931 »beste Grüße an Ihre Familie« bestellt. »Ich war damals im Internat in Braunschweig. Meine Mutter war 1928 gestorben, Hitler war selbst auf der Beerdigung. Und meine Schwester lebte damals in Berlin. Mein Vater war ständig mit Hitler zusammen und auf Reisen, was sollten da die Grüße an die Familie?« Für diese Widersprüche findet auch

Heidemann keine Erklärung. Auf die naheliegende Idee, dass mit diesem Brief etwas nicht stimmen kann, kommt Heidemann auch diesmal offenbar nicht. Der »Führer« hat mal wieder etwas durcheinandergebracht.

Nach seiner Silvesterkreuzfahrt trifft sich Heidemann wieder mit Kujau, diesmal in Hannover, übernimmt zwei Tagebücher und bastelt weiter an der Lügengeschichte, er beziehe die Hitler-Dokumente aus der Schweiz. Dafür hat er für Kujau eine Gebrauchsanweisung aufgeschrieben:

»In Zürich oder Basel zu einem Notar gehen, ihm erzählen, Du hättest einige Schriftstücke (Briefe!) von A. H. und möchtest davon zwei bis drei an Heidemann verkaufen. Wert mit etwa 2000,-- DM ansetzen, sonst wird die Anwaltsgebühr zu hoch. Den vorliegenden Brief soll er so in etwa an Heidemann schreiben. Es muß nur so aussehen, als ob es sich um umfangreiches Material handelt. Er soll auf keinen Fall von nur zwei Briefen schreiben, sondern so, wie in der Vorlage formuliert.«

Und so stellt sich Heidemann den Brief eines Schweizer Notars vor:

»Herrn Gerd Heidemann
Stern-Magazin/Ressort Zeitgeschichte
Warburgstraße 50
2000 Hamburg 36

Sehr geehrter Herr Heidemann,
im Auftrag eines Mandanten, dem bekannt ist, daß Sie neben Ihrer zeitgeschichtlichen Tätigkeit für Ihre Zeitschrift auch privat Dokumente und anderes aus der Zeit des 3. Reiches sammeln, wende ich mich heute an Sie, um Ihnen hochinte-

ressante Schriftstücke und Aufzeichnungen Adolf Hitlers zum Kauf anzubieten.

Wenn Sie an diesem historisch bestimmt sehr wertvollen Material interessiert sein sollten, bitte ich um baldige Antwort. Alles weitere können wir dann in meiner Kanzlei besprechen.«

Ein schönes Beispiel dafür, wie ein Betrug inszeniert werden soll. Nicht nur die Steuer soll hinters Licht geführt werden, sondern der beurkundende Notar gleich mit. Kujau berichtet seinem Partner kurz darauf, er habe in der Sache einen Versuch unternommen, der Notar habe ihn aber empört vor die Tür gesetzt. Der hartnäckige Reporter spannt später einen Münchner Bekannten ein, der ihm ein solches Schreiben beschafft.

Und weil er gerade so schön am Fabulieren ist, erzählt er Sorge und Walde zweimal seine Schauergeschichte von den Fahrten in die DDR. Auch Verlagschef Gerd Schulte-Hillen hört sich an, wie Heidemann bei drei Fahrten auf der B 5 mehrere Tagebücher übernommen und in den Westen geholt hat. Durch die geöffneten Wagenfenster will er Umschläge mit Geldbündeln in ein DDR-Auto geworfen haben und im Gegenzug seien Umschläge mit Tagebüchern in sein Auto geflogen. Der Fahrer der DDR-Spedition Deutrans sei versetzt oder krank geworden, deshalb habe er diese halsbrecherischen Touren übernehmen müssen. Er habe den Eindruck, dass er von einer Brücke aus beobachtet und fotografiert worden sei.

Heidemann verlangt, so das Landgericht, dass der Verlag für seine Frau sorge, falls er verhaftet und acht Jahre im Zuchthaus Bautzen sitzen würde. Schulte-Hillen beauftragt Sorge, gemeinsam mit der Rechtsabteilung zu beraten, wie man den Mann absichern könne, der für den Verlag Kopf und Kragen riskiert. Es wird diskutiert, der Ehefrau für den

Fall einer Verhaftung das Gehalt weiterzuzahlen. Auch eine zusätzliche Lebensversicherung zugunsten von Heidemann soll abgeschlossen werden. Die Gespräche verlaufen schließlich im Sande, weil Heidemann erklärt, der Deutrans-Fahrer sei wieder auf seinem alten Posten und bringe die Bücher wie bisher in Klavieren versteckt über die Grenze.

Die wilden Geschichten des Reporters machen niemanden skeptisch. Der wertet damit seine Leistung als Beschaffer der Tagebücher dramatisch auf. Gleichzeitig, so das Hamburger Landgericht in seinem Urteil, will Heidemann mit seinen Erzählungen »den Boden dafür bereiten, später gegenüber dem Finanzamt erklären zu können, das Geld sei in der DDR übergeben worden, damit die Kaufpreiszahlungen auch ohne Vorlage einer Quittung des Empfängers als Betriebsausgaben des Verlages anerkannt würden«. Mehr im Scherz diskutieren Sorge und Walde darüber, das Geld könne ja auch in einer Westberliner U-Bahn den Besitzer wechseln, wenn die auf einer bestimmten Linie ohne Halt über Ostberliner Territorium fährt. Heidemann nimmt das für bare Münze und spricht darüber mit Kujau, ohne dass dieses Mätzchen tatsächlich inszeniert wird.

Die manipulierten Experten

Thomas Walde kümmert sich nun darum, Schrift- und Materialgutachter zu finden, denn wenn der Sensationsfund ausländischen Verlagen verkauft werden soll, wollen sie mit Sicherheit von Experten bestätigt haben, dass die Tagebücher tatsächlich von Adolf Hitler geschrieben sind. Er nimmt mit der Pressestelle des Bundeskriminalamtes in Wiesbaden Kontakt auf. Das BKA wäre eine erste Adresse, aber leider wird das Amt für Private nicht tätig. Vielleicht könne ja das Zollkriminalinstitut in Köln weiterhelfen, empfiehlt der Pressereferent. Doch auch die Kölner winken ab. Immerhin könnten die Mitarbeiter in ihrer Freizeit als Privatgutachter tätig werden. Allerdings würden diese Expertisen eben nicht auf dem amtlichen Briefpapier geschrieben, genau darauf kommt es Walde und Sorge aber an.

Nach diesen Absagen reden die beiden darüber, ob es für ausländische Lizenznehmer nicht ohnehin viel überzeugender wäre, ausländische Gutachten zu erhalten. Walde verhandelt mit der Kantonspolizei Zürich und der Police Scientifique Lausanne, ohne Erfolg. Schließlich einigt man sich darauf, den Schweizer Dr. Max Frei-Sulzer und den Amerikaner Ordway Hilton mit den Gutachten zu beauftragen.

Max Frei-Sulzer ist der Gründer und erste Chef des Wissenschaftlichen Dienstes der Stadtpolizei Zürich, von Haus aus Biologe, Kriminalist und Schriftsachverständiger. Weltweites Aufsehen hat er mit einem Pollengutachten über das Turiner Grabtuch erregt, das von Fachkollegen heftig kritisiert wurde. Ordway Hilton ist ein prominenter Schriftexperte in den USA, der landesweit bekannt wird, als er das angebliche Testament des Milliardärs Howard Hughes als Fälschung entlarvte.

Auf den ersten Blick erscheint die Auswahl überzeugend, beide Wissenschaftler sind prominent. Doch für Fachleute wie den Mannheimer Schriftsachverständigen Prof. Dr. Lothar Michel, der nach der Tagebuchpleite tätig wird, haben beide Experten Handicaps. Ordway Hilton ist als Amerikaner mit der deutschen Sütterlinschrift, in der die Tagebücher geschrieben sind, überhaupt nicht vertraut. Michel: »In der Literatur ist wiederholt darauf hingewiesen worden, daß bei Schriftvergleichsuntersuchungen mit Ausländerhandschriften ganz besondere Zurückhaltung geboten ist.« Und Frei-Sulzer habe hauptsächlich auf dem Gebiet der biologischen Mikrospuren gearbeitet und »eben nur auch in der Schriftvergleichung und Urkundenprüfung«.

Zuerst telefoniert Walde Anfang Februar 1982 mit Max Frei-Sulzer in Zürich. Doch der ist wegen wichtiger Untersuchungen sehr eingespannt, im Übrigen ist der Biologe gerade mit der Kakteenforschung beschäftigt. Walde erklärt, es gehe um handschriftliche Dokumente aus dem Dritten Reich, die sollten auf Echtheit überprüft werden. Dazu brauche er, sagt Frei-Sulzer, so viele Vergleichsschriften wie möglich, und zwar aus der Zeit, aus der auch die zu begutachtenden Dokumente stammen.

So setzt sich Heidemann mit dem Bundesarchiv in Koblenz in Verbindung, um solche zweifellos echten Schriftproben von Hitler zu beschaffen. Zu seinem Erstaunen erfährt er, dass es im Bundesarchiv für die Zeit nach 1932 kaum Hitler-Handschriften gibt. So etwa das Testament Hitlers vom 2. Mai 1938, aber dies nicht im Original, sondern nur in Kopie. Aber vielleicht könnten die Kollegen Dr. Josef Henke und Dr. Klaus Oldenhage ja mit Rat und Tat weiterhelfen.

Henke ist Referatsleiter des Schrift- und Druckgutes der Parteien in Koblenz, Oldenhage leitet das Grundsatzreferat im Bundesarchiv. Walde ruft Henke am 4. April an und sagt, der *Stern* plane, im Januar 1983 zum fünfzigsten Jahrestag der »Machtergreifung« eine große Geschichte zu veröffentlichen. Darunter auch neue Dokumente, die Aufschluss über die Hintergründe des Heß-Fluges nach England gäben. Deshalb müssten einige Schriftstücke, die mutmaßlich von Hitler geschrieben wurden, begutachtet werden. Einen Tag später ist Walde in Koblenz. Im Gepäck hat er eine Anzahl von Hitler-Dokumenten, unter anderem den handschriftlichen Entwurf eines Telegramms, das Hitler am 1. Januar 1940 an den spanischen Diktator General Franco geschickt haben soll.

Oldenhage und Henke sehen sich die Stücke an und entscheiden, es sei für das Bundesarchiv unmöglich, anhand des Inhalts der Dokumente ihre Echtheit festzustellen, weil die Inhalte zu nichtssagend seien. Man könne allerdings die Schrift und die Materialien prüfen lassen. Und die beiden Experten wissen auch gleich zwei gute Adressen. Als Schriftgutachter schlagen sie das Landeskriminalamt Rheinland-Pfalz in Mainz vor, mit denen habe man gute Erfahrungen gemacht. Als Materialprüfer könne man das Bundeskriminalamt in Wiesbaden beauftragen. Denn als Behörde kann das Bundesarchiv dem BKA Aufträge erteilen.

Walde ist damit sehr einverstanden, kann er doch auf diesem Umweg das erhoffte amtliche Gutachten bekommen. Das BKA solle sich bei der Materialuntersuchung auch mit dem Alter des Papiers und der Tinte beschäftigen. Wenn nötig, dürften von den Originalen auch kleine Papierproben abgeschnitten werden.

Wichtig sei allerdings, dass der Fall absolut vertraulich behandelt werde, denn die Sicherheit des Lieferanten sei sonst auf das höchste gefährdet. Und die Gutachter sollten möglichst zügig arbeiten, denn bei einem positiven Ergebnis könne der Verlag noch eine Vielzahl wertvoller und zeitgeschichtlich interessanter Dokumente sicherstellen. Das sei auch für das Bundesarchiv von Nutzen, denn der Verlag plane, das gesamte Material später nach Koblenz zu geben.

Henke und Oldenhage ahnen damals nicht, dass es in Wahrheit um Hitler-Tagebücher geht. Heidemann und Walde wollen auch nicht die Bücher selbst begutachten lassen, sondern eine große Zahl von Dokumenten, die alle vom Tagebuchlieferanten stammen. Wenn die echt seien, gebe es auch keine Zweifel mehr an den Tagebüchern.

Im nächsten Brief an das Bundesarchiv bestätigt Walde die getroffenen Absprachen und schickt weiteres Material: den handschriftlichen Entwurf für den »Aufruf zum Jahreswechsel an Partei, Wehrmacht, SA und SS« vom 29. Dezember 1934 und einen angeblichen Brief Hitlers an Reichsmarschall Göring vom 17. Oktober 1940 im Original. Beides hatte Kujau geschrieben und mit vielen anderen Dokumenten an Heidemann privat verkauft.

Dazu legt Walde noch ein ganz besonderes Stück: die notariell beglaubigte Fotokopie einer Seite aus dem Heß-Band, die angeblich von Hitler zu Papier gebrachte »Parteiamtliche Mitteilung«. Die war nach dem Englandflug von Heß in der deutschen Presse gedruckt worden, und Kujau hatte sie Wort für Wort abgeschrieben. Walde und sein Freund Sorge suchen diese Passage ganz bewusst aus: Denn der Text ist Historikern bekannt, niemand kann daraus schließen, dass er Teil eines Tagebuchsonderbandes ist. Und wenn die »Parteiamtliche Mitteilung« echte Hitler-Handschrift ist, dann ist der gesamte Heß-Band echt. Und wenn der Heß-Band echt ist, dann sind auch die Tagebücher echt, denn sie sehen ja genauso aus. Das erscheint allen Beteiligten logisch.

Dazu passt es perfekt zur Veröffentlichungsplanung, die sich Heidemann und Walde zurechtgelegt haben. Denn sie wollen zunächst den Heß-Band auswerten, danach die Tagebücher von 1933 bis zum Kriegsanfang 1939 und später dann die Kriegsjahre 1939 bis 1945. Diese Abfolge ist auch schon bei einem Treffen von Walde und Heidemann mit Verlagschef Gerd Schulte-Hillen ohne Beisein der Chefredaktion so besprochen worden.

Drei Wochen zuvor, am 8. Februar, hat *Der Spiegel* den ersten Teil seiner Enthüllungsgeschichte über die »NEUE HEIMAT – Die dunklen Geschäfte von Vietor und Genossen« veröffentlicht. Der Skandal beherrscht wochenlang die Schlagzeilen. Die Machenschaften der NH-Chefs und ihre dreisten Verteidigungsstrategien empören die Republik. Es ist der Anfang vom Ende der gemeinwirtschaftlich geführten Unternehmen der Gewerkschaften.

Verlagschef Schulte-Hillen erfährt, dass dem *Stern* dieser brisante Stoff angeboten worden war und Chefredakteur Koch nicht zugegriffen hat. 100 000 Mark für eine solche Sensationsgeschichte – im Vergleich zu den Tagebuchmillionen ist das geradezu ein Taschengeld. Es gibt eine heftige Auseinandersetzung im 9. Stock des »Affenfelsens«. Peter Koch bietet Schulte-Hillen seinen Rücktritt an. Der lehnt ab, Koch bleibt im Amt. Aber von nun an ist er angeschlagen.

Über die Hitler-Tagebücher spricht Schulte-Hillen denn auch nicht mit der Chefredaktion, sondern lieber direkt mit Heidemann und Walde. Dem Anlass angemessen findet das Treffen zur Mittagszeit im Restaurant Cölln am Brodschragen statt, das für seinen hervorragenden Hummer, Kaviar und seine Austern ebenso berühmt ist wie für seine »Stuben«, in denen sich Hamburger Börsianer, Kaufleute und Politiker zu vertraulichen Gesprächen treffen. Wilfried Sorge hat die Zusammenkunft arrangiert, um Heidemann, »der nach wie vor von der Chefredaktion geschnitten wird« (Sorge), zu zeigen, wie sehr ihn der Verleger als Beschaffer dieser einzigartigen Dokumente schätzt. Außerdem will Schulte-Hillen Walde, den er bis dahin nur flüchtig kennt, persönlich näher kennenlernen. Und so wird denn auch über ein Veröffentlichungskonzept diskutiert. Heidemann und Walde tragen dem Verlagschef ihre Vorstellungen vor.

Heidemann erhält am selben Tag von Sorge 400 000 Mark für weitere Tagebücher bar ausgezahlt und sucht seine Schließfächer Nr. 324, 343 und 3558 auf, die er seit Dezember 1981 bei der Deutschen Bank unterhält. Vier Wochen später bekommt er noch einmal 200 000 Mark. Am 31. März füllt Schulte-Hillen die Kasse mit einer Zahlungsanweisung von 1 Million Mark wieder auf. Inzwischen sind 4 420 000 Mark für die Tagebücher ausgegeben. Das Doppelte der zu Beginn geschätzten Investitionssumme. Jetzt überschlägt Schulte-Hillen die noch zu erwartenden Ausgaben und teilt Heidemann mit, dass er nicht mehr gewillt ist, für jeden Band 200 000 Mark auszugeben. Heidemann soll bei seinem Lieferanten den Preis drücken. Wie schön, dass Heidemann seinem obersten Chef wenig später mitteilen kann, es sei ihm gelungen, den Preis auf 150 000 Mark herunterzuhandeln. 25 Prozent Rabatt – »Sparkommissar« Schulte-Hillen ist einverstanden.

Der Bargeldregen hält weiter an. Mal sind es 600 000 Mark, mal 400 000, mal 200 000 Mark, die Heidemann bei Sorge abholt. Und dann bekommt er obendrein auch noch ein Darlehen vom Verlag. Schließlich müsse er, um gegenüber den Leuten in der DDR als »Schweizer Sammler« glaubwürdig auftreten zu können, auch deren Bilder, Helme und Urkunden abnehmen, die sie in den Westen schmuggeln lassen. Aber für diese Zusatzgeschäfte fehle ihm einfach das Geld.

Und wie selbstverständlich wird ihm auch dieser Wunsch erfüllt. Am 11. Juni 1982 unterschreibt Heidemann einen Zusatz zu seinem Verlagsvertrag vom 12. März 1981:

»Der Autor erhält ein Darlehen in Höhe von DM 25 000,-- pro beschafftem Tagebuch-Band bzw. Sonderband. Somit sind bis zum heutigen Datum DM 875 000,-- fällig. Von dieser Summe sind DM 380 000,-- abzuziehen, die der Autor in den vergangenen Jahren bereits in Form von Vorschüssen erhalten hat (DM 300 000,-- für ›Tagebücher‹, DM 60 000,-- für ›Bordgespräche‹, DM 20 000,-- für ›Meine Kriege‹).

Das Darlehen wird ausschließlich aus Tantiemen und Lizenzhonoraren getilgt, die aus der Verwertung der ›Tagebücher‹ und der ›Sonderbände‹ entstehen ...

Der Autor wird das Darlehen zur Beschaffung von Manuskripten, Bildern, Zeichnungen etc. verwenden, die von Adolf Hitler geschaffen wurden. Der Autor wird dem Verlag die Originale zur Illustration jener Werke überlassen, an denen er als Autor mitarbeitet. In Abgeltung dieser Abdruckrechte wird das Darlehen zinslos gewährt. Sollten eigene Publikationen (z.B. Bildbände) oder Veröffentlichungen in anderen Büchern, Zeitschriften etc. realisiert werden, sind darüber Verträge mit dem Autor zu schließen, die ihm das geschäftsübliche Honorar zusichern.«

Mit diesem Vertrag ist Heidemann mal wieder ein Meisterstück gelungen. Er hat keines der Manuskripte geliefert, für die er schon Vorschüsse erhalten hat, und bekommt nun auch noch einen dicken zinslosen Kredit obendrauf. Heidemann muss noch nicht einmal belegen, wofür er die Unsummen ausgibt. Es muss kaum erwähnt werden, dass die Chefredakteure des *Stern* auch von dieser ungewöhnlichen Vereinbarung nichts erfahren.

Nach dem ersten Vorgespräch am Telefon mit Dr. Max Frei-Sulzer fliegt Walde am 13. April nach Zürich, um mit dem Gutachter Einzelheiten des Auftrages zu besprechen. Als Erstes wird darüber diskutiert, ob es möglich ist, das Alter von Papier und Tinte präzise zu bestimmen. Frei-Sulzer sagt seinem Gast, das Geld für solche Untersuchungen könnte er sich sparen. Denn erstens könne Papier in einer Klimakammer künstlich gealtert werden und außerdem gebe es überhaupt keine zuverlässigen Methoden, das Alter zu bestimmen. Und dann könne man ja davon ausgehen, dass ein Fälscher sich wohl Materialien beschaffe, die nicht sofort als Schwindel auffliegen. Eine falsche und fahrlässige Prämisse des Experten, wie sich später herausstellt. Denn Konrad Kujau macht sich keine großen Gedanken über sein Material. Seine Kladden kauft er bei DDR-Besuchen in einem Konsum-Laden in Bautzen. Wäre das Papier frühzeitig untersucht worden, wäre auch die Fälschung entdeckt worden.

So wird Frei-Sulzer nur beauftragt zu prüfen, ob Adolf Hitler die »Parteiamtliche Mitteilung« zum Heß-Flug und den handschriftlichen Entwurf eines Telegramms an den ungarischen Staatschef Miklós Horthy eigenhändig geschrieben hat. Die »Parteiamtliche Mitteilung« ist für die Gutachter unter notarieller Aufsicht aus dem Heß-Band herausgetrennt worden. Die angeblichen Telegrammentwürfe Hitlers stellt Kujau für Heidemann gleich in Serie her.

Obwohl allgemein bekannt ist, dass Hitler Briefe, Manuskripte und Befehle stets diktierte, hat er zum Jahreswechsel 1939/1940 seine Glückwunsch-Telegramme offenbar zunächst in Schönschrift sorgfältig zu Papier gebracht und zwar an Horthy, an den italienischen König Victor Emanuel III., an Mussolini und den spanischen Diktator General Francisco Franco. Texte und Aufmachung ähneln sich. Für Horthy heißt es:

»Text für das Telegramm an den Reichsverweser Horthy.

An Reichsverweser Horthy.
Ew. Durchlaucht bitte ich, anläßlich des Jahreswechsels meine aufrichtigen Glückwünsche entgegen zu nehmen. Ich verbinde damit meine und des deutschen Volkes besten Wünsche für das weitere Gedeihen der befreundeten ungarischen Nation.
Adolf Hitler
<u>Datum</u>
Berlin, den 1. Januar 1940«

Ist es nicht geradezu lächerlich, dass Hitler diese Serien-Glückwünsche, die als Telegramm versendet worden sein sollen, zuvor akkurat aufschrieb? Heidemann, Walde und Sorge machen diese kuriosen Schreiben nicht stutzig. Ebenso wenig wie die Tatsache, dass Hitler in dem Telegramm an Mussolini, das ebenfalls das Datum 1. Januar trägt, vom »bevorstehenden Jahreswechsel« schreibt.

Da Frei-Sulzer aber erst in einigen Wochen mit seiner Gutachtertätigkeit beginnen kann, beschließen Walde und Sorge, die beiden Originaldokumente zunächst Ordway Hilton zur Prüfung vorzulegen. Die beiden fliegen nach Amerika und treffen sich am 16. April in Landrum/South Carolina mit Hilton in seinem Privathaus. Die Verhandlungen gehen zügig voran. Dass Hilton kein Deutsch spricht und auch nicht mit der Sütterlinschrift vertraut ist, sieht er nicht als Problem an. Ebenso reichen ihm als Vergleichsschriften Fotokopien der originalen Hitler-Dokumente.

Die hat Walde für beide Gutachter in Mappen zusammengestellt. Neben der »Parteiamtlichen Mitteilung« und dem Telegrammentwurf an Horthy liegen darin Fotokopien von fünf Schriftproben Adolf Hitlers, die Walde aus dem Koblenzer Bundesarchiv erhalten hat:

Ein Brief Hitlers an seinen Staatssekretär Otto Meißner mit
vier handschriftlichen Zeilen vom 15. Februar 1933,
ein Brief Hitlers an den Gewerkschaftsbund mit vier handschriftlichen Zeilen vom März 1933,
ein Brief Hitlers an den Reichsminister für Ernährung und Landwirtschaft Richard Walther Darré vom 10. September 1936 mit vier Zeilen und einer Unterschrift,
elf Probeunterschriften Hitlers auf zwei Papierbögen aus dem Jahr 1936 und
ein maschinengeschriebener Brief an Darré vom 2. Januar 1940 mit Hitlers Unterschrift.

Als ebenfalls unzweifelhaft echtes Vergleichsmaterial bekommen die beiden Gutachter dazu die sogenannte »Kleist-Urkunde« und drei Fotos von NS-Prominenten, die auf der Rückseite in Hitler-Handschrift beschrieben sind. Damit werden die Gutachter ganz bewusst hinters Licht geführt, denn Heidemann und Walde wissen, dass diese Dokumente keineswegs nachweislich echt sind. Sie stammen vielmehr vom Lieferanten der Tagebücher. Konrad Kujau hatte die »Kleist-Urkunde« produziert und längere Zeit in seiner Ausstellung in der Stuttgarter Aspergstraße hängen. Heidemann will sie von Anfang an haben. Er bedrängt seinen Duzfreund »Conny« so lange, bis der ihm das Stück verkauft.

Die ersten beiden Zeilen der Urkunde sind gedruckt, der Rest in Hitler-Handschrift geschrieben:

»Im Namen des deutschen Volkes verleihe ich
Generaloberst Ewald von Kleist den
Rang und die Würde sowie den besonderen
Schutz als Reichskanzler und Oberster
Befehlshaber, eines Generalfeldmarschall
des Großdeutschen Reiches.
Berlin, den 1. Juli 1943«

Dieses Dokument hätte Walde und Heidemann besonders skeptisch machen müssen: Denn Hitler hat seinen Oberbefehlshaber der Heeresgruppe A, Paul Ludwig Ewald von Kleist, nach siegreichen Schlachten im Süden der Sowjetunion am 31. Januar 1943 mit Wirkung vom 1. Februar zum Generalfeldmarschall gemacht. Kaum denkbar, dass es fünf Monate dauert, bis von Kleist seine Beförderungsurkunde bekommt.

Die drei auf der Rückseite beschrifteten Fotos, die ebenfalls unstrittig echt sein sollen, stammen auch aus Kujaus Werkstatt. Das erste Bild zeigt Hitler, SS-General Wolff, Martin Bormann und Hermann Göring. Der Text in Hitler-Schrift beginnt mit »Ein moderner Feldherr ...«, Hitler und andere haben unterschrieben. Das zweite Bild zeigt Hitler und seinen Reichsarbeitsführer Konstantin Hierl, auf der Rückseite stehen drei Zeilen Hitler-Handschrift, beide haben unterschrieben, Datum 1. Mai 1940. Auf dem dritten Bild ist Hitler mit mehreren Personen vor dem Eiffelturm in Paris zu sehen, auf der Rückseite sind sieben Zeilen Hitler-Schrift (»Besuch in Paris ...«) und seine Unterschrift zu lesen, Datum 7. Juli 1940.

Dieses Foto mit »Hitlers« Notiz auf der Rückseite ist eine besondere Kuriosität. Es spricht dafür, wie sorglos Kujau für seinen Duzfreund Heidemann Dokumente produziert, und dafür, wie leichtfertig und kritiklos Walde und Heidemann mit dem Material umgehen.

Es ist allgemein bekannt, dass Hitler am 23. Juni Paris besuchte, nachdem Frankreich am Vortag den Waffenstillstandsvertrag unterschrieben hatte. Auch die näheren Umstände sind bekannt: Aus Angst vor Attentaten und Sorge, die Bevölkerung der französischen Hauptstadt könnte sich zu Protestdemonstrationen versammeln, landet Hitler schon kurz nach Sonnenaufgang auf dem Flugplatz Le Bourget. Er hat seine Lieblingsarchitekten Hermann Giesler, Albert Speer und den Bildhauer Arno Breker an die Seine gerufen, um mit ihnen zwischen 5 und 6 Uhr die Stadt zu besichtigen. Zunächst fährt man zum Eiffelturm, dann zur Oper, zur Kirche La Madeleine und als Höhepunkt zum Invalidendom, wo Hitler und seine Begleiter von der Empore aus den marmornen Sarkophag von Kaiser Napoleon I. betrachten. Kurz danach ist Hitler wieder am Flughafen.

Dass er am 7. Juli 1940 noch einmal in Paris gewesen sei, ist nicht bekannt. Es wäre für Walde und Heidemann ein Leichtes gewesen, das Datum auf der Postkarte zu überprüfen. Im Nachschlagewerk von Max Domarus, das von beiden so gern zur Überprüfung von Tagebucheinträgen genutzt wird, hätten sie gelesen, dass der »Führer« am 6. Juli aus Frankreich nach Berlin zurückkehrte: »Um 15 Uhr traf Hitler mit seinem Sonderzug auf dem Anhalter Bahnhof ein, und nun lief wieder das Triumphprogramm ab, wie es 1938 und 1939 nach der Rückkehr aus Wien und Prag veranstaltet worden war: Begrüßung durch Göring, Fahrt durch ein Menschenspalier zur Reichskanzlei und anschließendes Heraustreten auf den Balkon der Reichskanzlei.«

Am 7. Juli begann Hitler seinen Arbeitstag in der Reichskanzlei laut Domarus mit einem Erlass an die Wehrmacht: »Nach dem siegreichen Abschluß des Feldzuges in Frankreich erwarte ich von der Wehrmacht, daß sie in gleichem untadeligen Geist ihre Aufgabe als Besatzung erfüllt. Ich befehle allen Wehrmachtsangehörigen, im Umgang mit der Bevölkerung der besetzten Feindgebiete Zurückhaltung zu wahren, wie es einem deutschen Soldaten geziemt. Übermäßiger Alkoholgenuß ist eines Soldaten unwürdig ... Ich mache es allen Vorgesetzten zur dienstlichen Pflicht, durch Beispiel und Belehrung den hohen Stand deutscher Manneszucht zu bewahren.

Adolf Hitler«

Anschließend trifft er den italienischen Botschafter Graf Ciano und kündigt ihm an, »einen Sturm von Feuer und Eisen auf die Engländer loszulassen«. Danach begrüßt er gemeinsam mit Göring eine Gruppe verwundeter Soldaten und verleiht dem Präsidenten der Reichsschrifttumskammer, Hanns Johst, zu dessen 50. Geburtstag die »Goethemedaille«. Am 8. Juli reist Hitler via München zum Obersalzberg, um Ferien zu machen.

Dies alles ist bei Domarus nachzulesen. Bei der Lektüre seiner gesammelten *Reden und Proklamationen 1932–1945* hat man ohnehin den Eindruck, dort meist umfassender und detailreicher informiert zu werden als beim Lesen der »Hitler-Tagebücher«. Doch die Daten auf den Fotos und der Urkunde werden nicht überprüft.

Es ist unbegreiflich, dass Walde sich von Heidemann die Kleist-Urkunde und die Fotos aus der Stuttgarter Quelle geben lässt und sie den Gutachtern gegenüber als echtes Material deklariert. Es liegt auf der Hand, dass jetzt Kujau mit Kujau verglichen wird.

Dasselbe gilt für eine zweite Mappe, die Walde und Sorge zusätzlich im Gepäck haben, die sogenannte »Schriftentwicklungsmappe«. Die hat Gerd Heidemann zusammengestellt. Der Reporter hat nämlich, seitdem er mit den Tagebüchern beschäftigt ist, alle erreichbaren Hitler-Schriften zusammengetragen – Kopien von in Faksimile veröffentlichten Dokumenten, das Testament Hitlers von 1938 und vor allem jede Menge Schriftstücke, die Konrad Kujau fabriziert hat. In der Mappe liegt auch das handschriftliche Gedicht »Der Kamerad«, das seit der Warnung von Prof. Jäckel in den *Vierteljahrsheften für Zeitgeschichte* im dringenden Verdacht steht, eine Fälschung zu sein. Alle diese vermeintlichen Hitler-Handschriften hat Heidemann nach Datum geordnet, um so zu dokumentieren, wie sich die Schrift Hitlers im Laufe der Zeit verändert hat.

Hilton verzichtet auf die dubiose »Schriftentwicklungsmappe«. Die drei Fotos und die Kleist-Urkunde bezieht er aber in sein Gutachten mit ein. Er bekommt von Walde die Texte der Dokumente dazu in Maschinenschrift übertragen und zusätzlich ins Englische übersetzt. Knapp einen Monat später, am 11. Mai, hat Ordway Hilton sein Gutachten fertig. Es nimmt kaum wunder, dass er bei dieser Vorbereitung zu dem Urteil kommt: Die »Parteiamtliche Mitteilung« und der Telegrammentwurf an Horthy sind von Adolf Hitler geschrieben worden. Hilton gründet sein Gutachten auf diese Vergleichsschriften: die Kopie des Briefes an Staatssekretär Meißner, die Kopie des Briefes an Darré von 1936 und die Kopien der elf Unterschriften von 1936. Alles Kopien von echten Urkunden aus dem Bundesarchiv. Hilton stützt sich aber ebenfalls auf die Kleist-Urkunde und die Texte auf den drei Fotos. Diese Schriften sind wichtig für den Gutachter, weil sie im Original vorliegen und zeitnäher zu den zu begutachtenden Schriftstücken sind – und sie stammen alle von Kujau.

Dr. Max Frei-Sulzer liefert sein Gutachten am 11. Juni 1982 ab. Mit den Originalen der »Parteiamtlichen Mitteilung« und des Telegrammentwurfs Horthy hatte er auch die Expertise von Ordway Hilton bekommen. Und auch er hat keinerlei Zweifel daran, dass Adolf Hitler die beiden Dokumente selbst geschrieben hat. Frei-Sulzer hat im Gegensatz zu Hilton Hitler-Schriften im Bundesarchiv im Original eingesehen, aber sowohl die Fotos, die Kleist-Urkunde wie auch den gesamten »Schriftentwicklungsband« mit den Kujau-Fälschungen als Vergleichsmaterial herangezogen.

Frei-Sulzer hat keinerlei Zweifel daran, dass sowohl die Materialien aus dem Bundesarchiv als auch die »aus Privatbesitz« authentisch sind. In seinem Gutachten beschreibt er nämlich, was für eine seriöse Prüfung nötig ist: »Die Vergleichsschriften sollten im Original vorliegen und ihrerseits bezüglich der Urheberschaft unbestritten sein. Diese Anforderungen sind sowohl für die Urkunden aus dem Bundesarchiv als auch für die beigezogenen Sammlerstücke aus Privatbesitz erfüllt.«

Der Schriftsachverständige Professor Dr. Lothar Michel von der Universität Mannheim, der nach Auffliegen der Affäre für den *Stern* als Gutachter tätig wird, beurteilt die Tatsache, dass Walde den Gutachtern Papiere aus der Stuttgarter Quelle als Vergleichsschriften präsentiert, 1983 so: »Es muß als entweder recht naiv oder als gezielt raffiniert bezeichnet werden, wenn Schriftproben derselben Herkunft wie die fraglichen Schriftstücke als ›Vergleichsmaterial‹ den Gutachtern vorgelegt werden.«

Das Landeskriminalamt Rheinland-Pfalz wird am 11. Mai 1982 vom Bundesarchiv beauftragt, drei Originale und eine Fotokopie auf ihre Echtheit hin zu begutachten: den Aufruf zum Jahreswechsel an die Partei vom 29. Dezember 1934, den Telegrammentwurf an General Franco vom 1. Januar 1940, das Schreiben an Reichsmarschall Göring vom 17. Oktober 1940 und die »Parteiamtliche Mitteilung« in Kopie. Der Mainzer Schriftsachverständige benutzt ausschließlich die Materialien aus Koblenz zum Vergleich. Sein Urteil: Die »Parteiamtliche Mitteilung« ist »mit hoher Wahrscheinlichkeit« von Hitler geschrieben, die anderen Urkunden »mit an Sicherheit grenzender Wahrscheinlichkeit« von der Hand Hitlers. Ein krasses Fehlgutachten, wie sich später herausstellt.

Die drei positiven Gutachten werden von Walde und Heidemann nicht als sensationell empfunden, sie sehen sich nur darin bestätigt, wovon sie ohnehin überzeugt sind, dass sie es nämlich mit Hitler-Originalen zu tun haben.

Dass sie mit ihren Manipulationen die Ergebnisse der Gutachten kräftig beeinflusst haben, kommt ihnen nicht in den Sinn.

Der »Friedensflug« des Rudolf Heß

Inzwischen ist Leo Pesch, der von Oktober 1980 bis April 1982 als Chef vom Dienst gearbeitet hat, auch wieder ins Ressort »Zeitgeschichte« zurückgekehrt. Jetzt soll der studierte Historiker gemeinsam mit Walde die Tagebücher journalistisch aufbereiten. Beide kommen überein, sich zunächst auf den Sonderband Heß zu konzentrieren.

Das ist ein überschaubares Ereignis, der Flug nach England ist nach wie vor von Geheimnissen umwittert, und hier kann der *Stern* dank Hitlers Aufzeichnungen mit einer aufregenden Neuigkeit aufwarten: Heß wollte einen Separatfrieden mit England schließen, und Hitler wusste davon. Denn so steht es in dem Sonderband zu lesen.

Seine Aufzeichnungen beginnt der »Führer« mit einem Entwurf der »Parteiamtlichen Mitteilung« vom 12. Mai 1941, die dann einen Tag nach dem spektakulärem Flug fast wörtlich im Rundfunk verlesen und in den Zeitungen abgedruckt wird:

»Parteigenosse Heß, dem es auf Grund einer seit Jahren fortschreitenden Krankheit von mir strengstens verboten war, sich noch weiter fliegerisch zu betätigen, hat, entgegen diesem vorliegenden Befehl, es vermocht, sich in letzter Zeit wieder in den Besitz eines Flugzeuges zu bringen.« Ein zurückgelassener Brief, so Hitler, »zeige in seiner Verworrenheit leider die Spuren einer geistigen Zerrüttung«. Unter dem Stichwort »Der Plan« beschreibt er dann, was er angeblich mit Heß verabredet hat:

»1.) Sollte die Mission gelingen und Heß hat Erfolg, hat er mit meinem Einverständnis gehandelt.
2.) Wird Heß als Spion in England gefangengesetzt, so hat er mich früher einmal von seinem Plan in Kenntnis gesetzt, ich aber habe abgelehnt.
3.) Sollte seine Mission total fehlschlagen, erkläre ich, Heß habe in einer Wahnvorstellung gehandelt.«

Der amtlichen Mitteilung fügt der Schreiber des Heß-Bandes dann noch die Frage – mit Ausrufungszeichen – hinzu: »Was war geschehen!« Und dann wird die Vorgeschichte abgespult mit dem Fazit: Hitler hat alles gewusst.

26. Juni 1939:
»Heß schickt mir eine persönliche Schrift zum Englandproblem.
Hätte nicht gedacht, das dieser Heß so scharfsinnig denken kann.
Dieser Schrift ist sehr, sehr interessant.«

27. Juni 1939:
»Mußte die ganze Nacht an die Schrift von Heß denken.
Muß ihn unbedingt unter vier Augen darüber sprechen.
Einige Erlasse.«

22. Juli 1939:
»Habe nochmals Göring bei mir.
Erkundige mich vorsichtig bei ihm welche Reichweiten unsere besten Flugzeuge haben.
Gespräche mit Heß.
Erzähle ihm vom Gespräch mit Göring.
Heß sagt man müsse eine Spezialmaschine bauen, er arbeite auch schon an den Plänen.
Was für ein Kerl.

Er möchte nicht, das weiterhin über irgend etwas mit Göring über seinen Plan gesprochen wird.«

9. August 1939:
»Wenn ich den Text der gestrigen Rede dieses Churchill lese, so weiß ich gleich wer der größte Vergifter in London ist. Nun kann ich Heß verstehen, der meint diesen Churchill muß man umgehen oder ausschalten.
Göring gibt mir Bericht über seine Verhandlungen mit den Engländern.
Auch merkt nun Göring, daß die Engländer kein Interesse haben Spannungen abzubauen.«

Bei kritischer Betrachtung könnte man durchaus auf die Idee kommen zu fragen: Wieso beginnt Hitler diese Aufzeichnungen erst, nachdem Heß am 10. Mai 1941 nahe dem schottischen Ort Eaglesham mit einem Fallschirm aus seiner Messerschmitt Me 110 gesprungen war, um mit dem Duke of Hamilton zu verhandeln? Wieso bringt er im Nachhinein seine Erinnerungen zu Papier? Hat er sich auf Schmierzetteln Notizen gemacht, die er nun zwei Jahre später ins Reine überträgt? Und wieso hat Heß nicht schon vor Kriegsbeginn Kontakt für vertrauliche Verhandlungen in England gesucht?

Über solche durchaus nicht abwegigen Fragen, über solche Details, wird auch am 22. Mai 1982 nicht gesprochen, als sich Vorstandsmitglieder von Gruner+Jahr, die *Stern*-Verlagsleitung, die *Stern*-Chefredaktion und das Ressort »Zeitgeschichte« zu einer vertraulichen Konferenz im »Affenfelsen« an der Hamburger Außenalster versammeln. An der Besprechung nehmen teil: Gerd Schulte-Hillen, Henri Nannen, Peter Koch, Felix Schmidt, *Stern*-Verlagsleiter Peter Hess, sein Stellvertreter Wilfried Sorge, Thomas Walde und Leo Pesch.

Walde und Pesch präsentieren ihren Plan zur Heß-Geschichte. Peter Koch bringt die Idee ins Gespräch, ein Tagebuch komplett abzudrucken. Dem widersprechen Walde und Pesch, sie wollen die Tagebücher vielmehr nach unterschiedlichen Themen geordnet auswerten. Henri Nannen trägt eine viel grundsätzlichere Kritik vor. Er hat inzwischen einige Tagebuchbände gelesen und findet sie »platt«, sie seien banal und brächten nichts Neues. Wenn schon, dann müssten »Edelfedern« wie der Publizist und langjährige *Stern*-Kolumnist Sebastian Haffner oder der Hitler-Biograph und »FAZ«-Herausgeber Joachim Fest den Stoff in die Hand nehmen. Hitlers Verbrechen stünden ja fest, also müsse man davon ausgehen, dass es Hitler in seinen Tagebüchern nur darum gehe, sich vor der Geschichte und für die Nachwelt zu rechtfertigen. Deshalb müssten seine Tagebuchaufzeichnungen auf jeden Fall relativiert und in den richtigen zeitgeschichtlichen Zusammenhang gestellt werden. Und das könne am ehesten jemand, der die Nazidiktatur erlebt habe.

Pech für Nannen, dass Heidemann und Walde ihre Verträge mit dem Verlag haben, der ihnen die exklusive Auswertung der Tagebücher garantiert. Und Peter Koch ist der Meinung, jetzt sollten auch einmal Jüngere ihre Chance bekommen. Die Diskussion wogt hin und her, am Ende wird beschlossen: Aus dem Heß-Band sollen Walde und Pesch ein Buchmanuskript verfassen und daraus dann eine *Stern*-Serie produzieren. Dabei soll nur von »Aufzeichnungen« Hitlers, aber noch nicht von Tagebüchern die Rede sein. Aus den Reaktionen darauf ließen sich auch die Marktchancen für die Tagebücher abschätzen. Um die Herkunft der »Aufzeichnungen« zu erklären, soll eine »kleine« Fundgeschichte geschrieben werden. Im Januar 1983, zum fünfzigsten Jahrestag der »Machtergreifung« Hitlers, soll die Serie starten.

Schon zwölf Tage nach diesem Beschluss wird in der obersten Verlagsetage darüber diskutiert, wie man dieses Manuskript optimal vermarkten kann. Am 4. Juni treffen sich Gerd Schulte-Hillen, Bertelsmann-Chef, G+J-Aufsichtsratsvorsitzender und Tagebuchinspirator Manfred Fischer, G+J-Zeitschriftenvorstand Jan Hensmann und Olaf Paeschke, der Geschäftsführer der Münchner Verlagsgruppe Bertelsmann. Mit Paeschke wird ganz offen über das Geheimprojekt Hitler-Tagebücher gesprochen. Jetzt geht es ja auch ums Geschäft: der »Führer« als Bestsellerautor. Und schnell ist sich die Runde darüber einig, die Heß-Story in Deutschland als *Stern*-Buch herauszubringen und im Ausland Verlagen mit Bertelsmann-Beteiligung den ersten Zugriff zu gewähren, etwa der Bertelsmann-Tochter Bantam Books in den USA.

Und auch Heidemann kümmert sich um seine Finanzen, bei ihm geht es allerdings eher um Geldanlagen. Immer wieder hat sich in den vergangenen Monaten *Karolus Scheppach* telefonisch bei ihm gemeldet, die beiden haben sich auch getroffen. Und die Geschichten, die der windige Militariahändler zu erzählen weiß, können gar nicht abenteuerlich genug sein. Man sollte meinen, dass Heidemann die Nase voll hat von *Scheppach*. Der hat ihn schließlich um hohe Summen geschröpft und ihm einen Bären nach dem anderen aufgebunden. Der angebliche Göring-Adjutant »Dr. Weber« alias Mathias von Walde zum Beispiel – so viel hat Heidemann inzwischen recherchiert – ist von *Scheppach* ganz offensichtlich erfunden worden. Weder Edda Göring hat jemals von einem Adjutant ihres Vaters mit diesem Namen gehört, noch findet sich in der einschlägigen Literatur der Name Mathias von Walde, auch im Bundesarchiv keine Spur.

Warum befasst sich Heidemann überhaupt weiter mit diesem Windbeutel? Es muss mit seiner Besessenheit zu tun haben, Martin Bormann doch noch aufzuspüren. Heidemann ist inzwischen tief in die Welt der Nazis abgetaucht, er redet ständig mit alten SS-Leuten, Militariasammlern und sieht sich als Entdecker einer historischen Weltsensation. Und er verfügt über gewaltige Geldsummen, es schmerzt ihn nicht mehr besonders, mal eben 25 000 Mark zu verlieren. Es kommt ja bald wieder neues Bares vom Verlag. Und *Scheppach* muss wie Kujau eine blühende Phantasie und das Talent haben, ohne Mühe Lügenmärchen zu erfinden und seinen gläubigen Zuhörer damit quasi zu narkotisieren.

Zunächst erzählt *Scheppach*, er stehe mit Bormann in Verbindung, der inzwischen in Chihuahua im Nordwesten von Mexiko lebe. Heidemann ist drauf und dran, sich ein zweites Mal nach Südamerika auf den Weg zu machen, da kommt *Scheppach* mit der Nachricht, der Hitler-Vertraute sei gerade nach Spanien umgezogen. Und er weiß zu berichten, was Bormann nach Hitlers Selbstmord tatsächlich gemacht hat: In der Nacht auf den 1. Mai habe er mit einem Packen wichtiger Akten den »Führer-Bunker« verlassen und sich nach Berlin-Zehlendorf durchgeschlagen, um dort seinen Halbbruder Vollborn aufzusuchen und ihm die Papiere zu übergeben. Da er ihn aber nicht antraf, habe er die Geheimakten in einem Park in Zehlendorf vergraben. Es seien Unterlagen über die deutsche Atomforschung, über die Wannsee-Konferenz (»Endlösung der Judenfrage«), über das Attentat auf Heydrich und den Tod von Fritz Todt, Hitlers Minister für Bewaffnung und Munition, gewesen.

Trotz der Pleite mit dem Göring-Gold macht Heidemann sich wieder auf den Weg nach Berlin, fährt nach Zehlendorf, wandert durch den von *Scheppach* genannten Park, fotografiert und sucht das Versteck, vergebens. Die Reise hätte er sich auch sparen können. Denn die *Scheppach*-Story ist wieder einmal ein Lügengespinst: Einen Halbbruder Vollborn gibt es nicht. Bormann hatte in der Tat einen Bruder mit Namen Albert. Ihre Mutter Antonie Bormann hatte nach dem frühen Tod des Vaters einen Albert Vollborn geheiratet.

Martin Bormanns Bruder Albert war am 21. April 1945 aus dem von sowjetischen Truppen eingekreisten Berlin zum Obersalzberg ausgeflogen worden. Das dürfte Bruder Martin kaum verborgen geblieben sein. Weshalb hätte er also am 1. Mai unter Lebensgefahr nach Zehlendorf laufen sollen?

Mitte Februar 1982 bekommt Heidemann Post von *Scheppach*. Es ist die Fotokopie eines angeblichen Briefes von Bormann an *Scheppach* – ein Beweis also, dass beide in Verbindung stehen. Wobei es merkwürdig ist, dass auf der Vorlage der Kopie offenbar Textstellen mit Tippex weiß übermalt, andere Zeilen herausgeschnitten sind. Heidemann fragt bei *Scheppach* nach, was es damit auf sich habe. Der gibt sich überrascht und sagt, der Brief müsse auf dem Postweg von Unbekannten manipuliert worden sein.

Anstatt sich angesichts dieses neuen Unsinns, dieser hanebüchenen Verschwörungstheorie von *Scheppach* nun endlich zu trennen, belohnt Heidemann ihn. Er gibt ihm Ende Februar 10 000 Mark in bar, und *Scheppach* verpflichtet sich, Heidemann mit all seinen Informationen in Sachen Bormann und NS-Schätze zu bedienen.

Und wenig später hat *Scheppach* wieder Neuigkeiten: Er habe sich gerade in Madrid mit Martin Bormann, dem SS-Arzt Josef Mengele und deren Vertrauten getroffen. Zum Beweis präsentiert er Heidemann ein Rätselheft, in das er ihre Aliasnamen notiert habe. »Von Hardenberg« sei in Wahrheit Bormann, »Dr. Mertens« sei Mengele. Damit Heidemann selbst zu Bormann Kontakt aufnehmen kann, gibt ihm *Scheppach* dessen angebliche Anschrift und Telefonnummer.

Diesmal will Heidemann auf Nummer sicher gehen und vor einer Reise prüfen, ob *Scheppach* die Wahrheit sagt. Deshalb bittet er seinen Freund Heinrich Hoffmann jr., den Sohn von Hitlers Leibfotograf, ihm neun Fragen aufzuschreiben, die nur Bormann oder ein enger Vertrauter des »Führers« beantworten kann. Zwei oder drei davon gibt er an *Scheppach*, damit er sie an Bormann weiterreicht. Die Antworten, die via *Scheppach* zurückkommen, sind alle richtig. Nun ist Heidemann sicher: Bormann lebt, und *Scheppach* hat Kontakt zu ihm.

Eine gute Gelegenheit, ein paar Passagen aus den Tagebüchern bei dem Hitlerintimus überprüfen zu lassen. Heidemann fotokopiert einzelne Seiten und gibt sie *Scheppach*. Der meldet kurz darauf, dass Bormann sich die Tagebucheintragungen habe rahmen lassen und in seiner Wohnung in Madrid aufgehängt habe.

Jetzt sieht Heidemann auch die Chance, endlich die Sache mit Hitlers Selbstmordpistole zu klären. Eigentlich soll sich Hitler ja mit einer Walther-Pistole erschossen haben, aber schließlich wird die Echtheit der belgischen FN durch die daran hängende handschriftliche Notiz bestätigt: »30.4.45 Mit dieser Waffe erschoß sich unser Führer! Die Lage ist Hoffnungslos! Heil Hitler Bormann«.

Nun besteht die Möglichkeit, dass Bormann selbst das Rätsel löst. Heidemann gibt *Scheppach* ein Foto der belgischen FN und des Zettels. *Scheppach* verspricht, sich um eine Antwort zu bemühen. Sie kommt alsbald: Bormann sagt, so meldet *Scheppach*, das Material ist nicht echt.

Versetzt man sich einmal für einen Augenblick in die Wahnsinnswelt Heidemanns, müsste er jetzt eigentlich hoch alarmiert sein: Martin Bormann erklärt die angeblich von ihm geschriebene Notiz und die angebliche Selbstmordpistole zur Fälschung. Das heißt logischerweise, dass Konrad »Fischer«/Kujau ihn mit der teuren Devotionalie hereingelegt hat. Und dann ist da doch der komische Brief Hitlers an Heinrich Hoffmann und die falsche Geschichte in den Tagebüchern über die »Leibstandarte Adolf Hitler« und das umstrittene Gedicht »Der Kamerad« und die verdächtigen Echtheitszertifikate auf Urkunden und Tagebüchern und die merkwürdigen Gutachten aus der DDR. Alles Dokumente und Urkunden, die er von seinem Duzfreund aus Stuttgart bekommen hat. Eigentlich gibt es Anlass genug, dem gegenüber skeptisch zu sein. Aber es wird das Geheimnis von Gerd Heidemann bleiben, wie er diese unauflösbaren Widersprüche zwischen Kujau und *Scheppach* vor sich selbst wegargumentiert.

Jedenfalls berichtet er Walde und Sorge von seinen Treffen mit *Scheppach* und von der Aussicht, an weitere, bislang unbekannte Naziakten heranzukommen. Offenbar hat auch ihnen die Beschäftigung mit den Hitler-Tagebüchern schon so das Gehirn umnebelt, dass sie sich auf Geschäfte mit *Scheppach* einlassen. Und das, obwohl sie ja spätestens seit der Suche nach dem Göring-Gold wissen, mit was für einem Luftkutscher sie es da zu tun haben. Im Gegenteil, sie schließen einen weiteren haarsträubenden Vertrag ab, von dem die Chefredaktion des *Stern* auch diesmal nichts erfährt.

Die Manschettenknöpfe von Martin Bormann

Scheppach reist an einem Märzwochenende 1982 in Hamburg an und besucht Heidemann in seiner Wohnung an der Elbchaussee. Angeblich hat Bormann gerade bei einem Treffen in Madrid zugestimmt, dem *Stern* sein Testament zur Veröffentlichung zu überlassen. Heidemann informiert Walde am Telefon, und der stößt kurz darauf mit Wilfried Sorge zu dem Treffen hinzu. Um sich auch diese zeitgeschichtliche Trouvaille zu sichern, wird flugs ein Vertrag entworfen, in dem allerdings nicht *Scheppach* Vertragspartner wird, sondern ein Dr. Iquisabal in Madrid, der Notar Bormanns, wie *Scheppach* behauptet.

»Vertrag
zwischen Rechtsanwalt Dr. Iquisabal
und
dem Stern-Magazin, Warburgstraße 50, 2 Hamburg 36,
nachfolgend Stern genannt.

Über die Verwertung zeitgeschichtlicher Original-Dokumente und -Materialien, insbesondere aus der Zeit von 1933 bis 1945 und danach.

1.) Dr. Iquisabal stellt die o.a. Unterlagen dem Stern, und zwar dem Stern-Reporter Gerd Heidemann, exklusiv zur Verfügung und gestattet ihm, sie zeitlich, räumlich und sachlich unbeschränkt (auch zum Zwecke der Wer-

bung) und in jeder Form zu veröffentlichen und zu verwerten.
2.) Stern-Reporter Gerd Heidemann erhält durch Dr. Iquisabal die Gelegenheit, die Original-Dokumente und -Materialien einzusehen und in dessen Gegenwart Ablichtungen anzufertigen.
3.) Den Beweis der Echtheit der betreffenden Dokumente wird Dr. Iquisabal in zur Veröffentlichung geeigneter Form erbringen oder ermöglichen.
4.) Der Stern verpflichtet sich, den Sinn der zur Veröffentlichung ausgewählten Dokumente weder durch Hinzufügung noch durch Kürzung zu verändern. Die Stern-Veröffentlichung soll ausschließlich im Interesse der historischen Wahrheit erfolgen.
5.) An den Stern werden keinerlei finanzielle Forderungen gestellt.
6.) Beide Verhandlungspartner streben als Veröffentlichungstermin den 6. Mai 1982 an ...«

Man stelle sich vor, es hätte das Testament des Martin Bormann tatsächlich gegeben, so wäre der *Stern* verpflichtet gewesen, den Text von Hitlers engstem Vertrauten komplett im Wortlaut abzudrucken. Einem Naziverbrecher wäre es möglich gewesen, einem Millionenpublikum seine Überzeugungen, Lügen und Verdrehungen zu präsentieren.

Am 3. März wird der Vertrag von Walde, Sorge und Heidemann unterschrieben. Zur Unterzeichnung durch Dr. Iquisabal kommt es nie. Später stellt sich nämlich heraus, dass es einen Anwalt dieses Namens überhaupt nicht gibt. Der ganze Fall erweist sich mal wieder als eine Luftnummer von *Karolus Scheppach*, der sich interessant machen will und Heidemann dabei um einige Tausend Mark Provision erleichtert. Insgesamt hat Heidemann bis zu diesem Zeitpunkt 120 000 bis 140 000 Mark an *Scheppach* gezahlt.

Scheppach revanchiert sich mit zwei Manschettenknöpfen, in die mexikanische Peso-Münzen eingelassen sind. Angeblich ein Geschenk von Martin Bormann. Und er schickt eine Ansichtkarte aus Spanien, auf der ein Fünf-Reichsmark-Schein abgebildet ist. Auf der Rückseite steht: »Beste Grüße senden K. S.« (für *Karolus Scheppach*) und eine unleserliche Unterschrift. Die haben, so sagt *Scheppach* später, zur Hälfte Bormann und zur anderen Hälfte Mathias von Walde geschrieben.

So unbegreiflich es ist, Heidemann schließt am 1. Juni 1982 noch einen weiteren Vertrag mit *Scheppach*. Darin verpflichtet dieser sich, dem Reporter exklusiv das Eigentum und die Veröffentlichungsrechte an Aufzeichnungen aus der Nazizeit zu verschaffen. Aufzeichnungen von hohen Regierungs- und Parteimitgliedern. Auch das bleibt eine Luftnummer, *Scheppach* liefert kein einziges Dokument.

Stattdessen überreicht er Heidemann zwei Farbfotos. Sie zeigen eine Ruine, angeblich aufgenommen in der Umgebung von Denia, im Südosten von Spanien. Diese Ruine hätten Bormann und seine Gefolgsleute gekauft, um dort brisante, geheime NS-Akten zu verstecken. Heidemann bekommt eine Landkarte, auf der *Scheppach* das Gebiet eingekreist hat, wo sich westlich von Denia das Aktendepot befinden soll. Im Restaurant »Finita« im gediegenen Bezirk Las Rotas übrigens träfen sich jedes Jahr alte Kämpfer und feierten den »Führer«.

In der Tat ist das Lokal »Finita«, benannt nach der spanischen Inhaberin Josefina, ein beliebter Treffpunkt von Deutschen. Und die Eingeweihten wissen, dass Josefina und ihr Mann, der Österreicher Sepp, Sympathisanten von General Franco und Adolf Hitler sind. Gleich nach dem Zweiten Weltkrieg haben SS-Offiziere und NS-Verbrecher den Ort an der Costa Blanca für sich als Zufluchtsort erkoren. Insoweit kennt *Scheppach* die Altnaziszene schon. Und er flüstert dem Reporter ein, dass sich dort auch Bormann niederlassen wolle.

Nun ist Heidemann nicht mehr zu halten. Vom 19. bis 22. Juni ist er in Denia. Im dortigen Hafen gibt es einen Liegeplatz für seine Yacht »Carin II«, idealer Schauplatz für Treffen mit neuen Altnazis. Und wenn er schon kein Hitler-Museum im österreichischen Leonding aufbauen darf, dann wird er eben ein Dokumentenzentrum an der spanischen Sonnenküste aufmachen. Am Tag seiner Ankunft kauft er für 550 000 Mark ein Haus in Denia, dort sollen die Bormann-Akten gelagert werden.

Anfang Juli ist er wieder in Spanien, um das Bormann-Depot ausfindig zu machen. Auf einem der Ruinenfotos ist ein Berg zu sehen, der ihm den Weg weisen soll. Aber wie lange er auch durch die Gegend fährt, den Berg findet Heidemann nicht. Verzweifelt wendet er sich nach seiner Rückkehr an *Scheppach*, der markiert einen neuen Punkt westlich von Denia auf der Karte.

Am 22. Juli reist Heidemann für weitere zehn Tage an die Costa Blanca. Nach der Bormann-Ruine sucht er nicht mehr, stattdessen vergrößert er seinen Grundbesitz. Er kauft seiner neuen Nachbarin aus Genf ihr Haus ab. Als Kaufpreis werden 300 000 Schweizer Franken vereinbart. Das sind zum damaligen Kurs 360 000 Mark. Einen Teil zahlt er sofort. Den Rest wird Heidemann der Schweizerin bei einem Treffen auf dem Genfer Flughafen bar aus dem Aktenkoffer übergeben. Eines der Häuser bietet er Konrad Kujau zum Kauf an und versucht ihn mit dem Plan zu begeistern, beide Häuser mit einem Gang zu verbinden und in einem unterirdischen Gewölbe eine große Sammlung mit NS-Devotionalien einzurichten. Dieses Vorhaben hält selbst Kujau für zu verrückt und lehnt dankend ab.

Walde und Pesch arbeiten derweil an dem Buchmanuskript über Rudolf Heß' Flug 1941 nach England und welche Details der Tagebuchschreiber Hitler mit seinem Stellvertreter diskutiert hat, bis hin zu den drei Varianten, welche öffentliche Erklärung nach dem Coup abgegeben werden soll.

Walde liefert denn auch Kapitel 2 bis 7 von »Plan III« bei Chefredakteur Felix Schmidt ab. Der sagt ihm zwei Wochen später, er fände den Text gut, möchte aber, dass der Tagebuchfund schon am Anfang beschrieben wird. Walde und Pesch wehren sich dagegen, weil ja die Tatsache, dass es um die Tagebücher von Adolf Hitler geht, in der ersten Phase noch verschwiegen werden soll. Die Heß-Geschichte soll doch gewissermaßen der Testlauf für die Tagebücher sein. Chefredakteur Peter Koch urteilt, das Manuskript sei für die Buchveröffentlichung in Ordnung, auch die Kurzform der Fundstory. Für die *Stern*-Serie müsse aber noch viel umgearbeitet werden. Eine Entscheidung wird vertagt.

Im Sommer 1982 wird Schulte-Hillen von Wilfried Sorge gebeten, sich nochmal privat mit Heidemann zu treffen, um ihn zu motivieren. Er werde immer noch von der Chefredaktion geschnitten. Für den Reporter, der Hitlers Tagebücher beschafft und dabei sogar schon bei seinen Autofahrten durch die DDR seine Freiheit und sein Leben riskiert hat, nimmt sich der vielbeschäftigte Verleger selbstverständlich Zeit. Wenn schon die Chefredakteure nicht begreifen, was sie an dem Reporter haben. Er geht mit Heidemann zum Essen in ein Restaurant in Övelgönne, einem beschaulichen Fußweg mit kleinen ehemaligen Kapitänshäusern direkt am Elbufer, wo man so wunderbar den Hafen und die großen Schiffe beim Ein- und Auslaufen beobachten kann. Am Wochenende ist es eine der beliebtesten Spaziermeilen der Hamburger.

Heidemann erzählt von seinem spannenden Leben als *Stern*-Reporter, von den Reisen nach Afrika, von Idi Amin, von den Kriegen, von seiner Suche nach B. Traven und der Sache mit Tchou-En-Lai. Schulte-Hillen kommt auch mit, als Heidemann ihn in seine Wohnung an der Elbchaussee in der Nähe des kleinen Segelhafens Teufelsbrück einlädt. Von hier hat man ebenfalls einen prächtigen Blick auf die Elbe. Heidemann führt seinen obersten Chef durch seine Sammlung. Als Höhepunkt präsentiert er ihm die Pistole, mit der sich der »Führer« am 30. April 1945 erschossen hat. Samt Beglaubigungszettel von Martin Bormann.

Im September empfängt Heidemann wieder hohen Besuch in seiner Wohnung. Diesmal hat sich *Stern*-Herausgeber Henri Nannen angesagt. Auch der ist beeindruckt von der äußerst noblen Einrichtung seines Reporters. Maßgetischlerte Regale für die zahlreichen Aktenordner und Bücher. An den Wänden entdeckt Nannen schön gerahmt die Urschrift des Deutschlandliedes, das August Heinrich Hoffmann von Fallersleben am 26. August 1841 auf der Insel Helgoland auf eine Melodie von Joseph Haydn gedichtet hat. Daneben Autographen des ersten deutschen Reichskanzlers, Fürst Otto von Bismarck. Alles echte Kujaus.

Heidemann führt Nannen eine ganze Mappe mit Hitler-Zeichnungen vor, dazu zwei Frauenbüsten. Und natürlich bekommt er auch Hitlers Selbstmordpistole zu sehen. Heidemann sagt, dass er diese ganzen Sachen kaufen müsse, um zu vertuschen, dass er ja eigentlich nur an den Hitler-Tagebüchern interessiert sei. Eine neue Variante zur sonst üblichen Geschichte vom Schweizer Sammler.

Nannen blättert in dem »Sonderband« zum Röhm-Putsch, liest ein paar Seiten und findet das Ganze »stinklangweilig«. Er sagt wieder, dass eigentlich Leute wie Sebastian Haffner oder Joachim Fest den Stoff bearbeiten und richtig einordnen müssten. Dann will er mehr über den Lieferanten in Stuttgart wissen, da blockt Heidemann ab. Überhaupt, wenn der *Stern* die Tagebücher nicht haben wolle, brauche er es nur zu sagen, dann würde er mühelos in den USA Abnehmer finden. Am liebsten würde er ohnehin seinen Arbeitsvertrag mit dem *Stern* auflösen. Nannen kommt das alles reichlich komisch vor. Er weiß, was Heidemann verdient. Davon kann er unmöglich diesen Luxus finanzieren, und dann ist da auch noch die Yacht »Carin II«. Nannen hat selbst jahrelang eine Motoryacht im Mittelmeer besessen und weiß, wie viel Geld so ein Vergnügen kostet. Er hat deshalb den Verdacht, dass Heidemann einen Teil der Beschaffungsgelder für sich selbst abzweigt. Kontrollieren kann das ja niemand, weil der Lieferant keine Quittungen unterschreibt und nur Heidemann direkten Kontakt zu diesem Mann hat.

Mit seinem Argwohn geht Nannen zu Schulte-Hillen und sagt: »Heidemann betrügt Sie offenbar mit dem Geld.« Der hält das für völlig unmöglich und weist den Verdacht gegen den Reporter barsch zurück: »Wer so etwas einem anderen zutraut, ist selbst dazu im Stande.« Starker Tobak gegenüber dem Mann, der den *Stern* gegründet, zur führenden Illustrierten und zum größten Geldbringer des Verlages gemacht hat. Abgesehen von seiner Zuneigung zu Heidemann ist Schulte-Hillen im Gegensatz zu Nannen umfassend darüber informiert, welche Sonderzahlungen und Darlehen Heidemann inzwischen auf sein Konto überwiesen bekommen hat. Allein 25 000 Mark bekommt er für jeden beschafften Tagebuch-Band. Genug Geld für Extravaganzen also. Schulte-Hillen erinnert sich an das Gespräch mit Nannen übrigens auch etwas anders. Er habe nur im Scherz zu ihm gesagt: »Wissen Sie übrigens, dass man anderen nur das zutraut, wozu man selbst fähig ist.« Nannen habe das lachend zurückgewiesen. Man habe es für möglich gehalten, dass Heidemann sich »Zugaben« beim Tagebuchkauf verschaffe. Aber das sei nie zu beweisen gewesen. Von einer ernsthaften Warnung Nannens könne keine Rede sein.

Mittlerweile hat der Verlag 6 770 000 Mark in das Geheimprojekt investiert, und noch immer liegen nicht alle Bände vor. Ende August hat Schulte-Hillen gerade wieder eine Million Mark freigegeben. Ursprünglich sollte die Aktion 2,2 Millionen kosten, nun ist man beim Dreifachen angekommen. Zeit für Schulte-Hillen, zu handeln.

Der Verleger handelt als Kaufmann. Es geht ihm nicht um die Merkwürdigkeiten mit den Hitler-Kladden, es geht ihm ums Geld. Es macht ihn keineswegs skeptisch, dass schon längst keine Halbjahresbände mehr geliefert werden, sondern Hitler offenbar immer fleißiger geschrieben hat. Mal umfasst ein Band nur zwei Monate, mal drei, mal vier. Und die Kladden sind auch unterschiedlich vollgeschrieben, in manchen sind hundert Seiten zu lesen, in anderen nur fünfzig. Die restlichen Seiten sind leer. Durchaus Indizien dafür, dass man es bei dem Lieferanten möglicherweise mit einem Betrüger zu tun haben könnte.

Aber Schulte-Hillen unterbricht den Ankauf nicht. Er will die Verträge mit Heidemann und Walde den neuen Gegebenheiten anpassen, denn aus seiner Sicht ist für die Ursprungsverträge die Geschäftsgrundlage weggefallen. Es kann ja wohl kaum angehen, dass der Verlag Millionen investiert und die Autoren von Anfang an beim Verkauf von Abdruckrechten ins Ausland mitverdienen.

Zumal das erste Lizenzgespräch in New York mit dem Verlag Bantam Books, der zum Bertelsmann-Konzern gehört, nicht gerade berauschend gelaufen ist. Wilfried Sorge und der Chef der Münchner Bertelsmann Buchverlage Olaf Paeschke verhandeln über die Tagebücher und das Manuskript »Plan III«, das Walde und Pesch über den Heß-Flug geschrieben haben. Dabei kommt heraus, dass für die englischsprachigen Rechte insgesamt etwa zwei Millionen Dollar zu erzielen wären. Am 13. Oktober gibt Sorge diese Schätzung als Ergebnis der Gespräche mit Bantam telefonisch an

Schulte-Hillen weiter. Der findet das angesichts der ausgegebenen Millionen überhaupt nicht komisch.

Schulte-Hillen ist gerade in Köln. Er ruft in Hamburg an und bestellt Heidemann und Walde für den nächsten Tag zu sich ins »Dom Hotel«, es gebe Wichtiges zu diskutieren. Das 1857 gegründete Hotel ist das nobelste der Stadt und ein guter Ort, um über Geschäfte zu sprechen. Der tatkräftige Westfale macht den beiden Journalisten am 14. Oktober schnell klar, was Sache ist, und bringt auf einem Hotelbriefbogen mit Kugelschreiber eine Vereinbarung zu Papier:

»14.10.82
Absprache zwischen den Herren Gerd Heidemann und Dr. Thomas Walde einerseits (Autoren) und G + J andererseits (Verlag)

1.
Mit Verträgen vom 12. März 1981 bzw. 23. Februar 1981 vereinbarten die Autoren mit dem Verlag, daß Tagebücher und den Sonderband ›Unser Kampf‹ von A. Hitler durch den Verlag erworben werden, um auf dieser Basis *Stern*-Serien und *Stern*-Bücher zu schreiben und zu veröffentlichen.

Grundlage dieser Vereinbarung war die Erwartung die Originale insgesamt für ca. 2,2 Mio. DM erwerben zu können. Zwischenzeitlich hat sich gezeigt, daß der Erwerb der Originale voraussichtlich 8,5 Mio DM kosten wird. Um dieser veränderten Situation Rechnung zu tragen, vereinbaren die Autoren mit dem Verlag folgendes:

2.
Lizenzerlöse bis zum Betrag von DM 6,3 Mio fließen zunächst G + J allein zu. Weitere 2,5 Mio DM Lizenzerlöse, die von G + J in jedem Fall garantiert wurden, fließen zu 60 % Herrn Gerd Heidemann zu und zu 40 % G + J. Lizenzerlöse, die über 8,8 Mio DM hinausgehen, werden wieder

gemäß den Verträgen v. 12. März 1981 bzw. vom 23. Februar 1981 aufgeteilt.

Autoren Verlag
Gerd Heidemann Schulte-Hillen
nur z.K. genommen
nicht zugestimmt
Dr. Walde«

Walde ziert sich, sofort zu unterschreiben, er will eine Nacht über den Vorschlag von Schulte-Hillen nachdenken. Schließlich kostet ihn diese Vertragsänderung ein paar hunderttausend Mark. Für Heidemann als Beschaffer der Tagebücher hat der Verlagschef immerhin ein Trostpflaster parat. Nach dieser Absprache bekommt er 60 Prozent der vom Verlag garantierten Erlöse. Das macht bei 2,5 Millionen die schöne Summe von 1,5 Millionen Mark. Dagegen werden zwar die inzwischen schon gezahlten 1,25 Millionen angerechnet, aber Heidemann verbessert sich um weitere 250 000 Mark. Am nächsten Morgen stimmt trotz der bitteren Pille für ihn auch Thomas Walde zu. Und Heidemann bekommt, zurück in Hamburg, die nächsten 450 000 Mark bar vom Verlag, um drei weitere Tagebuchbände bezahlen zu können.

Doch der kann vorerst keine neuen Bände aus Stuttgart abholen, weil Konrad Kujau ihm ausrichten lässt, er sei für längere Zeit in die DDR gefahren, um dort selbst weitere Tagebücher abzuholen. Tatsächlich macht Kujau knapp drei Wochen Urlaub im sonnigen Südafrika.

Um für ihre Heß-Veröffentlichung weiteres Material zu sammeln, fahren Thomas Walde und Leo Pesch derweil nach Hindelang und treffen sich mit der Familie von Rudolf Heß. Sie wollen von Ilse Heß Einzelheiten über ihre Besuche im Kriegsverbrechergefängnis in Berlin-Spandau erfahren.

Schon seit Wochen ist über diesen Besuch schriftlich und telefonisch verhandelt worden. Ilse Heß und ihr Sohn Wolf-Rüdiger haben den Münchner Rechtsanwalt Alfred Seidl eingeschaltet, der Rudolf Heß schon vor dem Internationalen Militärtribunal in Nürnberg verteidigt hat und sich seit langem für dessen Freilassung einsetzt. Die Familie verlangt 5000 Mark für die Gespräche und eine Garantie, dass ihre politischen Überzeugungen in den Veröffentlichungen des *Stern* zum Ausdruck kommen. Der Justiziar von Gruner+ Jahr, Joachim Hagen, rät dazu, mit den Heß-Angehörigen ein Interview zu führen. Auch Walde hält das für den besten Weg, weil sich so die Sichtweisen des *Stern* und der Familie am besten voneinander absetzen ließen.

Die Informationen von Ilse und Wolf-Rüdiger Heß über den Alltag des einzigen Insassen im Spandauer Gefängnis sind eher dürftig. Die *Stern*-Leser werden im Mai 1983 erfahren, dass Rudolf Heß in Zelle 17 des Alliierten-Kriegsverbrechergefängnisses sitzt und zum Frühstück Tee und Toast serviert bekommt. Dass ihm zuvor ein Sanitäter Puls und Blutdruck gemessen hat, die Atmung kontrolliert und eine Urinprobe genommen hat, die im Labor des britischen Militärhospitals untersucht wird. Und dass Heß vier Tageszeitungen bekommt, das *Neue Deutschland* aus Ostberlin, *Die Welt*, den *Tagesspiegel* und die *Frankfurter Allgemeine*. Alle Artikel, in denen der Nationalsozialismus und das »Dritte Reich« behandelt werden, hat der Zensor zuvor herausgeschnitten.

Das Interview mit der Ehefrau und dem Sohn über Rudolf Heß, der wegen Planung, Vorbereitung und Führung von Angriffskriegen im Hauptkriegsverbrecher-Prozess in Nürnberg zu lebenslanger Haft verurteilt wurde, wird nie veröffentlicht. Die Aussagen der Angehörigen, etwa, Heß sei aus reiner Friedensliebe nach England geflogen, hält die Chefredaktion nicht für druckbar. Sie sind so gar nicht mit dem Text von Walde und Pesch vereinbar, die anhand von zeitgeschichtlichen Dokumenten nachweisen, dass Heß nach Schottland geflogen ist, um einen Separatfrieden mit England zu erreichen. Einen Friedensschluss, damit Hitler den Rücken frei hat für den Überfall auf die Sowjetunion, der unter dem Codewort »Unternehmen Barbarossa« vorbereitet wird und am 22. Juni 1941 beginnt.

»Mit dieser Waffe erschoß sich unser Führer!«

Gerd Heidemann hat Mitte November einen Schock zu verarbeiten. Am 15. November 1982 besuchen ihn Wilhelm Mohnke und der ehemalige Hitler-Adjutant Otto Günsche in seiner Wohnung an der Elbchaussee. Heidemann zeigt den beiden ehemaligen SS-Offizieren zunächst einige Tagebücher und präsentiert Mohnke dann Hitlers Selbstmordpistole, die belgische FN von Kujau. An der Waffe hängt ein Zettel mit aufgedrucktem NS-Emblem und der handschriftlichen Notiz:

»30.4.45
Mit dieser Waffe erschoß sich unser Führer!
Die Lage ist Hoffnungslos!
Heil Hitler!
Bormann«

Günsche hat im April 1945 bis zuletzt mit Hitler im »Führerbunker« ausgeharrt und dessen Selbstmord miterlebt. Er erklärt Heidemann, das sei nie und nimmer die Selbstmordpistole. Die habe er nämlich nach Hitlers Tod eigenhändig aufgehoben. Es sei eindeutig eine Walther gewesen. Hundert Prozent ausgeschlossen, niemals habe Hitler sich mit einer belgischen FN getötet. Doch wie in ähnlichen Situationen zuvor schiebt Heidemann schon wenig später die Realität beiseite. Angeblich hat er in einem Buch über Hitlers Ende, das der sowjetische Historiker und Journalist

Lew Besymenski geschrieben hat, ein Zitat gefunden, wonach sich Günsche bei einer Vernehmung in russischer Kriegsgefangenschaft anders geäußert habe.

Wer in dem Buch *Der Tod des Adolf Hitler – unbekannte Dokumente aus Moskauer Archiven* von Lew Besymenski, das 1968 im Hamburger Verlag Christian Wegner erschienen ist, nachliest, wird feststellen, dass es von Günsche überhaupt keine Angabe zu Pistolen gibt. Vielmehr wird Hitlers Kammerdiener Heinz Linge zitiert, der bei einer Vernehmung aussagt, vor dem toten Hitler habe auf dem Tisch eine Walther-Pistole, Kaliber 7,65 gelegen, eine andere Pistole (Kaliber 6,35) habe vor Hitler auf dem Boden gelegen.

Im Übrigen wird in diesem Buch das Obduktionsergebnis der sowjetischen Gerichtsmediziner dokumentiert, wonach Hitler mit einer Zyankaliampulle Selbstmord beging. Und erst kurz darauf, auf Hitlers ausdrücklichen Wunsch, haben entweder Linge oder Günsche einen Schuss auf den Toten abgegeben, weil Hitler der Wirkung des Giftes auf seinen Organismus nicht ganz traute. Er wollte den Sowjets auf keinen Fall lebend in die Hände fallen und nicht »zum lebendigen Exponat des Moskauer Zoo« werden.

Dass angesichts dieser Faktenlage Heidemann ausgerechnet der Zettel, den Kujau an die Pistole gehängt hat, mehr überzeugt als die Aussage des Augenzeugen, ist auch deshalb schwer zu begreifen, weil Heidemann ja weiß, dass Echtheitszertifikate im Zusammenhang mit Hitler-Stücken durchaus dubios sind. Darüber hinaus hat ja auch »Bormann« das Ganze angeblich für falsch erklärt.

Anfang Dezember liefern Walde und Pesch ihr fertiges Manuskript für das Heß-Buch »Plan III« bei Chefredaktion und Verlag ab. Sie erhalten beide einen Vorschuss von 10 000 Mark auf ihr Honorar. Jetzt wird auch Horst Treuke von Chefredakteur Felix Schmidt in das Geheimprojekt eingeweiht. Er ist der langjährige und hoch angesehene Ressortleiter »Serien« beim *Stern*. Er hat die Aufgabe, aus dem Buchmanuskript drei Serienteile zu produzieren, die im Sommer 1983 erscheinen sollen. Treuke fragt, ob die Bücher denn auch echt seien. Antwort von Schmidt: Ob er meine, dass Schulte-Hillen so viele Millionen ausgebe, ohne sicher zu sein. Renommierte Gutachter hätten die Bücher geprüft und für echt befunden.

Am 9. Dezember füllt Schulte-Hillen die Kasse erneut mit einer Million Mark. Heidemann wird am selben Tag mit 450 000 Mark in bar für drei neue Tagebücher ausgestattet. Und sechs Tage später, am 15. Dezember, wird die von Schulte-Hillen im Kölner »Dom Hotel« handschriftlich konzipierte »Absprache« in einen neuen Vertrag verwandelt. In den wird nun auch Leo Pesch als Autor aufgenommen, und Walde verzichtet zu dessen Gunsten auf ein Drittel der ihm zustehenden Honorare. Dazu wird ein neuer, fataler Passus aufgenommen, der in den Diskussionen kurz vor der Veröffentlichung der Tagebücher eine bedeutende Rolle spielen wird.

Der Vertrag enthält die üblichen Klauseln, wieder wird den Autoren Exklusivität zugesichert, nur sie dürfen die Tagebücher auswerten. »Weitere Mitarbeiter (z.B. Historiker) werden für die Erstveröffentlichung des Stoffes nur mit Zustimmung der Autoren verpflichtet.«

In Paragraph 1.4 heißt es: »Der Autor beschafft sämtliche ihm zugänglichen Original-Tagebücher Adolf Hitlers einschließlich etwaiger Sonderbände (wie z.B. ›Der Fall Heß‹ und ›20. Juli 1944‹) sowie die Original-Manuskripte des 3. Bandes von ›Mein Kampf‹ ausschließlich im Auftrag und nach Abstimmung mit dem Verlag. Er ist verpflichtet, sie diesem nach Beschaffung unverzüglich auszuhändigen.«

Und dann folgt ein Absatz, der Heidemann nun vollends gegen mögliche kritische Nachfragen schützt: »Der Autor ist nicht verpflichtet, die näheren Umstände der Beschaffung und seine Quellen preiszugeben. Der Verlag verpflichtet sich zu strengster Diskretion, insbesondere auch im Zusammenhang mit den Veröffentlichungen im *Stern* und Berichten in anderen Medien.« Jetzt ist die Bunkermentalität sogar in einen Vertragstext gegossen, Heidemann wird mehrfach auf diese Schutzklausel pochen. Und die Chefredaktion wird auf diese Weise, ohne davon zu wissen, um ein letztes Kontrollrecht gebracht.

Ausgerechnet am Heiligabend werden Heidemann und Walde von einer Meldung der *Deutschen National-Zeitung* des rechtsradikalen Münchner Verlegers Gerhard Frey geschockt. Die Schlagzeile am 24. Dezember 1982 lautet: »Hitlers Tagebücher entdeckt – Warum sie geheim gehalten wurden«.

Auf Seite 5 ist unter derselben Überschrift und der Unterzeile »Sensationelle Enthüllung durch David Irving« zu lesen: »Der britische Historiker bringt in diesem Zusammenhang die sensationelle Enthüllung, daß Adolf Hitler eigene Tagebücher – 27 Halbjahresbände einschließlich des ersten Halbjahres 1945 – nunmehr im Bundesgebiet eingetroffen sind, als Ergebnis eines Kuhhandels mit einem Generalmajor der Volksarmee. Sie liegen aber in privaten Händen in Baden-Württemberg, und die deutschen Historiker bemühen sich nicht darum. Die Hitler-Tagebücher würden sicherlich jeden Zweifel über sein Wissen oder Nichtwissen über Auschwitz, Treblinka und Majdanek aufklären. Dafür, ›daß sie nicht veröffentlicht werden können, trägt der bayerische Staat die Verantwortung‹ (er verwaltet im Nachlaß sämtliche Urheberrechte für Hitlers Schriften).

Und Irving erinnert an ein altes Angebot: ›Vor fünf Jahren habe ich eine Prämie von 1000 Dollar ausgesetzt für jedes zeitgenössische Beweisstück aus der Kriegszeit, das ausführlich von Hitlers Kenntnis vom Vernichtungsvorgang zeugen könnte. Den deutschen Historikern ist es nicht gelungen, diesen Beweis zu erbringen. Bis es ihnen gelingt, sollten sie lieber schweigen und mit den infamen Beleidigungen gegen meine Person aufhören.‹

[...]

Sollten Hitlers Tagebücher, die natürlich einer Echtheitsprüfung unterzogen werden müßten, tatsächlich gefunden worden sein, wäre es ein geschichtsfälschender Anschlag auf die Informationsfreiheit, wenn sie unveröffentlicht blieben. Schlimmstes ist jedenfalls zu befürchten. Ohne David Irving wäre ja selbst die bloße Existenz dieser Tagebücher noch immer ein Geheimnis.«

Dass Irving hinter angeblichen Hitler-Tagebüchern her ist, weiß Heidemann seit April 1980. Damals besucht ihn der umstrittene englische Historiker und Holocaustleugner auf der »Carin II«, und Heidemann fragt, ob er sich vorstellen könne, dass Hitler seine Erinnerungen aufgeschrieben hat. Irving bejaht das und hat auch gleich eine Geschichte dazu: Ein Berliner Taxifahrer habe nach Kriegsende Hitler-Handschriften in der Ruine des Führerbunkers gefunden. Schon seit Jahren versuche er, diesen Mann zu finden, bislang leider vergebens.

Was Heidemann und Walde nicht ahnen, ist, dass Irving am 19. Dezember bei Prof. August Priesack aufgetaucht ist und mit ihm über die Tagebücher gesprochen hat. Priesack berichtet ihm alles, was er über das geheime Projekt weiß. Zum Beweis, dass er keineswegs Märchen erzählt, gibt er ihm die Fotokopie einer Seite aus dem Tagebuch-Halbjahresband 1935, den Kujau für den *Reutlinger* Industriellen und NS-Sammler *Rolf Hartung* geschrieben hat. Aus diesen Informationen bastelt Irving seine Enthüllungsgeschichte für die *National-Zeitung*.

Jetzt ist ein Krisengipfel fällig. Schließlich sind die wesentlichen Informationen über die Tagebücher nun auf dem

Markt. Von einem Privatmann aus Baden-Württemberg ist die Rede, von einem Kuhhandel mit einem Generalmajor der Volksarmee. Wenn Kujaus Geschichte mit seinem Bruder denn der Wahrheit entspräche, wäre der jetzt wirklich in Gefahr. Denn natürlich liest der Staatssicherheitsdienst der DDR auch die *National-Zeitung*, und die Schlagzeile ist nicht zu übersehen. Ein NVA-General mit verwandtschaftlichen Beziehungen nach Baden-Württemberg wäre für die Stasi-Spezialisten schnell ausgemacht.

Aber die Eingeweihten im Verlagshaus an der Hamburger Außenalster diskutieren weniger über die Konsequenzen, die sich aus dieser Veröffentlichung für den Generalsbruder »Fischer« ergeben könnten. Es geht jetzt vor allem darum, die noch ausstehenden Tagebuchbände so schnell wie möglich zu beschaffen. Und wenn es von den Büchern Kopien gebe, wird gefragt. Walde hält das angesichts der Fundgeschichte für ausgeschlossen. Heidemann erzählt, sein Lieferant aus Stuttgart sei schon von seinem Bruder nach Ostberlin zitiert worden.

Die größte Angst von Heidemann und Walde ist es, Irving könnte bei weiteren Recherchen darauf stoßen, dass der *Stern* die Tagebücher kauft. Um da Nebelkerzen zu werfen und Irving in die Irre zu führen, fliegt Heidemann mit seiner Frau über Silvester nach New York. Falls Irving nach ihm sucht, will Walde andeuten, Heidemann sei in Amerika und verhandele in Sachen Hitler-Tagebücher mit einem Rechtsanwalt in San Francisco.

Merkwürdigerweise passiert gar nichts. Weder ruft Irving an, noch greift irgendeine Zeitung in Deutschland die Meldung von den Hitler-Tagebüchern in der Weihnachtsausgabe der *National-Zeitung* auf. Das Blatt gilt einfach als zu unseriös und rechtsradikal, um als Nachrichtenquelle ernst genommen zu werden.

Zum Jahresende 1982 liegen 51 Tagebuchbände im Tresor von Gruner+Jahr. Neun weitere werden bis zum großen Knall am 6. Mai noch folgen. Die kommenden Monate werden in Verlag und Redaktion immer hektischer werden, kurz vor der Veröffentlichung der »Hitler-Tagebücher« bricht Chaos aus. Für ruhige Entscheidungen, für kritische Diskussionen bleibt immer weniger Zeit. Durch die weltweiten Verhandlungen und krasse Ungeschicklichkeiten im Umgang mit den potenziellen Vertragspartnern läuft die gesamte Veröffentlichungsplanung aus dem Ruder. Heidemann und Walde, die als Einzige in alle Details der Beschaffung eingeweiht sind, die mit allen Inhalten vertraut sind und vor allem alle Widersprüche, Merkwürdigkeiten und Unmöglichkeiten kennen, könnten die Katastrophe in letzter Minute noch stoppen. Denn fünf Wochen vor Veröffentlichung kommen massive Zweifel an der Echtheit der Tagebücher auf. Vier Tage vor Veröffentlichung liegt der Beweis auf dem Tisch, dass zumindest einzelne »Hitler-Dokumente« nachweislich falsch sind.

Zu Anfang des Jahres bricht Verlagschef Gerd Schulte-Hillen nach New York auf, um nun selbst die Verhandlungen mit Bantam Books zu leiten. Am 10. Januar sitzt er gemeinsam mit Zeitschriftenvorstand Jan Hensmann und dem stellvertretenden Verlagsleiter des *Stern*, Wilfried Sorge, bei Lou Wolfe, dem Chef von Bantam. Der schockiert seine Hamburger Kollegen mit dem Angebot, für die Presserechte 50 000 Dollar auszugeben. Bantam bekommt nur die Buchrechte. Um den Verkauf der Presserechte soll sich nun die Agentin Lynn Nesbit von der New Yorker Agentur Josefson kümmern, die schätzt, dass man für diesen Stoff 250 000 Dollar erzielen kann. Sie wird beauftragt, für Sorges nächste Reise Termine mit Kunden vorzubereiten.

Auch Heidemann, zurück von der Silvesterreise nach New York, geht es mal wieder ums Geld. Er findet inzwischen, dass der neue Vertrag vom 15. Dezember 1982 doch arg ungünstig für ihn ist. Weil er ja jetzt erst Geld bekommt, wenn der Verlag 6,3 Millionen Mark durch Lizenzverkäufe wieder hereingeholt hat, könne er unmöglich die jeweils 25 000 Mark Darlehen für jeden beschafften Tagebuchband wieder zurückzahlen. Er jammert über diese Ungerechtigkeit so nachhaltig, dass Schulte-Hillen erneut die Spendierhosen anzieht.

Heidemann darf am 18. Januar 1983 einen Vertrag unterschreiben, der einer der kuriosesten in der Affäre ist. Der Wortlaut:

»Vertrag
zwischen
Gruner + Jahr AG & Co,
Druck- und Verlagshaus, Hamburg
Und
Herrn
Gerd Heidemann

Gruner & Jahr und Herr Heidemann sind gemäß Vertrag vom 23. Februar 1981 übereingekommen, für bestimmte, durch Herrn Heidemann zu erbringende Leistungen durch Gruner + Jahr Lizenzgebühren an Herrn Heidemann zu zahlen.

Gruner & Jahr sieht sich wegen Wegfalls der Geschäftsgrundlage außerstande, den Vertrag zu erfüllen.

Zur Abgeltung des Schadens, der Herrn Heidemann daraus erwächst, verpflichtet sich Gruner + Jahr, an Herrn Heidemann eine einmalige Entschädigung in Höhe von DM 1 500 000,-- zu zahlen. Damit sind alle Ansprüche Herrn Heidemanns abschließend abgegolten.«

Ein wahrhaft nobles Geschenk. Mit einem Federstrich haben sich für Heidemann 1,25 Millionen Darlehensschulden in

Luft aufgelöst. Und da ja noch etwa zehn Tagebücher zu erwarten sind, legt Schulte-Hillen zusätzlich noch 250 000 Mark obendrauf, auch die nicht wie bisher als Darlehen, sondern als Präsent. Die 250 000 Mark werden umgehend auf Heidemanns Konto bei der Deutschen Bank Hamburg überwiesen. Und obwohl es im Vertragstext anders steht, soll Heidemann auch weiter an Lizenz- und Bucherlösen beteiligt bleiben, so wie im Dezembervertrag festgeschrieben.

Auch sonst geht alles seinen gewohnten Gang. Ende Januar holt sich Heidemann bei Sorge 600 000 Mark in bar ab, Geld für vier neue Tagebücher. Am 4. Februar ist er in Stuttgart und besucht Kujau in seinen Ausstellungsräumen in der Schreiberstraße 22. Leider hat Kujau nur zwei Kladden fertig, die anderen beiden folgen zwei Wochen später. Heidemann zahlt pro Band aber wie üblich – so das Hamburger Landgericht in seinem Urteil – an Kujau nicht etwa 150 000, sondern nur 80 000 Mark. Und da er nun schon mal in Süddeutschland ist, fliegt er weiter nach Genf und trifft sich dort auf dem Flughafen mit der Schweizerin, die ihm in Denia an der Costa Blanca ihr Haus verkauft hat. Heidemann öffnet seinen Koffer und überreicht ihr 230 000 Mark in bar, den restlichen Kaufpreis. Offenbar ein schönes Gefühl, so flüssig zu sein.

Der stellvertretende Verlagsleiter des *Stern* Wilfried Sorge wird von Schulte-Hillen auf eine Weltreise geschickt, um endlich auch mal wieder Geld in die Kasse zu holen. Am 16. Februar startet er mit dem Heß-Manuskript im Gepäck zu seiner Verkaufstour nach London, Paris, Madrid, Mailand, New York und Tokio. Der Verlagschef erwartet einen Millionenerlös. Die Behandlung des Themas »Hitler-Tagebücher«, so erklärt Schulte-Hillen, gehe jetzt komplett in die Zuständigkeit der *Stern*-Chefredaktion über.

In Hamburg trifft zu der Zeit Gerd Heidemann um die Mittagszeit Henri Nannen und Peter Koch vor dem Verlagshaus auf der Straße. Koch ruft ihm zu, die ganze Geschichte müsse nun doch ganz anders aufgezogen werden als bislang geplant. Völlig verdattert kommt Heidemann in die Räume des Ressorts »Zeitgeschichte«, das ein paar hundert Meter entfernt von der übrigen Redaktion am Mittelweg residiert, und berichtet, was Koch gesagt hat. Unverzüglich geht Walde mit Heidemann in den 6. Stock des »Affenfelsens«, wo Koch sein Büro hat.

Der bestätigt, dass er anderen Sinnes geworden sei. Rolf Gillhausen habe das Heß-Manuskript gelesen und aus dem Bauch heraus gesagt, der Nachrichtengehalt der Story sei mit dem von drei »Kurz vor Schluß«-Meldungen zu vergleichen. Das ist die wöchentliche Nachrichten-Seite des *Stern*. Der Einwand von Gillhausen sei völlig berechtigt, die ganze Sache müsse mit der großen Fundgeschichte beginnen.

Walde wehrt sich gegen diesen Plan. Von »Hitler-Tagebüchern« dürfe der *Stern* erst sprechen, wenn alle Bände in der Redaktion seien. Und es fehlten immer noch der Jahrgang 1944 komplett und Teile von 1943. Im Übrigen wolle er die Fundgeschichte selbst schreiben, und zur Zeit sei ja noch nicht einmal die Heß-Serie ganz abgeschlossen. Koch ruft seine Kollegen Schmidt und Gillhausen zu der Diskussion hinzu und sagt, die Fundgeschichte könnte genauso gut ein anderer *Stern*-Reporter schreiben. Walde sträubt sich. Die Chefredakteure sind nicht gerade begeistert, dass Walde so abblockt. Die endgültige Entscheidung wird erst einmal vertagt. Aber für Koch ist schon mal sicher, die Serie wird mit der Fundgeschichte gestartet.

Stern-Verlagsleiter Peter Hess telefoniert am 4. März mit seinem Stellvertreter, der inzwischen in Tokio ist, und beordert Sorge nach Hamburg zurück. Wegen der neuen Lage müsse die Verkaufsstrategie geändert werden. Jetzt ist es ja nicht mehr die isolierte Geschichte über die Hintergründe des Heß-Fluges, jetzt geht es um den Sensationsfund der

»Hitler-Tagebücher«, und da muss man natürlich auch über ganz andere Millionensummen sprechen.

Die entscheidende Konferenz über die Veröffentlichungsstrategie findet am 8. März 1983 statt. Teilnehmer sind: Henri Nannen, Peter Koch, Rolf Gillhausen, Felix Schmidt, Thomas Walde, Gerd Heidemann, Leo Pesch und Horst Treuke auf Seiten der Redaktion und Gerd Schulte-Hillen, Jan Hensmann, Peter Hess und Wilfried Sorge. Nannen, Koch, Schmidt und Gillhausen sind sich einig, dass die Serie mit der Fundgeschichte anfangen muss. Es sei doch völlig unjournalistisch, mit dem Fall Heß anzufangen und die Existenz der Tagebücher zu verschweigen. Die Leser würden sich dann zu Recht fragen, woher der *Stern* seine Weisheiten habe.

Walde, Heidemann und Pesch widersprechen. Mit diesem Vorgehen gefährde man die Beschaffung der letzten Bände. Auch Sorge rät, die ausstehende Lieferung noch abzuwarten. Dann könne man den Lizenznehmern auch die kompletten Tagebücher anbieten und verkaufen.

Koch sagt, jetzt müsse Heidemann die restlichen Bände eben schnellstens besorgen, spätestens bis zum 31. März. Dann gebe es auch keinerlei Probleme. Die Chefredakteure und Nannen sind sich einig, dass in Heft 19 – es erscheint am 5. Mai 1983 – in großer Aufmachung die Fundgeschichte veröffentlicht wird. Dann sollen drei Folgen über den Heß-Flug gedruckt werden, und danach sollen die Tagebücher in chronologischer Abfolge von 1932 bis zum »Röhm-Putsch« abgehandelt werden.

Walde prophezeit, mit diesem Veröffentlichungsplan werde man im Chaos enden. Es sei einfach nicht zu schaffen, den ausländischen Interessenten, wie beabsichtigt, schon am 7. April die Tagebücher und die Heß-Serie vorzulegen, von den weiteren Serienteilen ganz zu schweigen.

Jetzt platzt Koch der Kragen. Wenn Walde sich weiterhin so unflexibel verhalte, so droht er, werde er ihm das ganze

Projekt entziehen. Auf jeden Fall werde Wolf Thieme die Fundgeschichte schreiben. Schließlich habe die Chefredaktion Weisungsbefugnis. In der Situation gibt Walde klein bei.

Tags darauf bekommt Thieme von Koch den Auftrag, bis Mitte April auf etwa sechzig Seiten die Fundgeschichte der »Hitler-Tagebücher« aufzuschreiben. Sie soll in dem Heß-Buch und in gekürzter Form als Auftaktstück im *Stern* erscheinen. Am Abend bekommt Thieme von Gerd Heidemann, der inzwischen ein Archiv in der Milchstraße gemietet hat, Dokumente und Fotos zum Thema in die Hand gedrückt. Heidemann erzählt ihm von der abgestürzten Ju 352, von den Gräbern in Börnersdorf, von den Bauern und den Tagebuchtransporten von Ost nach West. Zwei Tage später erfährt Thieme von Koch, dass er sich noch mehr sputen muss. Das Manuskript der Fundstory wird schon für die Lizenzverhandlungen am 7. April in Zürich gebraucht.

Gegenüber Koch war Walde eingeknickt, aber so sang- und klanglos will er das nicht auf sich beruhen lassen. Obwohl er wegen der vorgezogenen Termine erheblich unter Druck steht, schreibt er ein fünf Seiten langes Protokoll:

»Aktenvermerk Walde zur Besprechung am 8.3.83

Anlaß, Verlauf und Ergebnis der Besprechung vom 8.3.83 machen es für mich erforderlich, die Geschichte des Projekts Tagebuch in dieser Form zu Papier zu bringen.

1. Gerd Heidemann kam in das Ressort Zeitgeschichte, als seine weitere Mitarbeit in der Redaktion *Stern* von mehreren Seiten in Frage stand. Die Chefredaktion wünschte, daß er keine NS-Themen mehr bearbeitet. Das wollte Heidemann nicht. Beide Seiten erwogen die Trennung von einander.

Heidemann hatte bei einem Sammler in Süddeutschland Zeichnungen von Hitler gesehen und ein Dokument, von dem er nach Lektüre glaubte, es sei ein Teil des Tagebuchs von Adolf Hitler. Jedem in der Redaktion, der bereit war, ihm zuzuhören, erzählte er von seiner Entdeckung. Ich kenne keinen – Herausgeber und Chefredaktion eingeschlossen –, der die Mitteilung damals nicht als Teil der Heidemann'schen ›NS-Macke‹ abgetan hätte. Auch Leo und mich hat er damit genervt. Allerdings dachten wir uns damals, daß man ihn nicht anders von dieser Macke kurieren könne als dadurch, daß man ihn dazu brächte, die Sache auszurecherchieren. Das habe ich veranlaßt und zu einem geringen Teil daran mitgewirkt.

Als ich den Eindruck hatte, an Heidemanns Entdeckung in Süddeutschland könne mehr dran sein als nur eine Macke, beratschlagten wir, wie man die Sache allen Widerständen in der Redaktion zum Trotz realisieren könne. Dies war der Zeitpunkt, als ich auf einer privaten Herbstwanderung mit Wilfried Sorge über unser Vorhaben sprach. Das Ergebnis dieses Gesprächs war, daß Gerd Heidemann und ich im November 1980 eine sich aus anderem Zusammenhang ergebende Möglichkeit nutzten, im Raum Dresden-Börnersdorf nach dem abgestürzten Flugzeug zu suchen. Der ›andere Zusammenhang‹ machte es unumgänglich, daß wir dabei von zwei Männern begleitet wurden, deren Identität wir nicht klären können, von denen wir aber nach Auskunft hiesiger zuständiger Stellen überzeugt sind, daß es sich um Angehörige des MfS handelt. Wir fanden die Gräber der beim Flugzeugabsturz umgekommenen Menschen in Börnersdorf ...«

Die merkwürdig gestelzte Notiz schickt Walde an seinen Freund Wilfried Sorge und schreibt ihm dazu: »Lieber Seppl, ich stelle Dir frei, den Aktenvermerk nur Herrn Schulte-Hillen zu geben.«

Am 16. März bringt er seinen eine Woche zuvor zurückgezogenen Einspruch gegen die vorgezogenen Termine doch zu Papier. Er schickt diesen Protest aber nicht an die *Stern*-Chefredakteure, um mit ihnen noch einmal zu verhandeln, sondern direkt an den Vorstandsvorsitzenden Schulte-Hillen. Der ist in Sachen Tagebücher ja auch sonst stets letzte Instanz gewesen.

»... und Hitlers Oper ›Wieland der Schmied‹«

Auch Gerd Heidemann schreibt einen Tag später an den Verlagschef einen vertraulichen Brief, der bei genauer Betrachtung ein Alarmsignal hätte sein müssen. Das Schreiben ist eine Mixtur aus Besorgnis, Drohungen und Größenwahn:

»Gerd Heidemann   Hamburg, den 17.3.83

Sehr geehrter Herr Schulte-Hillen,

bevor Sie Entscheidungen fällen, die nicht mehr rückgängig gemacht werden können, möchte ich noch einmal meine Vorbehalte schriftlich fixieren.

Ich kann nicht garantieren, daß die fehlenden Tagebücher bis Anfang Mai 1983 in Hamburg sind. Keinesfalls sind sie bis Anfang April in unserer Hand.

Wie soll aber die Verkaufsverhandlung vor sich gehen, wenn wir den Interessenten nicht einmal die kompletten Tagebücher anbieten können? Sollen wir auf Befragung zugeben, daß wir nicht mehr die Nerven besitzen, so lange zu warten, bis auch das letzte Tagebuch in unserer Hand ist?

Wollen wir den Interessenten sagen, daß wir befürchten, es könnten vielleicht Fotokopien der Tagebücher auf den Markt gelangen?

Was machen wir, wenn die Hauptinteressenten darauf bestehen, die Tagebücher nur komplett kaufen zu wollen und bereit sind, bis zum Herbst zu warten?

Selbstverständlich bin auch ich der Meinung, daß wir eine fertige Fundgeschichte und mehrere Folgen im Schreibtisch haben müssen, um sofort mit einer Veröffentlichung beginnen zu können, wenn irgendwo Fotokopien auftauchen sollten. Die Gefahr ist aber sehr gering, da mein Geschäftspartner in der DDR damit rechnet, daß der ›Schweizer Sammler‹ ihm im Laufe der Zeit auch alle anderen Originale abkaufen wird, und zwar folgende:

1.) 6 tagebuchartige Bände, die Hitler neben seinen uns bekannten Tagebüchern geführt hat.
2.) Adolf Hitlers handgeschriebene Memoiren ›Mein Leben und mein Kampf für Deutschland‹, verfaßt in den Jahren 1942 – 1944.
3.) Hitlers Buch über die Frau, in der er auch seine Erlebnisse mit Frauen schildern soll.
4.) Hitlers Plan der Endlösung der Judenfrage, verfaßt nach der Wannsee-Konferenz am 28. Januar 1942, in dem er Himmler genaue Befehle gibt, was mit den Juden geschehen soll. (18 handgeschriebene Seiten)
5.) Hitlers handgeschriebene Akten und Himmler, Ley u.a., in denen Vermerke über die jüdische Abstammung der Betreffenden enthalten sind.
6.) Hitlers Aufzeichnungen vom 18. April bis zu seinem Tode am 30. April 1945.
7.) Goebbels-Aufzeichnungen nach Hitlers Selbstmord
8.) Hitlers handgeschriebenes Vermächtnis (21 Seiten), seine Testamente und seine Heiratsurkunde.
9.) Hitlers Akte über seinen angeblichen Sohn in Frankreich.
10.) Hitlers Akte über seine Verwandtschaft und seine Abstammmung.
11.) Geheime Denkschrift zu verschiednen militärischen und politischen Problemen.

12.) Hitlers Buch über Friedrich den Großen.
13.) Hitlers Buch über König Ludwig II. von Bayern.
14.) Hitlers Oper »Wieland, der Schmied«.

Dazu kämen noch über 300 von Hitler gemalte Aquarelle und Ölbilder, die der ›Schweizer Sammler‹ von seinem DDR-Partner erwerben möchte. Welchen Grund sollte dieser also haben, nebenher noch ein Geschäft mit Fotokopien zu betreiben, wenn er für die nächste Zeit mit weiteren guten Einnahmen rechnen kann.

In unserer letzten Besprechung haben Sie erklärt, Stichtag für die Abnahme weiteren Schriftmaterials sei für Sie der 31. März 1983.

Bevor ich nun nach diesem Termin das Material anderen Interessenten überlasse, werde ich mich lieber privat weiter darum bemühen, alles sicherzustellen, zumal ich für Hitlers Aufzeichnungen bis zu seinem Tode bereits eine erhebliche Summe eigenen Geldes vorausgezahlt habe.

Damit ich ab April 1983 völlige Handlungsfreiheit habe, bitte ich Sie um eine Änderung meines Redakteur- und Reporter-Vertrages.«

Muss es Schulte-Hillen nicht langsam spanisch vorkommen, was Hitler alles zu Papier gebracht hat, zum Teil ein und dasselbe Thema doppelt und dreifach? Und all das soll er produziert haben, ohne dass auch nur ein Vertrauter aus seiner engsten Umgebung je darüber gesprochen hat, der »Führer« habe überhaupt und schon gar solche Mengen geschrieben? Wäre es jetzt nicht endlich an der Zeit, Heidemann einmal den Puls zu fühlen?

Der schätzt die Lage offenbar realistischer ein als die Chefetage. Denn den unter Punkt 4 angekündigten Plan Hitlers zur »Endlösung der Judenfrage« hat Heidemann schon von Kujau geliefert bekommen. Er hat ihn auch Thomas Walde gezeigt, aber gegenüber Chefredaktion und Vorstand will er sich angesichts des Inhalts lieber bedeckt halten. In dem Dokument ist nämlich zu lesen, dass Hitler beabsichtigte, einen bestimmten Teil Ungarns mit Juden zu besiedeln. Wobei Frauen und Männer streng voneinander getrennt untergebracht werden sollten, sodass sich die »Judenfrage« von selbst lösen werde. Solch einen Blödsinn, der jeder historischen Forschung widerspricht, will Heidemann offenbar in der jetzt emotional aufgeheizten Situation seinen Chefs nicht auch noch präsentieren. Auch Ressortchef Walde, der so auf Seriosität bei der Veröffentlichung der Tagebücher pocht, erzählt niemandem von dem hanebüchenen Dokument.

Trotz aller Aufgeregtheiten und Diskussionen geht der Pendelverkehr Hamburg–Stuttgart wie gewohnt weiter, Heidemann bekommt auch immer wieder Bares und bringt neue Bände nach Hamburg. Der 23. März ist aber für Heidemann ein bemerkenswerter Tag. Kujau hat Anfang März endlich den Halbjahresband 1935, den er vor Jahren für *Hartung* geschrieben hatte, von diesem zurückerhalten. Jetzt zeigt er die Kladde Heidemann, der ja schon einmal darin geblättert hat, als er im Januar 1980 zum ersten Mal den *Reutlinger* Unternehmer besuchte.

Nun gibt es ein kleines Problem: Denn weil *Hartung* sich so lange geziert hat, den Band zurückzugeben, hat Kujau für die ersten sechs Monate des Jahres 1935 für Heidemann zwei Vierteljahrsbände geschrieben. Einen von Januar bis März, den zweiten von April bis Juni. Jetzt gibt es also gleich drei Tagebücher für dieselbe Zeit. Aber Kujau wäre nicht Kujau, wenn ihm dazu nicht eine Erklärung einfiele. Als Heidemann das Buch aufschlägt, findet er auf dem inneren Deckblatt in Hitler-Schrift den Eintrag »Aufzeichnungen für das Jahrbuch Adolf Hitler und die Partei«. Heidemann bemerkt nicht, dass diese Zeilen 1980 noch nicht in dem Band standen. Kujau hat sie nachträglich hinzugefügt, um die Existenz der drei Exemplare erklären zu können.

Die »Aufzeichnungen« seien eine besondere Rarität, es gebe davon noch fünf weitere Bände. Die wolle sein Bruder in der DDR vorerst nicht herausrücken, sagt Kujau. Seit der Veröffentlichung von David Irving in der *National-Zeitung* müsse er nämlich im Fall der Fälle diese Kladden vorzeigen können, wenn er verdächtigt würde, die Tagebücher in den Westen geliefert zu haben. Die Gefahr bestehe nicht theoretisch, sondern ganz praktisch. Alle 64 Generäle der DDR seien wegen der Irving-Aussage – »Kuhhandel mit einem Generalmajor der Volksarmee« – schon vernommen worden. Auch den Halbjahresband 1935 müsse er schleunigst nach Ostberlin zurückbringen.

Ob er das Buch nicht wenigstens kurz ausleihen könne, bittet Heidemann. Kujau ist schließlich einverstanden. Aber Heidemann müsse es spätestens am 1. April wieder abliefern, es sei denn, die DDR-Behörden hätten sich wegen des Irving-Artikels bis dahin beruhigt. Abgemacht.

Heidemann hält sich an die Absprache und liefert die »Aufzeichnungen für das Jahrbuch« erst im April bei Sorge ab, als Kujau ihm grünes Licht gibt. Thomas Walde und Heidemann lesen das Buch, das genauso wie die anderen Tagebuchbände aufgemacht ist. Genau die gleiche Kladde mit schwarzem Einband, die gleiche Tageseinteilung. Wieso hat Hitler zwei Tagebücher gleichzeitig geführt? Ausgerechnet Hitler, der doch als Mann bekannt ist, der alles diktiert hat. Komisch ist auch, dass in diesen Aufzeichnungen, die ja angeblich für ein offizielles »Jahrbuch für die Partei« bestimmt sind, viel mehr persönliche Sätze zu lesen sind als in den Tagebüchern, in denen so läppische Bemerkungen stehen wie »Heute mehrere Erlasse«.

Auszug aus dem Tagebuchband Januar bis März 1935:

»4. (Januar) Goebbels im Filmatelier Neubabelsberg, Besichtigung der Filmaufbauten. Neue Reichshabilitationsordnung.
5. Einige Besprechungen, wir müssen uns alle auf die Saar-Abstimmung konzentrieren. Abkommen der NS-Kulturgemeinde mir vorgelegt.
6. Erste Anzeichen vom erhofften Erfolg der ›Kundgebung der deutschen Führerschaft‹. Kundgebung der ›Deutschen Front‹ bei Saarbrücken. Heß spricht heute im Sportpalast zu Saardeutschen im In- und Ausland.
7. Erklärung des ›Osservatore Romano‹, Stellungnahme des Vatikans zur Saarabstimmung. Das deutsch-englische Jugendlager in Berchtesgaden ging zu Ende.«

Merkwürdig ist auch, dass in den beiden Tagebuchbänden und den »Aufzeichnungen für das Jahrbuch und die Partei« über Seiten hinweg dieselben Passagen stehen.

Natürlich müsste einen das alles zum Grübeln bringen. Man könnte auf die Idee kommen, dass etwas mit diesem fröhlichen Tagebuchlieferanten »Conny Fischer« nicht stimmt. Aber Heidemann und Walde haben schon so viele abenteuerliche Märchen geschluckt, haben sich jeden Zweifel von Kujau mit Lügengeschichten wegargumentieren lassen, dass sie auch diese windige Erklärung hinnehmen.

Normalerweise gibt es beim *Stern* einen Ressortleiter, der die Arbeit der Redakteure kritisch begleitet und ganz gezielt Indizienketten und Arbeitshypothesen in Frage stellt. Von Henri Nannen stammt das Wort: »Wenn ihr eine Sau durchs Dorf treibt, dann zählt vorher alle Borsten.« Der *Stern*-Gründer wird jedes Mal fuchsteufelswild, wenn ein falscher Name im Blatt steht. »Welcher Leser soll euch denn die

Geschichte abnehmen, wenn schon der Name nicht richtig geschrieben ist.«

Es kommt immer wieder vor, dass Redakteure wochenlang einer vermeintlichen Skandalgeschichte nachgehen und sie am Ende »totrecherchieren«. Angesichts der häufig immensen Kosten, die bei solchen Nachforschungen auflaufen, ist das jedes Mal ärgerlich und führt gelegentlich auch zu Nachfragen aus der Chefetage. Der Ressortleiter muss deshalb erkennbar unsinnige Projekte stoppen, aber auf der anderen Seite bei brisanten Geschichten dafür sorgen, dass wirklich jede Schweineborste gezählt wird, unabhängig von den Kosten.

Aber genau diese wichtige Kontrollinstanz unterhalb der Chefredaktionsebene fehlt beim Tagebuchprojekt. Hier ist der Ressortleiter gleichzeitig Redakteur, Rechercheur und Akteur. Er vergibt Aufträge an Experten, liefert die Vergleichsmaterialien dazu und bewertet die Gutachten später. Er ist nicht der Mann, der das Projekt mit etwas Abstand betrachtet, er ist mittendrin im Getümmel. Er hat gemeinsam mit Gerd Heidemann die absolute »Lufthoheit« über den Stoff, gegen ihren Willen kann noch nicht einmal die Chefredaktion aushäusige Historiker mit der Prüfung des Tagebuchprojekts betrauen. Und zu allem Überfluss ist er auch noch unmittelbar am wirtschaftlichen Erfolg der Sache beteiligt. Wenn die Tagebücher sich als gefälscht herausstellen, ist es aus mit dem Traum vom großen Geld.

So glauben Walde und Heidemann einfach an die doppelte Buchhaltung Hitlers und sind gespannt, was in den fünf Bänden stehen wird, die »General Fischer« angeblich noch in der DDR zurückhält. Heidemann soll auch die so schnell wie möglich besorgen.

Mit dem Termin der Verhandlungen, 7. April in Zürich, und dem Veröffentlichungstermin, 5. Mai, gibt es einen enormen Zeitdruck, denn noch immer sind zwei Probleme nicht gelöst: Wie sieht es mit den Urheberrechten an den Tagebüchern aus? Welche Ergebnisse haben die Materialuntersuchungen des Bundeskriminalamtes erbracht?

Der Chemie-Schock beim BKA

Schon im April 1982 hatte das Bundesarchiv das BKA gebeten, die neun vom *Stern* eingereichten Dokumente zu prüfen. Doch lange Zeit geschieht nichts. Im September schickt Walde dem Bundesarchiv die Gutachten von Frey-Sulzer und Hilton mit der Bitte, sie an das BKA weiterzureichen. Er hofft, dass dies als sanfte Mahnung verstanden wird, doch es kommt keine Antwort aus Wiesbaden. Walde ruft mehrfach bei Dr. Henke an und wird jedes Mal vertröstet. Der wissenschaftliche Direktor des BKA, Dr. Louis Ferdinand Werner, hat zu der Zeit alle Hände voll damit zu tun, Beweismittel zu begutachten, die wichtig für die Fahndung nach den Terroristen der »Rote Armee Fraktion« sind.

Anfang Dezember schickt Henke einen Brief an Walde, er hoffe, dass jetzt bald ein Ergebnis vorliegen werde. Um die Weihnachtszeit kommt Werner tatsächlich dazu, sich die Papiere näher anzusehen. Und er nimmt sich auch die Dokumente vor, die Prof. Jäckel schon 1981 zur Untersuchung eingereicht hat. Werner erkennt auf den ersten Blick, dass er es hier mit Material aus derselben Quelle zu tun hat. Werner untersucht das Papier und bittet Spezialisten aus anderen BKA-Abteilungen, zum Beispiel Schreibmaschinenschriften zu prüfen. Es werden nur Tests gemacht, bei denen die Dokumente in keiner Weise beschädigt werden. Zwar hat Walde dem BKA freie Hand dafür gegeben, kleine Papierproben von den Dokumenten abzuschneiden, um sie auch chemisch untersuchen zu können. Doch diese wichtige Information gibt das Bundesarchiv nicht nach Wiesbaden weiter.

Aber selbst ohne chemische Tests findet Werner sowohl in den Papieren vom *Stern* als auch in denen von Jäckel eine Reihe von Fälschungsindizien. Vor allem machen den BKA-Chemiker die optischen Aufheller in zahlreichen Papieren skeptisch. Solche chemischen Zusätze sind nämlich erst nach dem Zweiten Weltkrieg bei der Papierherstellung verwendet worden.

Aus diesem Grund dürfte es sich, so teilt Werner in einem Telefonat mit Dr. Oldenhage am 7. März 1983 mit, bei den meisten vorgelegten Dokumenten vermutlich um Fälschungen handeln. Endgültig könne er das aber erst entscheiden, wenn er das Papier chemisch untersuchen könne. Oldenhage erwidert, diese Entscheidung müsse der *Stern* treffen. Bei einem Telefonat mit Oldenhage drei Tage später erfährt Heidemann von »Sorgenfalten« des BKA-Wissenschaftlers.

Am 22. März meldet sich Louis Ferdinand Werner selbst beim *Stern*. Er vereinbart mit Walde für den 28. März im BKA ein Treffen, an dem auch Oldenhage und Henke teilnehmen sollen. Walde fährt nicht selbst zu dem wichtigen Gespräch nach Wiesbaden, sondern schickt Heidemann. Gegen 10.00 Uhr beginnt die denkwürdige Sitzung. Werner erklärt, weshalb eine umfassende Materialprüfung nötig ist, und erläutert anhand der einzelnen Dokumente, welche Verdachtsmomente sich ergeben haben.

Die Telegrammentwürfe an Horthy und Franco enthalten so starke optische Aufheller, dass sie mit hoher Wahrscheinlichkeit nicht echt sind. Auch in dem Hitler-Brief an Göring und dem Aufruf zum Jahreswechsel gibt es solche Hinweise. Bei der »Parteiamtlichen Mitteilung« zum Heß-Flug hat Werner dieselbe Vermutung. Die Kleist-Urkunde weckt seine Skepsis, weil auch hier an einigen Stellen Aufheller zu sehen sind und weil der eher primitive Flachdruck nicht zu so einer Ernennungsurkunde passt.

Die drei eingereichten Hitler-Bilder sind eindeutig Reproduktionen von Fotos, die in Zeitungen oder Zeitschriften gedruckt wurden. Unter der Lupe werden nämlich die für einen Druck typischen Rasterpunkte sichtbar. Werner hält es für ausgeschlossen, dass Hitler auf solche billigen Reproduktionen persönliche Widmungen geschrieben hat.

Und dann fügt Werner noch ein Untersuchungsergebnis hinzu, das die Jäckel-Dokumente betrifft: Die sind ganz häufig mit Begleitschreiben der NSDAP-Führung versehen. Und diese Schreiben sind auf einer Schreibmaschine getippt, deren Typen erst seit 1956 auf dem Markt waren.

Werners Fazit: »Wenn der Telegrammenwurf von Hitler an Horthy gefälscht ist, müssen alle anderen Schriftstücke ebenfalls gefälscht sein, da ja alle Schriftgutachter bisher festgestellt haben, dass die Handschrift auf allen diesen Dokumenten von derselben Person stammen.« Heidemann wehrt sich gegen diese Logik mit dem Argument, den Gutachtern hätten ja auch zweifellos echte Hitler-Handschriften aus dem Bundesarchiv vorgelegen. Heidemann öffnet seine Aktentasche, holt mehrere Tagebuch-Bände und den Sonderband Heß hervor und fragt Werner, ob er denn wirklich glaube, dies alles hier seien Fälschungen. Werner ist unbeeindruckt. Ein Fälscher, der sein Handwerk verstehe, schaffe auch das, antwortet er.

Heidemann ruft vom BKA aus Walde in Hamburg an und berichtet vom Verlauf des Gesprächs. Dann gibt er den Hörer an Werner weiter. Der wiederholt, das Material sei zumindest zum Teil gefälscht, weitere Tests seien notwendig. Wie er denn die »Parteiamtliche Mitteilung« beurteile, will Walde wissen, die sei ihm nämlich besonders wichtig. Kein eindeutiges Votum von Werner, diese Frage könne er erst nach chemischen Untersuchungen beantworten. Die könnte etwa der Chemiekonzern Bayer vornehmen.

Dann wolle er dieses Dokument erst einmal wieder zurückhaben, sagt Walde. Er braucht es, weil es am 7. April potenziellen Lizenznehmern in Zürich vorgelegt werden soll. Werner ist zunächst dagegen, willigt aber schließlich ein und händigt Heidemann das Dokument aus. Der hält die Aussagen von Werner für nicht überzeugend. Auch Oldenhage und Henke, die wegen der langen Prüfdauer ohnehin nervös sind, finden das Ergebnis wenig befriedigend. Sie haben eindeutige Ergebnisse erwartet. Jetzt ist es für sie noch immer eine Hängepartie.

Zum Schluss fragt Heidemann, ob Werner denn einen anderen Papierexperten benennen könne als die Bayer AG. Werner empfiehlt als Fachmann Dr. Arnold Rentz in Bad Ems. Henke und Oldenhage bestätigen dessen Kompetenz, er habe schon des Öfteren überzeugende Analysen abgeliefert, und sagen zu, sich bei dem 70-jährigen Experten dafür einzusetzen, dass er für den *Stern* als Gutachter schnell tätig wird.

In Hamburg informiert Thomas Walde seinen Freund Wilfried Sorge über das Ergebnis des Treffens in Wiesbaden. In einem Dokument habe das BKA optische Aufheller gefunden, die erst nach 1945 entwickelt worden seien. Sorge ist über die Mitteilung nicht alarmiert, denn die »Parteiamtliche Mitteilung« – die aus dem Heß-Band herausgeschnitten worden war – ist ja nicht betroffen. Diese selektive Wahrnehmung ist typisch für die Behandlung des gesamten Falles. Gute Botschaften werden gern akzeptiert, schlechte beiseite geschoben.

Wenn schon nicht Sorge, so hätten zumindest Walde und Heidemann höchst beunruhigt sein müssen. Denn wenn schon mehrere Dokumente aus der Stuttgarter Quelle im Verdacht stehen, falsch zu sein, was macht sie so sicher, dass nicht auch die Tagebücher faul sind. Denn wenn die Telegrammentwürfe an Horthy und Franco auf Papier mit starken optischen Aufhellern geschrieben sind, dann können diese Texte auf keinen Fall von Hitler stammen.

Aber nun hatte das LKA Rheinland-Pfalz in seinem Schriftgutachten festgestellt, der Telegrammentwurf an Franco stamme »mit an Sicherheit grenzender Wahrscheinlichkeit« von der Hand Hitlers. Logische Folge: Der Schriftgutachter muss sich geirrt haben. Denn dass der »Führer« auf Nachkriegspapier geschrieben hat, ist auszuschließen. Das Gleiche gilt für die Gutachten von Dr. Max Frey-Sulzer und Hilton, die beide den Telegrammentwurf an Horthy für echt erklärt haben. Auch dieses Dokument ist aber aufgrund der Aufheller eine Fälschung.

Die beiden Telegrammentwürfe sind eben nicht, wie Walde die Bedeutung gegenüber Sorge herunterspielt, irgendwelche nebensächlichen Papiere, sondern Bestandteile der drei Schriftgutachten. Und wenn die drei Experten in ihren Expertisen erklären, die beiden Telegrammentwürfe seien echte Hitler-Handschrift, dann haben sie sich geirrt oder sind in die Irre geführt worden. An diesem 28. März 1983 werden die drei Schriftgutachten, die alle Beteiligten so sicher gemacht haben, es mit echtem Hitler-Material zu tun zu haben, in Wahrheit zu Makulatur.

Schade nur, dass Walde und Heidemann diese Erkenntnis nicht an die große Glocke hängen. Nach den Feststellungen des Hamburger Landgerichts werden »Vorstand und Chefredaktion über die Besprechung vom 28. März 1983 und deren Ergebnis nicht unterrichtet«. In einem Brief zum Jahreswechsel 1986/87 – das Urteil gegen Heidemann ist inswischen rechtskräftig geworden – schreibt Walde dagegen:

»Lieber Gerd,
... Wir – Du und ich – haben Peter Koch informiert, und zwar Du in der Ostermontags-Vorlesung, und ich, weil ich die Zustimmung zu neuerlichen Gutachter-Kosten brauchte. Aus diesem Grund erfuhr auch Verlagsleiter Sorge davon, ebenso Hensmann.«

Sicher ist nur, dass Heidemann und Walde den Beteiligten die Brisanz der Aufhellerfunde in den Telegrammentwürfen nicht klarmachen.

Das zweite Problem: Die Frage der Urheberrechte ist auch im März 1983, sechs Wochen vor dem geplanten Veröffentlichungstermin, noch immer nicht geklärt. Zwar hat sich Gerd Heidemann die Rechte der Hitler-Erben von deren Testamentsvollstrecker Prof. Werner Maser gegen 20 000 Mark übertragen lassen. Aber Anfang 1983 kommen die Justiziare von Gruner+Jahr, Joachim Hagen und Dr. Andreas Ruppert, zu dem Ergebnis, dieser Vertrag helfe nicht viel weiter, denn es sei höchst zweifelhaft, ob die noch lebenden Hitler-Erben überhaupt Rechte an dem Nachlass haben. Unklar ist auch, wer solche Verwertungsrechte vergeben könnte.

Die beiden Juristen ackern sich durch Urteile über die Wirksamkeit von Hitler-Testamenten, untersuchen die Frage, wer Erbrechtsnachfolger des NS-Staates ist, lesen alte Spruchkammerentscheide und Gesetze mit Enteignungsvorschriften, die alliierte Militärgerichte erlassen haben. Am 3. März steht für sie die bittere Erkenntnis fest: Gruner+Jahr besitzt an den Tagebüchern »null Rechte«. Wenn man aber die Tagebücher international für Millionenbeträge vermarkten will, ist es dringend nötig, sich diese Rechte zu besorgen. Denn sonst setzt sich der Verlag dem Vorwurf der Hehlerei aus. Doch wo kann man das Copyright erwerben?

Verlagschef Schulte-Hillen ist enttäuscht über die Auskunft der Hausjuristen und fordert massive Anstrengungen, diesen Zustand zu ändern. So wird am 10. März ein Rechtsprofessor in Stuttgart beauftragt, diese Frage in einem Gutachten zu beantworten. Der kommt zu dem Schluss, dass entweder der Freistaat Bayern oder die Bundesrepublik Deutschland Rechte an den Tagebüchern haben.

Es ist Gerd Heidemann, der einen Ausweg aus der Misere aufzeigt: Warum schließen wir nicht einen Vertrag mit dem

Bundesarchiv in Koblenz. Hagen und Ruppert telefonieren sogleich mit Dr. Oldenhage und haben den Eindruck, dass man auf diesem Wege tatsächlich eine tragfähige Rechtsposition für den Verlag schaffen könne.

Am 7. April ist Oldenhage in Hamburg und verhandelt mit Hagen den entsprechenden Vertrag. Um sich gegen den Vorwurf abzusichern, das Bundesarchiv überlasse die Allgemeinheit interessierende Dokumente exklusiv einem großen Verlag, wählt man einen Umweg. Nicht Gruner+Jahr wird Vertragspartner des Bundesarchivs, sondern Gerd Heidemann. Der tritt dann seine erworbenen Rechte an den Verlag ab.

Am Ende des Tages ist folgender Vertrag zu Papier gebracht:

»Vereinbarung
zwischen
der Bundesrepublik Deutschland, vertreten durch den Bundesminister des Inneren, dieser vertreten durch den Präsidenten des Bundesarchivs
Am Wöllershof 12, 5400 Koblenz
und
Herrn Gerd Heidemann
Elbchaussee 348, 2000 Hamburg 52

Präambel
Herr Gerd Heidemann hat die Möglichkeit, unveröffentlichte handschriftliche und maschinengeschriebene Unterlagen Adolf Hitlers aus Gebieten außerhalb der Bundesrepublik Deutschland anzukaufen. Es wird sich dabei zum überwiegenden Teil um Unterlagen politisch und historisch bedeutsamen Inhalts handeln. Ein Teil dieser Unterlagen ist von Gerd Heidemann mit erheblichen Fremdmitteln bereits angekauft worden. Herr Heidemann beabsichtigt, über die

Unterlagen als Publizist zu berichten, insbesondere in Presse- und Buchveröffentlichungen.

Das Bundesarchiv in Koblenz ist zuständig für die Verwaltung amtlichen Schriftgutes oberster und oberer Reichsbehörden, entsprechender Dienststellen der NSDAP und solcher Unterlagen privater Herkunft, die zur Ergänzung amtlicher Unterlagen geeignet sind. In diesem Rahmen ist das Bundesarchiv auch für Unterlagen Adolf Hitlers zuständig. Das Bundesarchiv beabsichtigt, die Unterlagen, die Herr Heidemann erlangt hat oder künftig erlangen wird, zu übernehmen bzw. zu erwerben, um sie zu sichern und im Rahmen seiner Benutzungsordnung nutzen zu lassen.«

Heidemann verpflichtet sich, dem Bundesarchiv von allen Dokumenten zunächst Fotokopien zu überlassen. Es folgt der entscheidende Paragraph 2:

»Das Bundesarchiv genehmigt Herrn Gerd Heidemann nach § 2 Abs. 1 c seiner Benutzungsordnung vom 18. Mai 1978 die publizistische Verwertung dieser Unterlagen und überträgt Herrn Heidemann sachlich und räumlich unbeschränkt die ihm zustehenden ausschließlichen Vervielfältigungsrechte für Presse, Buch, Hörfunk, Film und Fernsehen, Audiovision und sonstige Medien. Das Bundesarchiv wird Dritten eine solche Benutzung nicht vor Ablauf einer Sperrfrist gestatten. Die Sperrfrist dauert, solange nach der Erklärung von Herrn Heidemann sein publizistisches Interesse weiter besteht, sie endet jedoch spätestens zehn Jahre nach dem Zeitpunkt, zu dem das Bundesarchiv die jeweiligen Reproduktionen erhalten hat.

Herr Heidemann darf die ihm hier übertragenen Rechte an allen Originalen an Dritte ganz oder teilweise übertragen.«

Noch am selben Tag schickt Hagen eine Hausmitteilung an Schulte-Hillen und unterrichtet ihn von dem erfreulichen

Vertragsabschluss. Auch Bayern werde keine Probleme machen: »Herr Dr. Oldenhage ist sicher, daß der Einfluß des Bundesinnenministeriums dazu führt, daß Bayern diese Rechtspositionen nicht gegen den *Stern* ausschöpft.« Das Bundesarchiv sei doppelt legitimiert, die Rechte auf Heidemann und damit auf den Verlag zu übertragen: »Einmal als Verwalter amtlichen Schriftguts der Reichsbehörden; zum zweiten als Testaments-Ersatzerbe. Insofern meine ich, daß der Vertrag ein Optimum darstellt dessen, was machbar ist.«

Diese Einigung in letzter Minute ist dringend nötig, denn in Zürich verhandeln den ganzen Tag über schon Verlagsvize Dr. Jan Hensmann, Chefredakteur Peter Koch, der stellvertretende *Stern*-Verlagsleiter Wilfried Sorge und Justiziar Dr. Andreas Ruppert mit Vertretern der Zeitschriften, die aus Sicht von Gruner+Jahr als Lizenznehmer in Frage kommen: Darunter sind die amerikanischen Nachrichtenmagazine *Time* und *Newsweek*, die Londoner *Times* und die *Sunday Times*, das spanische Magazin *Cambio 16*, die französische Illustrierte *Paris Match* und das niederländische Blatt *Panorama*. Es geht sowohl um die »Hitler-Tagebücher« als auch um die Manuskripte zum Buch und zur Serie »Plan 3«.

Koch erklärt, dem *Stern* sei wichtig, dass alle Lizenznehmer gleichzeitig mit der Veröffentlichung beginnen, über die Copyrightfrage wird genauso diskutiert wie über die Echtheit der Bücher. Die Tatsache, dass das Bundeskriminalamt wegen der optischen Aufheller in mehreren Dokumenten diese für gefälscht hält, kommt nicht zur Sprache. Die am meisten verdächtigten Stücke sind ja, so die halsbrecherische Logik, nicht Bestandteil der Tagebücher.

Die Abgesandten von *Newsweek* und der Murdoch-Gruppe (*Times* und *Sunday Times*) fordern, dass sie die Tagebücher mit eigenen Experten prüfen können. Hensmann, Koch und Sorge sind damit einverstanden. Man verabredet, sich am

11. April erneut in Zürich zu treffen. Auch diese Verhandlungen werden am Ende einen chaotischen Verlauf nehmen.

In Hamburg laufen derweil die Vorbereitungen für die Dreharbeiten eines Fernsehfeatures über die »Hitler-Tagebücher«. Die Idee dazu hat Peter Koch, der dies als gute PR-Möglichkeit für den *Stern* ansieht. Ende März fragt Sorge den Leiter von *Stern*-TV, Klaus Dieter Zeisberg, ob er bis Anfang Mai einen Film über den Sensationsfund produzieren könne. Zeisberg sagt zu und schlägt vor, dass Barbara Dickmann und Klaus Harpprecht den Film produzieren sollen. Barbara Dickmann ist eine bekannte Fernsehfrau, sie moderiert die ARD-Tagesthemen und ist designierte Leiterin des *Stern*-Büros in Bonn. Auch Harpprecht ist ein Journalist mit TV-Erfahrung, für das ZDF und den WDR war er in Washington, drei Jahre war er Redenschreiber für Bundeskanzler Willy Brandt, zuvor hat er den S. Fischer Verlag in Frankfurt geleitet. Beide machen zur Bedingung, keinen *Stern*-Werbefilm drehen zu müssen.

Am Ostermontag, es ist der 4. April, sitzt im Haus von Peter Koch am Elbufer in Övelgönne eine große Runde zur Geheimkonferenz zusammen: Koch, Zeisberg, Dickmann, Harpprecht, Walde, Pesch, Heidemann, Thieme, Sorge und Dr. Johann Hinrich Gerhard vom G+J Unternehmensbereich Film und Fernsehen. Es geht um Einzelheiten der TV-Produktion. Dickmann und Harpprecht verlangen von Heidemann mehr Einzelheiten darüber, wie er die Tagebücher beschafft und wie sie aus der abgestürzten Ju 352 in Börnersdorf in den Westen kommen. Heidemann weigert sich und beruft sich dabei auf den ihm vertraglich garantierten Informantenschutz. Und überhaupt wolle er sich auf keinen Fall von Harpprecht interviewen lassen. Entgeisterte Gesichter bei den Fernsehmachern, zumal die Chefredaktion angesichts dieser Renitenz nicht auf den Tisch haut.

Vierzehn Tage zuvor hat Chefredakteur Schmidt aus ähnlichem Anlass von Hensmann verlangt, endlich die Verträge des Verlages mit Heidemann und Walde einsehen zu dürfen. Da die Unterlagen im Büro von Sorge liegen und der nicht in Hamburg ist, holt sich Hensmann bei Schulte-Hillen das Ok und bittet dann den *Stern*-Verlagsleiter Peter Hess, die Chefredaktion die Verträge lesen zu lassen. Bei der Lektüre erkennt Schmidt, dass der Vorstand massiv in die Budget- und Personalhoheit der Chefredaktion eingegriffen hat. Auch von der 1,5 Millionen-Abfindung erfahren sie auf diesem Wege. Alles klare Verstöße gegen die Chefredakteursverträge. Aber die *Stern*-Chefs unternehmen nichts. Insbesondere die Position von Peter Koch ist geschwächt, die »Neue Heimat«-Pleite liegt erst ein Jahr zurück, und der *Spiegel* macht mit dem Thema ständig neue Schlagzeilen. Und noch immer sind die Chefredakteure von der Echtheit der Hitler-Kladden überzeugt.

So zuckt Felix Schmidt dann auch mit den Achseln, als Wolf Thieme ebenfalls nähere Auskünfte von Heidemann verlangt. Er soll ja die Fundgeschichte für das Heß-Buch und die Auftaktveröffentlichung im *Stern* schreiben. Und was ihm Heidemann dazu bislang erzählt hat, erscheint ihm reichlich lückenhaft. Er bittet Schmidt deshalb, er möge Heidemann befehlen, weitere Details herauszurücken. Wegen der Vertragslage habe er, sagt Schmidt, dazu keine Möglichkeit. Gleichwohl weist er Heidemann an, Thieme die gewünschten fehlenden Informationen zu geben. Vergebens.

Zwei Tage nach der Osterkonferenz beginnen die Dreharbeiten zu dem »stern tv«-Film, dessen Produktionskosten auf 160 000 Mark kalkuliert sind. Eigene Recherchen zur Fundgeschichte sind wegen der knappen Zeit nicht möglich. Die TV-Autoren müssen für ihren 45-Minuten-Beitrag auf das Material des Ressorts »Zeitgeschichte« zurückgreifen, und sie bekommen einen 8-mm-Film, den *Stern*-Fotograf

Harald Schmitt bei einer geheimen Reise nach Börnersdorf mit dem Chef der *Stern*-Bildredaktion Gerhard Aeckerle aufgenommen hat. Beide sind damals nicht in das Tagebuchprojekt eingeweiht, sondern haben nur detaillierte Anweisungen für die Filmaufnahmen bekommen.

Jetzt überrascht Heidemann mit einer neuen Variante in seiner Fundgeschichte. Beim Interview mit Barbara Dickmann erzählt er, ein »Wehrmachtsoffizier« habe die Hitler-Materialien aus dem bei Börnersdorf abgestürzten Flugzeug sichergestellt. Das ruft nun Walde und Koch auf den Plan. Heidemann solle mit diesem Unsinn aufhören, einen Wehrmachtsoffizier zu erfinden. Wenn er schon nicht die richtige Geschichte erzählen könne oder wolle, dann solle er wenigstens keine Lügengeschichten in die Welt setzen.

Barbara Dickmann findet außerdem, dass die Zitate aus den Tagebüchern, die sie im Film verwenden darf, »ziemlich schwach« sind. Thomas Walde hat nämlich für sie und Autor Thieme folgende Gebrauchsanweisung zu Papier gebracht:

»Beschreibung der Fundstücke

1. Zahl: Mehrere Dutzend Tagebuchbände, von Sommer 1932 bis April 1945, angelegt – so steht es im ersten Band – als ›Politisches und privates Tagebuch‹.
2. Die Bände (Kladden) enthalten zwischen 50 und 100 Blatt liniertes Papier pro Band, sie sind selten ganz vollgeschrieben. Inhalt variiert von zwei Monaten bis ein halbes Jahr.
3. Alle Bände sehen aus wie der Heß-Band (vergl. Unser Fundkapitel), die meisten Bände haben Aufkleber ähnlich wie der Heß-Band, größtenteils sind die Bände einfach oder doppel gesiegelt, der Aufkleber ist meistens abgezeichnet von Rudolf Heß oder Martin Bormann.

4. Alle Eintragungen handschriftlich, mit Tinte, sehr häufig sind die einzelnen Eintragungen mit voller Unterschrift versehen (geradezu manisch), manchmal sind die Eintragungen – etwa bei längeren Reisen – in Form eines Nachtrags niedergeschrieben.
5. Von 1932 bis 1939 fast tägliche Eintragungen, oft sehr knapp: nur Ergebnisse wie eine Schlagzeile gemeldet, manchmal Eintragungen bis hin zu längeren Auslassungen über Gesundheitszustand oder die Hunde von Eva Braun, manchmal Rede-Entwürfe, Aufrufe etc., manchmal wüste Beschimpfungen gegen Freunde und ausländische Verbündete. Jeweils am Ende des Monats die Rubrik ›Persönliches‹ oder ›Privates‹.
6. Ab Kriegsbeginn 1939 täglich Lagenotizen, Eintragungen werden immer ausführlicher, Schrift ab 1944 immer fahriger, besonders im Frühjahr 1945, als er die Zeilen nicht mehr einhält und stark nach rechts zum Seitenrand abfallend schreibt.«

Mit Handschrift hat Walde über diese Schreibmaschinenseite geschrieben: »<u>für G. Heidemann</u> Nur diese Zitate dürfen von Thieme u. Stern-TV verwendet werden.«

Walde zögert Barbara Dickmann gegenüber, weitere Zitate und Material herauszugeben, Begründung: Man wolle ja schließlich davon noch ein Jahr lang Geschichten schreiben.

»Da unten lebt Martin!«

Die Dreharbeiten gestalten sich chaotisch. Barbara Dickmann bricht die Aufnahmen sogar ab. Denn nach einem Besuch im Tresorraum der Züricher Bank, wo die Tagebücher nun lagern, bleibt Heidemann plötzlich auf der Straße vor einer Synagoge stehen und sagt, so erinnert sich Barbara Dickmann: »Da unten lebt Martin.« Dickmann fragt: »Welcher Martin?« Heidemann: »Na, der Bormann.« Die Reporterin glaubt, Heidemann wolle sie auf den Arm nehmen, und sagt ironisch: »Ja, sicher, und du telefonierst jeden Tag mit ihm.« Worauf er im vollen Ernst antwortet: »Ja, ich habe erst vorgestern wieder mit ihm gesprochen.« Völlig entgeistert sagt Dickmann: »Also, Gerd, spinnst du? Der ist doch seit 1945 tot.« – »Nein«, entgegnet Heidemann, »der wird da unten vom Mossad bewacht.«

Nach dieser Szene fliegt Dickmann nach Hamburg und erklärt den Chefredakteuren, sie könne die Dokumentation nicht weiter machen, das Vertrauen fehle. Peter Koch beruhigt sie mit dem Hinweis, Heidemann habe manchmal einen sehr merkwürdigen Humor, sei aber in der Recherche absolut zuverlässig. Sie solle doch bitte weitermachen.

Es kommt immer wieder zu grotesken Szenen. So als Heidemann ihr in seinem Archiv in der Milchstraße das geheime Hinterzimmer mit seinen NS-Devotionalien zeigt. »Es war ein richtiges Gruselkabinett.« Als sie ihn vor dieser Kulisse interviewen will und noch einmal nach der Herkunft der Tagebücher fragt, protestiert Heidemann und beschwert sich bei Koch. Oder die Dreharbeiten im Ressort »Zeitgeschichte«.

Damit sie ausgewählte Textstellen filmen kann, holt Walde, so erinnert sich Dickmann, aus einem alten, abschließbaren Kühlschrank zwei Tagebücher heraus und deckt die entsprechenden Seiten oben und unten so mit Papierbögen ab, dass nur bestimmte Zeilen sichtbar sind. Blättern darf Dickmann in den Kladden nicht.

Heidemann hat derweil noch einmal 300 000 Mark Bargeld bei Sorge abgeholt. Nach seinen TV-Interviews reist er nach Stuttgart, trifft sich am 12. und 15. April mit Kujau, übernimmt zwei weitere Tagebücher und zahlt dafür, so das Landgericht Hamburg, »höchstens 80 000,-- DM pro Band«.

Am 14. April ist Heidemann bei Prof. Priesack in München. Mit ihm hat er die ganze Zeit Kontakt gehalten, weil er weiß, dass dieser eine riesige NS-Sammlung besitzt. Unter anderem hat er alle Hitler-Autographen aus der Sammlung des *Reutlinger* Unternehmers *Rolf Hartung* in Kopie. Schon Ende 1982 hat Heidemann mit Priesack telefoniert und dabei nebenbei erfahren, dass *Hartung* auch einen Teil des dritten Bandes von »Mein Kampf« besitze. Dieses Manuskript hat Kujau ihm schon seit langem versprochen, und nun soll es *Hartung* bekommen haben? Heidemann will von seinem Freund »Conny« wissen, was Sache ist. Der flunkert ihm vor, das Material sei etwas ganz anderes. Heidemann glaubt ihm.

Seit der Meldung von David Irving in der *National-Zeitung* vom 24. Dezember 1982 über die Entdeckung der Hitler-Tagebücher befürchtet Heidemann, dass nun Priesack mit seinem Material an die Öffentlichkeit gehen könnte. Um das zu verhindern, trifft er sich im Januar 1983 mit Priesack und kauft ihm dessen Buchmanuskript »Linzer Ausstellung« für 30 000 Mark ab. In dem Kaufvertrag verpflichtet sich Priesack, keinem Dritten Informationen zum Thema »Adolf Hitler« zu geben. 5000 Mark zahlt Heidemann sofort in bar aus.

Jetzt, Mitte April, übergibt er Priesack die restlichen 25 000 Mark, erhält das komplette Manuskript und als Dreingabe das Manuskript »Das Buch der Deutschen« in Fotokopie sowie Teile von »Mein Kampf«, erster, zweiter und sogar dritter Band. Alle Manuskripte sind mit dem Begleitschreiben der Reichsleitung der NSDAP geschmückt. Heidemann ist sofort klar, dass ihn sein Freund »Conny« angelogen hat und er das seit langem versprochene »Mein Kampf«-Manuskript nicht mehr bekommen wird. Und diese merkwürdigen Begleitschreiben sind seit 1981 verdächtig, gefälscht zu sein. Denn so ein Zertifikat hängt ja auch an dem angeblichen Hitler-Gedicht »Der Kamerad« von 1916, aber das Gedicht stammt in Wahrheit von einem Herybert Menzel und ist erst 1936 veröffentlicht worden.

Könnten Heidemann jetzt zum ersten Mal Zweifel gekommen sein, ob sein Duzfreund Konrad Kujau ihm nicht doch eine Menge gefälschtes Zeug geliefert hat, bis hin zu den Tagebüchern? Drei Jahre hat er sich jetzt mit dem Hitler-Projekt befasst. Intern ist er als Entdecker einer Weltsensation gefeiert worden. Er ist ein gefragter Gesprächspartner von Vorstandschef Schulte-Hillen, der große Stücke auf ihn hält. Und hat ihn nicht Bertelsmann-Chef, Dr. Manfred Fischer, am 25. November 1982 in einem persönlichen Brief (»Lieber Herr Heidemann«) vorab davon informiert, dass er am 31. März 1983 seinen Vorstandsposten bei Bertelsmann aufgeben wird (»Ich darf Sie bitten, diese Information noch so lange vertraulich zu behandeln, bis sie publiziert ist.«)?

An den Tagebüchern hängt inzwischen seine ganze berufliche Existenz. Mit seinem Fund hat er den ganzen Verlag in Bewegung gesetzt, noch nie ist so viel Geld in ein journalistisches Projekt investiert worden. Die Creme der internationalen Presse ist an seinem Thema interessiert und bietet Millionen Dollar für die Abdruckrechte. Noch darf er darüber nicht öffentlich reden, aber wenn die Tagebücher veröffentlicht werden, wird er mit einem Schlag weltberühmt sein. Wenn er jetzt wirklich Zweifel hat, so äußert er sie gegenüber Kujau nicht, obwohl er wegen des Manuskripts »Mein Kampf«, dritter Teil, allen Grund hätte, seinen Freund zur Rede zu stellen.

Kujau arbeitet zu dieser Zeit im Akkord. Seine Lebensgefährtin wird von einer Kollegin gefragt, ob sie ihr nicht einen Tipp geben könne, wie man so viel Geld verdienen könne. Denn es fällt auf, dass sie sich als Verkäuferin wertvollen Schmuck und teure Fernreisen leisten kann. Ihre Antwort: »Mein Mann schreibt sich Tag und Nacht die Finger wund. Das sieht keiner!« Deshalb sei sie doch im Frühjahr allein in Ceylon gewesen, ihr Mann habe einfach keine Zeit.

Als Bonus hat Kujau für seinen Freund Gerd Mitte April ein angebliches Skizzenbuch von Adolf Hitler ausgegraben, das Heidemann mit den zwei Bänden ebenfalls bei Sorge abliefert. Insgesamt hat er jetzt sechzig Tagebücher und Sonderbände beschafft. Jetzt fehlen nur noch drei Tagebücher von 1944. Die Kladden lagerten bislang in den Tresoren von Gruner+Jahr im Verlagshochhaus am Alsterufer, nun sind sie für die Verhandlung nach Zürich ausgelagert. Aus Sorge um die Sicherheit werden außerdem zahllose Ordner mit Akten und Unterlagen in den 11. Stock geschleppt. Denn die Vertreter von *Newsweek* und *Time Magazine* haben bei den ersten Verhandlungen in der Schweiz solche Vorsichtsmaßnahmen empfohlen.

Wie vereinbart treffen sich die Verhandlungspartner am 11. April wieder in Zürich. Diesmal haben die Murdoch-Vertreter aus London den britischen Historiker Hugh Trevor-Roper und die *Newsweek*-Leute aus New York den Historiker Gerhard Ludwig Weinberg als Experten mitgebracht. Weinberg stammt aus Hannover, als Zehnjähriger emigriert er mit seinen jüdischen Eltern erst nach London, dann nach New

York. Er wird Amerikaner und macht als Wissenschaftler eine große Karriere. Sein Spezialgebiet ist das »Dritte Reich« und der Zweite Weltkrieg. Trevor-Roper hat sich 1945 als Geheimdienstoffizier mit dem Tod Adolf Hitlers beschäftigt und darüber ein Buch geschrieben. In Oxford ist der Geschichtsprofessor Spezialist für das 17. Jahrhundert.

In einem Konferenzraum der Züricher Handelsbank N. W. sorgen ausgewählte einzelne Tagebücher, Fotos und Hitler-Zeichnungen aus Heidemanns Sammlung für feierliche Stimmung. Koch und Sorge präsentieren den Geschäftspartnern aus England und Amerika 56 Tagebücher und die zwei Sonderbände, sie lesen daraus vor und berichten, wie Heidemann durch den Kauf der Göring-Yacht »Carin II« in Kontakt mit alten Nazigrößen kam und so die Tagebücher aufspürte. Dazu legen sie die drei Schriftgutachten von Frei-Sulzer, Hilton und dem LKA Rheinland-Pfalz vor.

Trevor-Roper ist vom Umfang der Sammlung fasziniert. Er liest mehrere Stunden lang in den Kladden und fragt, ob der *Stern* den Finder und den Lieferanten der Tagebücher kenne. »Do you know the man who sold the diaries?« Koch und Sorge antworten mit ja. Denn schließlich kennt Heidemann – und damit der *Stern* – Konrad »Fischer«/Kujau und den Namen seines Bruders als Mann im Osten. Auf Nachfrage bestätigen sie, dass Heidemann die Identität der beiden Leute bekannt sei. Dass Heidemann den »Offizier« – das Wort »DDR-General« wird mit Rücksicht auf die angebliche Lebensgefahr der Beteiligten peinlich vermieden – selbst getroffen habe, will Sorge damit nicht sagen, aber Trevor-Roper versteht es so. Am Ende ihrer Prüfungen sind sowohl Weinberg als auch Trevor-Roper überzeugt, dass vor ihnen in der Tat die Tagebücher Adolf Hitlers liegen.

Verlagsvize Jan Hensmann wartet derweil in einer Suite des Grandhotels »Baur au Lac« auf die Angebote der Konkurrenten. Er nimmt an, dass wohl *Newsweek* das Rennen macht. Zu seiner Überraschung kommt das erste Angebot aber von Rupert Murdoch. Nachdem Trevor-Roper sein positives Votum nach London signalisiert hat, ist der Zeitungszar selbst nach Zürich geflogen. Er will die Sache unter Dach und Fach bekommen und bietet drei Millionen Dollar für die englischsprachigen Rechte, vorausgesetzt man einigt sich über das Kleingedruckte. 750 000 Dollar für Großbritannien und das Commonwealth und 2,25 Millionen Dollar für die USA. Murdoch und Hensmann machen einen Handschlagvertrag. Für Hamburger Kaufleute wäre der Sack jetzt zu. Hensmann betont, er habe nur die 750 000 Dollar für Großbritannien und das Commonwealth per Handschlag akzeptiert und die USA-Rechte mit Hinweis auf die noch laufenden Verhandlungen ausdrücklich offen gehalten.

Die Vertreter von *Newsweek* bieten bei einem späten Abendessen 500 000 Dollar. Absurd. *Newsweek* verdoppelt auf eine Million. Hensmann lehnt ab: Drei Millionen Dollar für die USA-Rechte oder gar nichts. Zur Verblüffung von Hensmann akzeptiert *Newsweek* am nächsten Tag. Eine unerwartete Chance, die beiden Konkurrenten gegeneinander auszuspielen. Also ruft er Murdoch in London an und sagt, der Handschlagvertrag sei gegenstandslos. Die Abdruckrechte müssten getrennt nach USA und Großbritannien/Commonwealth verhandelt werden. Er sei nur noch im Boot, wenn er drei Millionen für die USA und 750 000 Dollar für den Rest biete. Murdoch reagiert frostig. Seine Anwälte, die für Detailverhandlungen in Hamburg eintreffen, werden nach Hause beordert.

Inzwischen hat *Newsweek* den 3,75 Millionen-Dollar-Deal für die englischsprachigen Weltrechte akzeptiert. Einen Tag später landen drei *Newsweek*-Redakteure in Hamburg und bekommen im Ressort »Zeitgeschichte« Details der Sensationsgeschichte zu sehen. Peter Koch gibt den New Yorker

Kollegen die ersten vier Serientexte für den Rückflug zu lesen mit, weil er glaubt, der Vertrag mit *Newsweek* sei in trockenen Tüchern.

Während dieser aufregenden Verhandlungen urlaubt Verlagschef Schulte-Hillen auf einer Insel. Am 13. April ist er zurück auf der Kommandobrücke in Hamburg. Und nun meldet sich Murdoch bei ihm zu Hause, beschwert sich über Hensmanns Schaukelpolitik und sagt, er sei ja durchaus bereit, die 3,75 Millionen Dollar für die englischen Weltrechte zu zahlen. Schulte-Hillen lädt Murdoch zu weiteren Gesprächen nach Hamburg ein. Hensmann informiert *Newsweek* über die neue Situation und fordert neue Verhandlungen in Hamburg.

Jetzt kann das Power-Poker-Spiel beginnen. Aber zum Entsetzen von Schulte-Hillen und Hensmann treten die vermeintlichen Konkurrenten plötzlich als Verbündete auf: Murdoch und *Newsweek* bieten gemeinsam 3,75 Millionen Dollar. Der große Pokerspieler Gerd Schulte-Hillen muss einsehen, dass er sich diesmal hundertprozentig verzockt hat.

Zumal es plötzlich auch darum geht, ob Gruner+Jahr tatsächlich die Urheberrechte an den Tagebüchern haben. Ein Copyright kann der Verlag nicht vorlegen, und die Rechtskonstruktion mit dem Bundesarchivvertrag will man erst offenbaren, wenn die Verhandlungspartner keinen Nutzen zulasten von Gruner+Jahr daraus ziehen. Was diese aber nicht wollen. Was passiert, wenn jemand in Großbritannien plötzlich das Copyright an den Hitler-Dokumenten beansprucht? Auf einmal drohen dem Verlag die Hitler-Felle wegzuschwimmen.

Derweil studiert auch die Murdoch-Mannschaft das Heß-Material, sieht die Doppelseiten und liest die fertigen Serienfolgen. Die *Newsweek*-Redakteure sind mit der vom *Stern* geplanten Veröffentlichungsabfolge gar nicht einverstanden. Statt mit dem Heß-Flug wollen sie mit einer großen Holocaustgeschichte beginnen. Eine Horrorvorstellung für die *Stern*-Crew.

Mittlerweile ist es 22.30 Uhr. Seit knapp zehn Stunden ist verhandelt worden. Hensmann hat sich um 20.00 Uhr verabschiedet, um sich mit G+J-Geschäftsführern aus dem Ausland zu einer Konferenz zu treffen. Schulte-Hillen schlägt vor, angesichts der fortgeschrittenen Stunde am nächsten Morgen weiterzureden und dann einen Vertrag aufzusetzen. Murdoch und der Herausgeber von *Newsweek*, Mark Edmiston, sind einverstanden, wollen aber zumindest, dass der Kaufpreis von 3,75 Millionen Dollar fixiert wird. Auch darauf will sich Schulte-Hillen jetzt nicht einlassen, das könne man ebenfalls morgen endgültig festlegen. Edmiston fragt Schulte-Hillen, ob er das etwa nicht allein entscheiden könne. Schulte-Hillen antwortet, das könne er sehr wohl, die Weltrechte kosteten 4,25 Millionen Dollar.

Damit hat Schulte-Hillen den Bogen überspannt. Sichtlich verärgert stehen Murdoch und Edmiston auf und verlassen grußlos den Raum. Türen knallen. Am nächsten Tag fliegen sie nach Hause zurück, ohne auf die eilig nachgeschobenen Angebote zu reagieren, die Gespräche doch fortzusetzen. Murdoch flucht über den »Fucking Cowboy«. Mit seiner Strategie hat es Schulte-Hillen geschafft, den sicher geglaubten Deal von einer Sekunde zur anderen gegen die Wand zu fahren. Von 3,75 Millionen Dollar auf null Cent.

Aber nicht nur das Millionengeschäft ist jetzt perdu. Viel schlimmer ist, dass *Newsweek* die Fundgeschichte und die komplette Heß-Serie in Händen hält. Es ist gut möglich, dass das US-Nachrichtenmagazin die Story schon am folgenden Montag, dem 25. April, veröffentlicht. Dann ist der *Stern* um seinen Scoop gebracht. Um zu retten, was noch zu retten ist, die Exklusivität zu sichern und vielleicht doch noch einen Vertrag auszuhandeln, setzen sich Schulte-Hillen und Chefredakteur Peter Koch am 18. April ins Flugzeug nach New York. Doch die Aktion wird zum Fehlschlag: Die Amerikaner spielen auf Zeit und mauern.

Schulte-Hillen ruft in Gütersloh an und gesteht dem Aufsichtsratsvorsitzenden der Bertelsmann AG, seinem Ziehvater Reinhard Mohn, er habe den großen Deal »überpokert«.

In Hamburg wird beschlossen, dass die Geschichte der »Hitler-Tagebücher« nicht erst Mitte Mai erscheinen soll, sondern schon im *Stern* Nr. 18. Normaler Erscheinungstermin wäre Donnerstag, der 28. April, aber der Erstverkaufstag wird wegen *Newsweek* um drei Tage auf Montag, den 25. April vorgezogen.

Es gelingt in den folgenden Tagen immerhin, Rupert Murdoch umzustimmen. Er zahlt für die englischen und amerikanischen Rechte einen Rabattpreis von 1,2 Millionen Dollar. Verlagsvize Hensmann und Wilfried Sorge klappern wie geplant auch die »kleinen« Interessenten ab. *Paris Match* erwirbt die Rechte für 400 000 Dollar, der spanische Verlag Grupo Teta zahlt 150 000 Dollar, die *Geillustreerde Pers* in den Niederlanden darf für 125 000 Dollar drucken, und die norwegische *Norsh Presse* bekommt für 50 000 Dollar den Zuschlag. Der italienische Verlag Mondadori übernimmt nur die Heß-Serie, ebenfalls für 50 000 Dollar. Kein Ruhmesblatt für Konzernlenker Schulte-Hillen.

Am 19. April ist Hugh Trevor-Roper in Hamburg, um sich für den *Stern*-TV-Film interviewen zu lassen. Eine Woche zuvor hat ihn der Londoner *Stern*-Korrespondent Peter Wickmann auf Bitten Kochs aufgesucht und ihm zwei Zitate vorgelegt, die Trevor-Roper autorisieren soll. Erstens: Die Tagebücher seien ein bedeutender zeitgeschichtlicher Fund und der größte Knüller seit Watergate. Zweitens: Aufgrund der Tagebücher müsse die Geschichte des »Dritten Reiches«

teilweise umgeschrieben werden. Das erste Zitat genehmigt der Historiker, das zweite nicht. »Nein, so würde ich das nicht sagen.« In einem Telex schreibt Wickmann, dass Trevor-Roper den ersten Satz autorisiert habe, erwähnt aber nicht, dass dies nicht für das zweite Zitat gilt. Der fatale Satz vom Umschreiben der Geschichte des »Dritten Reiches« wird ihm später dennoch in den Mund gelegt.

An diesem Dienstag besucht Trevor-Roper Gerd Heidemann in seinem Archiv in der Milchstraße. Der Reporter erzählt ihm, dass ein »Wehrmachtsoffizier« die Tagebücher 1945 in Börnersdorf aus dem Wrack der Ju 253 des Majors Gundelfinger geborgen habe. Der Offizier sei nun achtzig Jahre alt und lebe in der Schweiz. Trevor-Roper wird durch dieses neue Märchen in seiner Meinung bestärkt, der *Stern* kenne den Finder wirklich.

Beim anschließenden TV-Interview ist Trevor-Roper noch davon überzeugt, die Tagebücher seien echt. Trevor-Roper und Heidemann treffen sich danach zum Abendessen im Hotel »Atlantic« an der Außenalster. Heidemann ist in Hochstimmung und kommt im Laufe des Abends auf eines seiner Lieblingsthemen zu sprechen – Martin Bormann. Er erzählt, Bormann habe schon 1938 wichtige NS-Akten nach Madrid ausgelagert. Trevor-Roper äußert seine Zweifel. 1938 hätten noch die Republikaner die Macht in Madrid gehabt. Die aufständischen Truppen unter General Franco hätten die spanische Hauptstadt doch erst am 28. März 1939 erobert.

Heidemann ist von den historischen Tatsachen nicht zu beeindrucken. Vielleicht sei es auch 1939 gewesen, aber ansonsten stimme die Geschichte, schließlich habe Bormann selbst ihm das so erzählt. Der lebe jetzt in der Schweiz und werde vom israelischen Geheimdienst überwacht. Trevor-Roper kann über diesen Unsinn nur den Kopf schütteln. Er hält Heidemann für einen »leichtgläubigen Naivling«, aber auch so ein Mann könne natürlich zeitgeschichtlich wertvolle Dokumente entdecken.

Thomas Walde wartet inzwischen voller Ungeduld auf die Gutachten von Dr. Rentz. Am 14. April hat seine Sekretärin zwei unbeschriebene Seiten, die dem Heß-Band und dem Tagebuch vom August 1933 entnommen sind, und den Telegrammentwurf an Mussolini im Bundesarchiv abgeliefert. Von dort wird das Material nach Bad Ems weitergeleitet. Walde hat gebeten, den Experten anzuweisen, ihm zwei Gutachten zu schreiben, eines über die leeren Blätter aus den Tagebüchern und ein zweites zu dem Telegrammentwurf. Da BKA-Gutachter Werner die Telegrammentwürfe an Horthy und Franco wegen der optischen Aufheller als Fälschungen ansieht und Walde es für möglich hält, dass Rentz bei dem Mussolini-Papier zum selben Ergebnis kommt, sollen Tagebuchseiten und Telegrammentwurf fein säuberlich getrennt bleiben.

Hitler hat auf Nachkriegspapier geschrieben

Eine Woche später erfährt Walde in einem Telefonat mit Josef Henke vom Bundesarchiv das Untersuchungsergebnis von Rentz: Der Telegrammentwurf an Mussolini ist auf Nachkriegspapier mit dem optischen Aufheller Blankophor geschrieben, also eine Fälschung. Die beiden leeren Blätter stammen aus den 30er- bis 40er-Jahren. Von diesem alarmierenden Befund berichtet Walde Chefredakteur Peter Koch. Der ist geschockt, zum ersten Mal erfährt er, dass es wissenschaftliche Beweise für gefälschte Hitler-Dokumente gibt. Es ist eine schreckliche Situation, zumal gerade beschlossen worden ist, das Heft Nr. 18 um 48 Seiten auf 356 Seiten zu erweitern. Es sollen 2,32 Millionen Exemplare gedruckt werden, die höchste Zahl in der Geschichte des *Stern*. 720000 Mark Mehrkosten sind dafür vom Verlag bewilligt worden.

Koch, der just von den gescheiterten Verhandlungen mit *Newsweek* aus New York zurückgekommen ist, fragt Walde aufgeregt: Was hat denn nun das Fälschungstestat in Sachen Mussolini-Telegramm für die Tagebücher zu bedeuten? Muss jetzt die ganze Aktion abgeblasen werden? Jetzt ist der letzte Augenblick. Und was tut Walde? Zitat aus dem Urteil des Hamburger Landgerichts: Auf Kochs »Frage, welche Schlüsse aus der Beurteilung des Telegrammentwurfs Mussolini zu ziehen seien, äußerte Dr. Walde, das Telegramm habe nichts mit dem Fund Börnersdorf zu tun, es komme aus einer ganz anderen Quelle, obwohl nach seiner Kenntnis das Gegenteil der Fall war«.

Koch reicht das nicht aus, er sagt zu Walde, dass er sofort den Vorstand informieren müsse. Gemeinsam mit Schmidt marschieren sie in den 9. Stock zu Schulte-Hillen. Koch schildert die Situation und sagt vorher, dass sowohl die Historiker wie die Presse über den *Stern* herfallen und größte Zweifel an den Tagebüchern anmelden werden. Deshalb müsse man sicher sein, dass die Sache wasserdicht ist. Heidemann müsse wenigstens einem Menschen im Verlag seine Quelle offenbaren. Und da der inzwischen mehr Vertrauen zu Schulte-Hillen als zu ihm habe, müsse Letzterer ihn bitten, seine ganz persönliche Fundgeschichte präzise aufzuschreiben. Er, Koch, müsse das gar nicht selbst lesen, es reiche, wenn Schulte-Hillen von der Quelle überzeugt sei. Schulte-Hillen antwortet, es sei aussichtslos, Heidemann erneut zu befragen, aber er vertraue ihm. Thomas Walde könnte die Runde aufklären, denn er ist in alle Details eingeweiht. Der einzige Unterschied zu Heidemann: Er hat Konrad »Fischer«/Kujau selbst nie getroffen. Aber Walde schweigt.

Heidemann ist an diesem Freitag in München. Die Chefsekretärin findet ihn im Hotel »Bayerischer Hof« und stellt ihn zu Schulte-Hillen durch. Heidemann lehnt die Bitte des Verlagschefs rundheraus ab. Schließlich ist ihm ja im Vertrag vom 15. Dezember 1982 ausdrücklich zugesichert worden: »Der Autor ist nicht verpflichtet, die näheren Umstände der Beschaffung und seiner Quellen preiszugeben.« Er sei ein erfahrener Journalist und wisse, dass alles Schriftliche immer kopiert und weitergegeben werde. Er könne und wolle seinen Informanten auf keinen Fall in Lebensgefahr bringen. Aber Heidemann leistet vor Schulte-Hillen einen Eid, dass die Tagebücher echt sind. »Ich schwöre es beim Leben meiner Kinder.« Das überzeugt Schulte-Hillen, der selbst drei Kinder hat, endgültig davon, dass er Heidemann vertrauen kann.

Diese Szene erzählt Schulte-Hillen am Samstag den Chefredakteuren und fügt – so erinnern sich Koch, Schmidt und Gillhausen später übereinstimmend – wörtlich hinzu: »Ich übernehme die Gesamtverantwortung.« Schulte-Hillen widerspricht dem später und sagt, das sei ein Missverständnis gewesen. Er habe von seinem Gespräch mit Heidemann berichtet, dem er gesagt habe: »Mit Ihrer Weigerung laden Sie mir die Gesamtverantwortung auf die Schultern.« Wie auch immer, nach diesem Treffen ist die Veröffentlichung der Tagebuchgeschichte nicht mehr zu stoppen.

Am Freitag, es ist der 22. April, informiert Chefredakteur Felix Schmidt in der morgendlichen Konferenz die Redaktion darüber, dass Gerd Heidemann die bislang geheimen Tagebücher Adolf Hitlers entdeckt habe und der *Stern* am darauffolgenden Montag über diesen zeitgeschichtlichen Sensationsfund ausführlich berichten werde.

Wenig später schickt die Nachrichtenredaktion des *Stern* die entsprechende Meldung an die Agenturen. Der Text enthält auch den Satz, dass angesichts der Tagebücher die Geschichte des »Dritten Reiches« teilweise umgeschrieben werden müsse. Von nun an beherrscht der *Stern* die Schlagzeilen. Auch Rundfunk und Fernsehen berichten ausführlich.

In der Redaktion löst die Enthüllung über Heidemanns Fund eine Mischung aus Erstaunen, Neugierde, Skepsis und Hochachtung aus. Jetzt hat der *Stern* wirklich einen großen Knüller. Heidemann, der »Spürhund«, hat es tatsächlich allen gezeigt.

Fast jeder in der Redaktion weiß, dass Gerd Heidemann ein Faible für Nazi-Sachen entwickelt hat, seitdem er die Göring-Yacht »Carin II« besitzt. Es ist so typisch für ihn, dass sich seine Leidenschaft für ein Thema zum Spleen entwickelt. Vor Jahren hat er von seinen Reisen nach Afrika als Souvenir einmal eine überdimensionale Unterhose von Idi Amin mitgebracht und sein Beutestück aus dem Amtssitz des gestürzten Diktators stolz in der Redaktion präsentiert. Mich hat er wenige Wochen zuvor bei einer zufälligen Begegnung auf dem Flur in der fünften Etage des Redaktionshauses, wo die Ressorts »Ausland« und »Deutschland Aktuell« ihre Büros haben, in eine Ecke gezogen und mir unter dem Siegel der Verschwiegenheit ein in rotes Leder gebundenes passähnliches Büchlein gezeigt – das angebliche Parteibuch von Adolf Hitler. Wenig später sehe ich, wie er einen anderen Kollegen »exklusiv« in sein Geheimnis einweiht. Offenbar braucht er dieses Theater für sein Ego, denke ich damals. Und nun also die Tagebücher. Da habe ich ihn dann doch wohl unterschätzt.

Im Ressort wird natürlich auch heftig diskutiert. Wissen über Hitler ist plötzlich gefragt. Komisch ist, dass der »Führer« doch ganz wenig geschrieben haben soll, das Buch *Mein Kampf* hat er Rudolf Heß diktiert. Und nun hat er auf einmal Dutzende Bände Tagebuch zu Papier gebracht. Ungewöhnlich. Von den Unmassen anderer Papiere und Manuskripte bis hin zur Oper »Wieland der Schmied« ahnt in der Redaktion zu dem Zeitpunkt noch niemand. Aber über eine Sache gibt es überhaupt keinen Zweifel: Wenn der *Stern* ein solch heikles Thema anfasst, dann muss man sich über die Frage der Echtheit keine Gedanken machen – dann ist alles genau überprüft und wie von Nannen gefordert »jede Schweineborste gezählt«. Was diese Überzeugung betrifft, werden wir wenig später eines Schlechteren belehrt.

Ich empfinde es damals als größte Überraschung, dass über das Projekt »Hitler-Tagebücher« drei Jahre lang nicht das kleinste Gerücht den Weg in die Redaktion findet. Normalerweise sickert immer etwas durch, selbst über Personalveränderungen wird meist schon spekuliert, ehe tatsächlich etwas passiert. Der »Flurfunk« ist im *Stern* das schnellste Kommunikationsmittel. Manchmal kann man dies sogar nutzen, indem man einem bestimmten Kollegen vertraulich etwas erzählt und sicher sein kann, dass es sich blitzartig verbreitet. Bei den »Hitler-Tagebüchern« ist das Kunststück gelungen, das Projekt wirklich geheim zu halten. Und auch als immer mehr Kollegen im Laufe der Produktion der Serie eingeweiht werden müssen, halten die sich an das Gebot zum absoluten Stillschweigen.

Am Montag wird das Heft mit den Tagebüchern auf den Markt kommen, dann kann man weiterdiskutieren. Die Kollegen der Nachrichtenredaktion, die auch im fünften Stock arbeiten, bereiten die große Pressekonferenz vor, bei der am Montagmorgen den Journalisten aus In- und Ausland in der G+J-Kantine die Tagebücher vorgestellt werden sollen. Pressemappen mit Informationsmaterial, Fotos und Gutachten müssen zusammengestellt, Lautsprecheranlagen installiert und ein Ablaufplan geschrieben werden. Nachrichtenchef Gunther Len Schönfeld und seine Mannschaft haben ein heißes Wochenende vor sich.

Die beiden Gutachten von Dr. Arnold Rentz treffen am Samstag bei Walde ein. Jetzt kann er noch einmal nachlesen, dass das Papier, auf dem der Telegrammentwurf an Mussolini geschrieben ist, wegen des optischen Aufhellers Blankophor erst nach dem Zweiten Weltkrieg produziert wurde, etwa zwischen 1949 und 1955. Unmöglich, dass es in der Reichskanzlei verwendet worden sei.

Walde trommelt die Spitzen von Verlag und *Stern*-Redaktion zur Krisensitzung zusammen. Neben Walde und Heidemann treffen sich Schulte-Hillen, Hensmann, *Stern*-Verlagsleiter Hess, sein Stellvertreter Sorge und die drei *Stern*-Chefredakteure Koch, Schmidt und Gillhausen im 9. Stock des »Affenfelsens«. Walde trägt der Versammlung den Inhalt der beiden Rentz-Gutachten vor und betont wider besseres Wissen noch einmal, das negative Urteil über das Mussolini-

Papier berühre die Tagebücher nicht. Denn dieses Dokument stamme nicht aus der Börnersdorfer Fundmasse, sondern aus Heidemanns Privatsammlung.

Schulte-Hillen weiß, dass Heidemann bei dem Mann in Stuttgart für sich selbst auch NS-Stücke kauft. Er fragt, warum denn der Telegrammentwurf überhaupt begutachtet worden sei. Sorge sagt, Heidemann habe wissen wollen, ob dieses Dokument echt sei. Die Tatsache, dass Rentz das eine Papier als Fälschung entlarvt hat, sehen Hensmann und Koch geradezu als Beweis für seine Kompetenz an und als zusätzlichen Hinweis darauf, dass die Tagebücher echt sind.

Niemandem in der Runde fällt auf, dass Rentz das Alter der beiden Tagebuchblätter im Grunde genommen gar nicht bestimmt hat. Der Chemiker hat nur die Zusammensetzung der Papiere festgestellt und keinen Hinweis gefunden, dass es nicht schon vor Kriegsende produziert worden sein kann, weil es zum Beispiel keine optischen Aufheller enthält. Mit dem Urteil, die beiden Papiere stammten aus der Zeit vor 1945, überinterpretiert der Experte sein eigenes Untersuchungsergebnis.

Dieses wichtige Detail erkennen sie nicht, aber sowohl den Chefredakteuren wie auch Walde und Heidemann wird klar, dass mit dem Negativvotum für das Mussolini-Papier die Schriftgutachten von Frei-Sulzer, Hilton und dem LKA Rheinland-Pfalz wertlos geworden sind, denn alle haben die Telegrammentwürfe als Dokumente gewertet, die von Adolf Hitler eigenhändig geschrieben worden sind. Und als Dokumente, die denselben Urheber haben wie den Schreiber der »Parteiamtlichen Mitteilung« aus dem Heß-Band. Damit gibt es einen starken Verdacht, dass auch dieses Dokument gefälscht sein könnte. Ein Beweis, dass es echt ist, fehlt jedenfalls. Jetzt setzt man auf das Prinzip Hoffnung. Schließlich sind in der Druckerei in Itzehoe die Rotationsmaschinen längst angelaufen, und die ersten Lastwagen sind mit druckfrischen *Stern*-Ausgaben auf der Autobahn in Richtung Süden unterwegs.

Trevor-Roper landet am Sonntag auf dem Flughafen Fuhlsbüttel, um am nächsten Tag an der Pressekonferenz des *Stern* teilzunehmen. Er hat eine harte Woche hinter sich. Am Mittwoch kurz vor Mitternacht bekommt er in Cambridge einen Anruf von Konzernchef Rupert Murdoch aus New York, der ihm erzählt, dass man den Stoff nun doch gekauft habe und die Auftaktgeschichte in der Samstagsausgabe von *The Times* erscheinen solle. Ob Trevor-Roper das schreiben könne, ein Motorradkurier würde den Text am Freitagmorgen abholen. Trevor-Roper sagt zu.

Der englische Historiker empfindet Schreiben immer als Qual. Termindruck ist Horror für ihn. Er benutzt keine Schreibmaschine, sondern schreibt mit dem Füllhalter, lässt den Text eine Nacht liegen und überarbeitet ihn am nächsten Morgen. Jetzt muss alles ganz schnell gehen. Er beginnt seinen Artikel mit dem Satz: »Ein neues Dokument – oder eher ein ganzes neues Archiv von Dokumenten – ist kürzlich in Deutschland ans Tageslicht gekommen. Es ist ein Archiv von großer historischer Bedeutung. Wenn es den Historikern zur Verfügung steht, wird es sie für einige Zeit beschäftigen. Es kann sie auch irritieren. Es ist Hitlers privates Tagebuch, von ihm bewahrt, von ihm geschrieben, fast seine gesamte Regierungszeit hindurch ...« Trevor-Roper beschreibt die Dinge, die er in der Züricher Bank und bei Heidemann in Hamburg gesehen hat, und fasst seine Eindrücke so zusammen: »Das Archiv ist tatsächlich nicht nur eine Sammlung von Dokumenten, die einzeln geprüft werden können: Es ist in sich geschlossen und die Tagebücher sind ein wesentlicher Teil davon. Das ist der innere Beweis der Echtheit ...«

Das ist nun alles andere als die kühle Analyse eines Wissenschaftlers, das grenzt an einen Lore-Roman. Trevor-Roper wird auch von einem Redakteur der *Sunday Times* angerufen, die nach dem Willen von Murdoch die Hitler-Serie drucken soll. Der Mann will wissen, wie der Historiker die Tagebücher einschätzt. Trevor-Roper bestätigt ihm, dass er die Bücher für echt hält. Was ihn am meisten beeindruckt habe, sei die Fülle des Materials. Der Redakteur erinnert ihn daran, dass die falschen Mussolini-Tagebücher immerhin dreißig Bände umfassten. Trevor-Roper entgegnet, schließlich kenne er Hitlers Handschrift und im Übrigen habe man es nicht mit irgendwelchen dunklen Gestalten zu tun, sondern mit dem renommierten Magazin *Stern*.

Am selben Abend besucht Trevor-Roper mit Freunden aus Cambridge die Königliche Oper Covent Garden in London, wo Verdis Oper »Don Carlos« auf dem Programm steht. Während er der Musik lauscht, kommt ihm zu Bewusstsein, welchen Wahnsinn er in den vergangenen Wochen erlebt hat. Besonders beschäftigt ihn eine Begegnung mit Heidemann, der ihm Tage zuvor einen Brief gezeigt hat, den Hitler angeblich 1908 an eine junge Frau in Wien geschrieben hat, in die er sich verliebt hatte. Exakt diese Episode hat Hitlers Jugendfreund August Kubizek in seinem Buch *Adolf Hitler, mein Jugendfreund* beschrieben.

Das findet Trevor-Roper plötzlich ein bisschen viel Übereinstimmung. Und wie kommt der Brief überhaupt in die Hitler-Sammlung? Logischerweise müsste er doch bei der Angebeteten sein. Mit einem Schlag sind sein Zweifel und seine Skepsis erwacht. Die Geschichte, dass Hitler den Flug von Heß gebilligt hat und ihn erst angesichts des Misserfolgs für verrückt erklären ließ, hat er immer angezweifelt. Dazu der Bormann-Tick Heidemanns und diese Fundgeschichte, da stimmt doch auch etwas nicht. Für einen Augenblick erwägt Trevor-Roper, in letzter Minute seinen *Time*-Artikel zurückzuziehen. Aber dann wird ihm klar, dass der längst gedruckt wird.

Am nächsten Morgen liest er die Schlagzeile auf der Titelseite von *The Times*:

»38 JAHRE NACH DEM SELBSTMORD IM BUNKER HITLERS GEHEIME TAGEBÜCHER WERDEN VERÖFFENTLICHT

- Hitler genehmigte den ›Friedens‹-Flug seines Stellvertreters Rudolf Heß nach Schottland, aber erklärte ihn dann für verrückt
- Er befahl seinen Truppen, die britische Expeditions-Armee, die 1940 bei Dünkirchen in der Falle saß, nicht zu vernichten, in der Hoffnung er könne Friedensverhandlungen abschließen
- Er hielt Neville Chamberlain, den die Geschichte hart beurteilt, für einen geschickten Verhandler und bewunderte seine Widerstandsfähigkeit«

Seinen eigenen Artikel findet er auf einer Innenseite. Die Titelzeile lautet:

»Die Geheimnisse haben den Bunker überlebt«

Trevor-Roper greift zum Telefon, ruft den *Times*-Chefredakteur Charles Douglas-Home an und sagt, dass ihm inzwischen einige Zweifel gekommen seien. Nicht dass er von Fälschungen sprechen wolle, aber er habe ernsthafte Vorbehalte. Dann ruft er den Londoner *Stern*-Korrespondenten Peter Wickmann an und sagt, er würde bei der Pressekonferenz am Montag nur auftreten, wenn er Heidemann zuvor ein paar wichtige Fragen stellen könne und er den Text des Heß-Bandes in Schreibmaschinenschrift zu lesen bekomme. Der verspricht, sich darum zu kümmern.

Inzwischen schreiben die Redakteure der *Sunday Times* unter Hochdruck an ihrem ersten Serienteil. Von dem Sinneswandel Trevor-Ropers wissen sie noch nichts. Davon erfahren sie erst nach Redaktionsschluss, als Chefredakteur Frank Giles auf die Idee kommt, den Historiker um einen Beitrag über die querulatorischen Kritiker der Tagebücher zu bitten. Zum Entsetzen von Giles lehnt Trevor-Roper ab und berichtet von seinen Bedenken. Die Umsitzenden hören, wie ihr Chefredakteur am Telefon sagt: »Gut, Hugh, es ist doch ganz natürlich, dass man Zweifel hat. Es gibt keine Sicherheiten in diesem Leben. Aber die Zweifel sind doch nicht so stark, dass Sie eine komplette 180-Grad-Wende in der Sache machen? ... Oh, ich begreife, Sie machen die 180-Grad-Wende.«

Die Runde ist geschockt. Sollen sie jetzt die Druckmaschinen stoppen? Das muss Rupert Murdoch entscheiden, der in New York ist. Als er hört, dass Trevor-Roper, der von der Queen zum Lord Drace geadelt wurde, seine Meinung geändert hat, sagt der Zeitungstycoon: »Fuck Drace, publish!« So ist es in dem Buch *Selling Hitler* von Robert Harris nachzulesen.

Am Sonntagmittag kommt Trevor-Roper zum Flughafen London-Heathrow, wo er von Journalisten und Fotografen umlagert wird. Er soll Interviews geben und sagt in ein Mikrofon: »Ich glaube, dass die Tagebücher echt sind. Aber es gibt Komplikationen. Ich will meine Überzeugung nicht in Prozentzahlen ausdrücken. Aber ich gebe zu, es gibt Probleme ...«

In Hamburg bezieht Trevor-Roper wieder ein Zimmer im Hotel »Atlantic« und wartet auf Heidemann. Der sitzt nach einem Gespräch mit Ilse Heß, der Frau des Spandauer Häftlings, im Flugzeug und trifft erst am späten Nachmittag an der Außenalster ein. Trevor-Roper erklärt ihm noch einmal, dass er auf der Pressekonferenz nur auftreten werde, wenn Heidemann ihm lückenlos den Weg der Tagebücher schildere. Wie nicht anders zu erwarten, wehrt sich Heidemann. Schließlich hat er noch nicht einmal Schulte-Hillen reinen Wein eingeschenkt.

Aber er will den dringend notwendigen Kronzeugen nicht verärgern. Wegen der Blankophor-Funde hat Kujau seinem Freund Gerd erklärt, Tagebücher und andere Dokumente stammten aus unterschiedlichen Quellen. Und so passt auch Heidemann seine Geschichte den neuen Gegebenheiten an. Er erzählt Trevor-Roper, dass ein ehemaliger Wehrmachtsoffizier die Tagebücher gleich nach dem Krieg aus Ostdeutschland herausgeschafft habe. Der Mann lebe derzeit in Westdeutschland. Die ersten Tagebücher habe er allerdings in der Schweiz bekommen. Das restliche Material stamme von Bauern aus Börnersdorf, die es bei jährlichen Rentnerreisen in den Westen nach Hamburg brächten.

Mit diesem neuen Märchen macht er die Lage allerdings nur noch schlimmer. Denn dies ist nun die dritte Version, die Trevor-Roper erzählt bekommt. Bei den Verkaufsverhandlungen in der Züricher Bank hat Peter Koch gesagt, die Tagebücher stammten von einem Mann aus der DDR, deshalb könne dessen Name auch nicht genannt werden. Vor nur einer Woche hat Heidemann gesagt, Lieferant sei ein Wehrmachtsoffizier, der in der Schweiz lebt und aus steuerlichen Gründen anonym bleiben will. Nun lebt der Mann in der Bundesrepublik, und die anderen Materialien sind separat aus der DDR zum *Stern* gekommen. Was stimmt denn nun, will Trevor-Roper wissen. Die Stimmung ist gereizt. Trevor-Roper insistiert: Peter Koch habe ihm in Zürich gesagt, der *Stern* kenne den Namen des Wehrmachtsoffiziers. Heidemann antwortet von oben herab, Koch wisse nur das, was er ihn wissen lasse, der Name des Offiziers gehöre nicht dazu.

Trevor-Roper lässt nicht locker. Heidemann beginnt zu schwimmen und holt immer neue Dokumente aus seiner Aktentasche. Heidemann sagt, er würde alles erklären, wenn Trevor-Roper aufhöre, ihn durch den Fleischwolf zu drehen. Der Professor liest den Text des abgeschriebenen Heß-Bandes und findet ihn lächerlich und nichtssagend. Für ihn steht nun fest, dass es eine Fälschung ist.

Robert Harris beschreibt den folgenden Dialog so: »Können Sie mir einen Grund nennen, weshalb ich an den Wehrmachtsoffizier glauben soll?«, fragt Trevor-Roper.

»Nein«, antwortet Heidemann, »warum sollte ich?«

»Und weshalb soll ich dann daran glauben?«, fragt Trevor-Roper scharf zurück.

»Sie benehmen sich genauso wie ein Offizier des britischen Geheimdiensts«, brüllt Heidemann, »aber wir leben nicht mehr im Jahr 1945.« Trevor-Roper ist nach dem Zweiten Weltkrieg für den Nachrichtendienst MI5 in Deutschland tätig gewesen. Wenig später verlässt Heidemann wütend das Zimmer und sagt, er würde auf keinen Fall an dem Abendessen teilnehmen, das die Chefredaktion zu Ehren des Gastes im Hotel arrangiert hat.

Obwohl er nun wenig Lust dazu hat, trifft sich Trevor-Roper mit Peter Koch, in der Hoffnung, von ihm doch noch den Namen des Lieferanten zu erfahren. Das Essen endet in eisiger Atmosphäre, denn auf den Hinweis von Trevor-Roper, Koch habe ihm doch in Zürich erklärt, der *Stern* kenne die Identität des Wehrmachtsoffiziers, streitet Koch ab, so etwas je gesagt zu haben. Daraufhin kündigt Trevor-Roper an, nicht an der Pressekonferenz teilzunehmen.

Nach diesem unerfreulichen Treffen sitzt der Professor mit drei Reportern der *Sunday Times* zusammen, und die beknien ihn, bei der Pressekonferenz auf keinen Fall einen Rückzieher zu machen, das könne er zu Hause in England tun. Inzwischen ist es Mitternacht. In der Hotellobby trifft

Trevor-Roper zufällig seinen Freund Sir Nicholas Henderson, früherer Botschafter in Washington und Bonn. Die beiden gehen an die Bar und bestellen Bier. Henderson sagt seinem Freund, er müsse seinen Sinneswandel so schnell und so öffentlichkeitswirksam wie möglich bekannt geben. Eine bessere Möglichkeit als die Pressekonferenz des *Stern* bekomme er nie wieder. Als die beiden Männer sich gegen 2.00 Uhr trennen, sagt Trevor-Roper, er werde den Fall noch einmal überschlafen.

Dass die mit so viel Akribie vorbereitete Präsentation der Tagebücher nur noch zum Desaster werden kann, ist so gut wie besiegelt, zumal noch ein anderer Engländer am Sonntag im »Atlantic« Quartier genommen hat – der Nazi-Forscher David Irving, der im Dezember 1982 in der *National-Zeitung* verkündet hat, dass die Tagebücher Adolf Hitlers in der Bundesrepublik gefunden worden seien.

Seit der Ankündigung des *Stern*, man habe die Tagebücher Adolf Hitlers gefunden, steht sein Telefon nicht mehr still. Aus aller Welt bekommt er Anrufe. Es melden sich die *New York Times*, der *Observer*, das Nachrichtenmagazin *Newsweek*, die BBC, die Nachrichtenagentur Reuters, der *Sunday Mirror*, Radiostationen, der *Spiegel* und die *Bild*-Zeitung aus Hamburg. Allen Anrufern sagt er dasselbe: Die Tagebücher sind gefälscht, und er kann das beweisen. Schließlich hat er die Fotokopien aufbewahrt, die ihm Priesack bei ihrem Treffen im Dezember überlassen hat. Kopien aus der Sammlung von *Rolf Hartung*, unter anderem eine Seite aus dem Tagebuch-Halbjahresband 1935.

Der *Spiegel* bietet ihm Geld für die Kopien. Die *Bild*-Zeitung will seine Spesen übernehmen und verspricht ein gutes Honorar, wenn er am Montag in Hamburg bei der Pressekonferenz des *Stern* auftritt. Der *Observer* zahlt ihm 1000 Pfund für einen Artikel, in dem er schreibt, das Konkurrenzblatt *Sunday Times* habe aufs falsche Pferd gesetzt. Und die *Mail on Sunday* lässt für die Kopien der Dokumente und ein Fälschungszitat von Irving gar 5000 Pfund springen.

Noch am selben Samstagabend sitzt er in einem Fernsehstudio der BBC live dem Chefredakteur der *Times*, Charles Douglas-Home, gegenüber, wedelt mit seinen Kopien und spricht von Fälschungen. Am nächsten Morgen fliegt er nach Hamburg. Am Flughafen erwartet ihn *Bild*-Reporter Jochen Kummer. Man einigt sich auf 1000 Pfund Honorar plus Spesen. Irving bezieht sein Zimmer im »Atlantic« und bereitet sich auf seinen Auftritt als »Tagebuch-Killer« vor.

In der Nachrichtenredaktion des *Stern* ist inzwischen die internationale Pressekonferenz generalstabsmäßig vorbereitet worden. Ressortleiter Schönfeld hat in Absprache mit Peter Koch die Regie übernommen und ein schriftliches Konzept diktiert, das den reibungslosen Ablauf der Veranstaltung garantieren soll.

»Ablaufplan zur *Stern*-Pressekonferenz am 25. April 1983

Am Podiumstisch sitzen: Koch, Schmidt, Heidemann, Walde, Pesch, Dolmetscher Lochner (für Englisch), Trevor-Roper, Weinberg (Walde bitte zwischen Koch und Heidemann, um K. zu briefen und H. zu stoppen, Schmidt bitte neben Heidemann, um H. von der anderen Seite im Griff zu behalten.

1. Zu Beginn der Konferenz müssen wir entscheiden, ob wir den Film gleich oder erst später zeigen. Sind sehr viele Kollegen da, bitte den Film später und klarstellen, daß Professor Weinberg erst später kommen kann.
2. Gunther Schönfeld begrüßt die Kollegen und stellt das Podium vor. Außerdem gebe ich ein paar technische Hinweise. Peter Koch sollte dann die Regie übernehmen.

3. Während der Konferenz sind wir vom Podiumstisch aus per Telefon mit der Dokumentation verbunden. Eventuell auftretende Fragen, die nicht sofort beantwortet werden können, werden von mir an die Dok weitergegeben und dort von einem Team in kürzester Zeit geklärt.
4. Heidemann und Walde wollen nicht auf englisch antworten. Der Konsekutiv-Dolmetscher steht zur Verfügung.
5. Sämtliches Clipping-Material aus dem In- und Ausland von Freitag bis heute habe ich dabei sowie weiteres Hintergrundmaterial, das ich jeweils zureiche. Hagen und Dr. Hensmann stehen ebenfalls zur Verfügung.
6. Nach der Pressekonferenz begeben sich bitte s o f o r t Heidemann, Pesch, Walde mit dem Dolmetscher und den Tagebüchern ins Zimmer von Nannen, Koch in sein Zimmer, Trevor-Roper setzen wir in Schmidt's Zimmer. Da mehrere Fernsehteams erste Interviewwünsche gebucht haben und auch Rundfunkkollegen Interviews machen wollen, kommen wir so schneller über die Runden. Diese Kollegen warten auf ihren Termin im Konferenzraum und werden dort mit Kaffee etc. bewirtet.

Ich bitte, diese Regelung unbedingt einzuhalten, da wir sonst massive Zeitverzögerungen und Ärger mit den Kollegen bekommen (das französische Fernsehen macht zum Beispiel eine Live-Schaltung!). Kristin Foerster und C. Blumenberg regeln den Verkehr im sechsten Stock.
7. Ab circa 15.00/15.30 Uhr vermitteln wir Heidemann, Walde, Pesch an Rundfunkkollegen. Die drei bleiben bitte zu diesem Zweck in Nannens Zimmer. Wenn Rundfunkwünsche auch für die Chefredaktion vorliegen, bitte Koch in seinem Zimmer bleiben und Schmidt

sein Zimmer wieder beziehen (wir geben rechtzeitig Bescheid).
8. Wir haben eine Reihe von Mitarbeitern eingesetzt, die für die Presse-Kollegen an Namensschildern am *Stern*-Signet erkennbar sind und über alles Auskunft geben können.
9. Das Telefonzimmer ist hinter dem Empfang.

Ich wünsche toi, toi, toi
Gunther Schönfeld«

Am nächsten Morgen liegt an allen deutschen Kiosken der *Stern* mit der Schlagzeile in roten Buchstaben: Hitlers Tagebücher entdeckt. Auf dem Titelbild ein Stapel Tagebuchkladden, die oberste ist mit den goldfarbenen Initialen FH geschmückt. Im Heftinneren beginnt die Titelgeschichte mit einer Doppelseite, auf der ein Tagebuch mit Hakenkreuzsiegel und zerschnittener Kordel zu sehen ist. Der Vorspann lautet:

»Einband und Siegel einer der 60 Bände, die der *Stern* 38 Jahre nach Kriegsende entdeckt hat. Adolf Hitlers handschriftliche Notizen waren seit dem 21. April 1945 verschollen. Folge des sensationellen Fundes: Die Geschichte des Dritten Reiches wird in großen Teilen neu geschrieben werden müssen.«

Es folgen zwanzig Doppelseiten mit Bildern von Hitler, von einer Ju 352, die Grabkreuze vom Börnersdorfer Friedhof und fünf Absturzopfern (Seitentitel: »In Börnersdorf bei Dresden entdeckt: die Gräber der Männer, die Hitlers Tagebücher transportierten«), von der Absturzstelle und Resten des Wracks sowie Gerd Heidemann mit zwei Fenstern der Ju 352, Faksimileauszüge aus den Tagebüchern über die Ermordung von SA-Chef Röhm, über die Reichspogromnacht (Seitentitel: »Was Hitler an der ›Reichskristallnacht‹ nicht gefiel«), über Hitlers Verhältnis zu Mussolini (Seitentitel: »Seinen Freund, Italiens Duce, hat Hitler nie ganz ernst genommen«), über das Attentat im Münchner Bürgerbräukeller am 8. November 1939, über seine geheime Geliebte (Seitentitel: »Auch sein Verhältnis zu Eva Braun beschreibt Hitler im Tagebuch«), über das Attentat vom 20. Juli 1944 (Seitentitel: »Hitler skizziert, wie er die Bombe gelegt hätte«).

Es gibt ein Foto von Gerd Heidemann mit den Tagebüchern in einer Schweizer Bank, dann ein Foto von einem Sofa, darüber ein Bücherbrett, ein weißer Pfeil weist auf einen schmalen Band hin. Bildtext: »Beim Angriff auf Frankreich am 10. Mai 1940 bezog Hitler das Führerhauptquartier ›Felsennest‹ in der Eifel, 65 Kilometer südwestlich von Bonn. Sein Tagebuch war immer dabei (Pfeil)«. (Seitentitel: »Fast in jeder Nacht schrieb Adolf Hitler an seinem Tagebuch«.) Es folgen Fotos der Göring-Yacht und von Heidemann im vertrauten Gespräch mit seinen Freunden, dem SS-General Karl Wolff, dem SS-General Wilhelm Mohnke und Hitlers SS-Adjutanten Otto Günsche, beim Studium der Tagebücher (Seitentitel: »Nach dem Geburtstag des Führers läßt Bormann die Kiste mit den Tagebüchern wegschaffen«). Bilder aus Börnersdorf und Karten der Absturzstelle, eine Detailzeichnung von Hitlers letztem Hauptquartier, dem Bunker unter der Reichskanzlei in Berlin. Auf der letzten Doppelseite ist Rudolf Heß im Flugzeug zu sehen, daneben Hitler und in SA-Uniform der Messerschmitt-Direktor Theo Croneiß. Es ist die Ankündigung der nächsten Hitler-Folge: »Die Tagebücher enthüllen eines der größten Geheimnisse der Nazi-Zeit: Heß flog 1941 mit vollem Wissen Hitlers nach England«.

Diese geballte Ladung Adolf Hitler erschlägt einen fast. Der Satz mit dem Umschreiben der Geschichte des Dritten

Reichs ist wirklich zu dick aufgetragen. Kaum zu fassen, mit welchen Naziprominenten Gerd Heidemann befreundet ist. Dieses Bücherbord mit dem weißen Pfeil, der auf den dünnen Band unter dem Bücherstapel weist, das ist ja wohl ein Witz. Niemand in Hitlers engster Umgebung hat gemerkt, dass der »Führer« Tagebuch schreibt. Wer will denn dann sagen können, dass ausgerechnet dieses Bändchen ein Tagebuch ist? Dass die Initialen auf dem Titelbild nicht AH für Adolf Hitler sondern FH lauten, entgeht mir an diesem Montag.

Als ich das Redaktionshaus in der Warburgstraße an der Außenalster erreiche, sind alle Parkplätze abgesperrt. Die sind für die Teilnehmer der Pressekonferenz reserviert, erklärt mir der Pförtner, es sollen mehr als 200 kommen. Die Kantine, in der normalerweise viele Kollegen frühstücken, ist ebenfalls gesperrt. Es herrscht Hektik im Haus. Um 11.00 Uhr soll die Veranstaltung beginnen, zu der Journalisten aus aller Welt angereist sind. Ich fahre mit dem Lift in die 5. Etage und gehe in mein Büro.

Die große Show des David Irving

Die Kantine im Erdgeschoss ist farbenfroh gestaltet, der eine Teil ist mit Teppich in G+J-Grün ausgelegt, der andere mit Teppich mit wilden Mustern in Blau- und Rottönen. Gegen halb elf ist kein Platz mehr frei. Kameraleute, Fotografen, Radioreporter und Printjournalisten sitzen dicht an dicht oder drängeln sich in den Gängen und vor der Tribüne, allein siebenundzwanzig Fernsehcrews sind vertreten.

Die Nachrichtenredaktion hat ganze Arbeit geleistet: Jeder Kollege bekommt eine Pressemappe mit einem *Stern*-Exemplar, dazu zwanzig Seiten Informationen über die Tagebücher, sieben Fotos und das positive Papiergutachten von Dr. Arnold Rentz über die beiden Seiten aus den Tagebüchern. Das zweite, negative Gutachten zum Mussolini-Telegramm liegt nicht bei.

Punkt 11.00 Uhr marschieren Peter Koch, Felix Schmidt, Thomas Walde, Gerd Heidemann, Leo Pesch und Hugh Trevor-Roper unter Blitzlichtgewitter und gleißenden Fernsehlampen durch den Saal auf das Podium. Trevor-Roper ist anzusehen, wie unwohl er sich fühlt. Er hat erfahren, dass sein Kollege Prof. Jäckel sich sehr überrascht über Trevor-Ropers Aussagen gezeigt hat. Er selbst habe schon mal so ein angebliches Tagebuch in der Hand gehabt und es für gefälscht gehalten. Der Historiker Prof. Maser hat gegenüber der Nachrichtenagentur Reuters erklärt, er habe die Tagebücher noch nicht gesehen, aber alles spreche dagegen, »es schmeckt nach reiner Sensationsmache«. Und Karl-Dietrich

Bracher von der Universität Bonn wird mit dem Satz zitiert: »Ich bin extrem skeptisch.«

Peter Koch eröffnet die Pressekonferenz und greift die Historiker an, die Zweifel an der Echtheit der Tagebücher äußern, ohne sie je gesehen zu haben. »Wenn wir uns als Journalisten so verhalten würden, würden wir zu Recht beschuldigt, uns oberflächlich zu verhalten.« David Irving, den er in der Menge entdeckt, nennt er »einen Historiker, der keinen Ruf mehr zu verlieren hat«. Er sei, sagt Koch, »hundert Prozent überzeugt, dass Hitler jedes einzelne Wort in diesen Büchern geschrieben hat. Wir haben eine Menge Geld für die Tagebücher gezahlt, aber wenn es um die Information unserer Leser geht, ist uns nichts zu teuer.«

Es folgt der 45-minütige Tagebuch-Film von *Stern*-TV. Trevor-Roper sieht vom Podium aus sein eigenes, begeistertes Statement, das er eine Woche zuvor Barbara Dickmann in die Kamera gesprochen hat, und schlägt die Hände vors Gesicht. Als der Film zu Ende ist, bahnt sich eine junge Frau mit zwei Kartons den Weg durch die Menge. Auf den Tisch vor Koch wird der Inhalt entladen – es sind ein gutes Dutzend Tagebuchbände. Das Signal für die Fotografen. Koch überredet Heidemann, ein paar davon in die Hand zu nehmen und aufzustehen. Das Foto geht um die Welt: Gerd Heidemann mit weißem Kavaliertaschentuch im Jackett blickt in die Kameras und hat ein Tagebuch mit zwei Siegeln in der Rechten und zwei Bücher in der Linken.

Als Koch die Fragerunde freigibt, wird vor allem Trevor-Roper, den der *Stern* als Kronzeugen auf das Podium gesetzt hat, angesprochen. Der Professor blickt durch die dicken Gläser seiner runden Brille wie unbeteiligt in die Ferne und sagt: »Die Frage der Echtheit der Tagebücher ist untrennbar von der Herkunft der Tagebücher. Die Frage ist: Sind diese Dokumente unbedingt mit diesem Flugzeug verbunden? Als ich die Dokumente in Zürich sah, habe ich verstanden – oder viel mehr missverstanden –, dass diese Verbindung absolut gesichert war.« Die Bücher könnten echt sein, sagt Trevor-Roper, aber »die Sache sieht eher wackelig aus«. Alles zusammengenommen deute alles auf eine »perfekte Fälschung« hin. »Als Geschichtswissenschaftler bedaure ich, dass die normalen Methoden der historischen Überprüfung, vielleicht notwendigerweise, zu einem gewissen Maß den Notwendigkeiten des journalistischen Knüllers geopfert wurden.«

Die *Stern*-Mannschaft auf dem Podium verfolgt die Worte von Trevor-Roper mit versteinerten Gesichtern. Und dann drängt sich David Irving ans Mikrofon, das im Saal aufgestellt ist. »Ich bin der britische Historiker David Irving«, stellt er sich vor, »ich habe keinen Doktor-Titel, keine Professur und noch nicht mal einen Adelstitel. Aber ich glaube, dass ich trotzdem Ansehen in Deutschland genieße.« Er fragt Koch, wie es denn sein könne, dass Hitler im Juli 1944 das Attentat auf ihn im Tagebuch beschreiben könne, wenn er doch, wie im TV-Film gerade in historischen Aufnahmen zu sehen war, unmittelbar nach dem Attentat den italienischen Duce mit der linken Hand begrüßt habe. Dann wedelt er mit einigen seiner Kopien und sagt: »Ich kenne die Sammlung, aus der die Tagebücher stammen. Das ist eine alte Sammlung, voller Fälschungen. Ich habe einige hier dabei.« Plötzlich steht Irving im Mittelpunkt des Interesses, Kameraleute und Fotografen drängen sich um ihn, Stühle und Leuchten werden umgestoßen, ein japanisches TV-Team geht zu Boden. Vom Podium aus ruft Koch, Irving solle keine Reden halten, sondern Fragen stellen. Das Mikrofon neben Irving wird abgeschaltet. Der brüllt nun, ob der *Stern* das Alter der Tinte hat überprüfen lassen. Der NBC-Korrespondent fragt Irving, ob er ihm draußen vor dem Redaktionshaus nicht ein Interview geben könne, live für die *Today-Show*. Irving willigt ein, im Saal hat er für genug Chaos gesorgt.

Als auf der Straße die Kamera für Irving aufgebaut wird, hält gerade ein Wagen mit dem amerikanischen Historiker Gerhard Weinberg, der für *Newsweek* in Zürich die Tagebücher geprüft hat. Koch hat auch ihn zur Pressekonferenz eingeladen. Da er als Gastprofessor in Bonn am Morgen eine Vorlesung halten muss, hat ihn ein *Stern*-Fahrer danach zum Flughafen gebracht, wo eine Privatmaschine wartet, die ihn umgehend nach Hamburg fliegt. Gegen 12.30 Uhr betritt er das Podium.

Doch er ist keineswegs der Helfer in der Not, wie erhofft, im Gegenteil. »Alle Handschrift-Gutachten, die ich gesehen habe«, sagt Weinberg, »betreffen andere Dokumente als die Tagebücher, abgesehen von einer Seite, die aus einem Tagebuch herausgetrennt worden sein soll. Mit anderen Worten, die Gutachten des amerikanischen Schriftsachverständigen und des Experten der deutschen Polizei beziehen sich auf Hitler-Handschriften, aber nicht auf Hitlers Handschrift in den Tagebüchern. Wahrscheinlich haben sie gar nicht gewusst, dass Tagebücher existieren.« Es sei absolut unangebracht, ein Gutachten für bestimmte Dokumente einfach für andere zu verwenden.

Die *Stern*-Crew sitzt wie gelähmt auf dem Podium. Aber als ob das nicht schon genug wäre, fährt Weinberg fort: »Eine Frage, die mich von Anfang an quält, ist – keinem nennenswerten Experten für die Geschichte des Dritten Reichs ist es erlaubt worden, den gesamten Text der Tagebücher zu studieren, um zu sehen, ob dort irgendwelche textlichen Absurditäten enthalten sind. Ich meine, wir leben ja hier nicht auf einer Südseeinsel, Sie müssten noch nicht einmal die Stadtgrenzen von Hamburg verlassen, um einen entsprechenden Fachmann zu finden. Es ist unbedingt notwendig, dass jetzt einer Gruppe internationaler Experten die Gelegenheit gegeben wird, diese Manuskripte zu überprüfen.«

Koch unterbricht ihn und sichert zu, selbstverständlich bekämen die Fachleute dazu Gelegenheit. Aus dem Saal kommen Rufe wie »Wann?«, »Sagen Sie ein Datum!« »Wenn die journalistische Auswertung beendet ist«, antwortet Koch.

Der Justiziar von G+J, Joachim Hagen, hat gemeinsam mit seinem Kollegen Ruppert die zwei peinlichen Stunden der Pressekonferenz in der Kantine mit wachsender Sorge verfolgt. Um jetzt zu retten, was noch zu retten ist, muss nach seiner Überzeugung ganz schnell ein endgültiges amtliches Gutachten zum Thema Echtheit her. Er bespricht die Sache mit Ruppert und informiert Verlagschef Schulte-Hillen, der mit dem Vorschlag einverstanden ist. Da auch Dr. Henke vom Bundesarchiv die Veranstaltung miterlebt hat und noch im Hause ist, sorgt Hagen dafür, dass ihm der Heß-Sonderband und zwei weitere Tagebücher mitgegeben werden. Das Bundesarchiv solle nach seinen Vorstellungen die nötigen Untersuchungen veranlassen. Henke schaltet das Bundeskriminalamt und das Bundesamt für Materialprüfung ein.

Als sich in der Redaktion herumspricht, wie jämmerlich die mit so viel hochgespannten Erwartungen gestartete Pressekonferenz endet, legt sich Mehltau auf die Stimmung. Dass David Irving von Fälschung spricht, beunruhigt niemanden, man kennt den Mann schließlich. Und niemand von uns ahnt, wie gut Irving in diesem Fall tatsächlich informiert ist. Aber dass Trevor-Roper vom Kronzeugen zum Zweifler mutiert, stimmt sehr nachdenklich. Die Gefühle schwanken zwischen Hoffen und Bangen. Es kann doch einfach nicht sein, dass der *Stern* solch brisantes Material veröffentlicht, ohne hundertprozentig von seiner Echtheit überzeugt zu sein. Und es gibt doch die eindeutigen Schriftgutachten und die positive Papieruntersuchung. Niemand kann sich zu der Zeit vorstellen, wie leichtfertig Walde und Heidemann Warnungen in den Wind geschlagen haben, mit welcher Ignoranz deutliche Fälschungshinweise beiseitegeschoben wurden.

Wie ein Befreiungsschlag wirkt da der Auftritt von Peter Koch am Abend des 27. April im Fernsehen. Das ZDF hat den Film von *Stern*-TV gekauft, den Barbara Dickmann und Klaus Harpprecht gedreht haben und der auf der Pressekonferenz zwei Tage zuvor gezeigt wurde. Es ist übrigens das einzige Geschäft, das Gruner+Jahr im Zusammenhang mit den »Hitler-Tagebüchern« macht. Der 45-Minuten-Streifen, dessen Produktion 160 000 Mark kostet, wird auf Vermittlung von Felix Schmidt für 175 000 Mark an das ZDF verkauft.

Nach dem Film beginnt die Diskussion im ZDF-Studio. Die beiden Fernsehmoderatoren Hans Heiner Bölte und Guido Knopp haben eine hochkarätige Historikerrunde eingeladen: Hugh Trevor-Roper, den Schweizer Walther Hofer, Andreas Hillgruber aus München, Eberhard Jäckel und Gerhard Weinberg, dazu David Irving. Und die sind alle mehr als skeptisch, was die Echtheit der Tagebücher angeht. Hillgruber wirft Koch vor, »Banalitäten ohnegleichen« veröffentlicht zu haben. Außerdem findet er, »es ist unverantwortlich gewesen, in diesem Zustand, in dem Stadium der halben Überprüfung, das Material unter großem Sensationsgeschrei der Öffentlichkeit zu übergeben«. Prof. Hofer aus Bern kritisiert vor allem die reißerische Ankündigung, die Geschichte des Dritten Reiches müsse wegen der Tagebücher umgeschrieben werden.

Trevor-Roper sagt: »Die Dokumente müssen als Fälschung betrachtet werden, es sei denn, ihre Echtheit wird nachgewiesen.« Im Übrigen habe man ihm über die Herkunft der Tagebücher zunächst eine lückenlose Fundgeschichte präsentiert. »Aber Herr Heidemann und Herr Koch halten diese Erklärung jetzt nicht aufrecht.« Prof. Jäckel berichtet von dem großen Markt, auf dem mit gefälschten NS-Dokumenten und Hitler-Devotionalien ein »abstoßendes Geschäft« betrieben werde. Er habe selbst ein angebliches Tagebuch in der Hand gehalten und sei mehr als skeptisch gewesen. Der *Stern* hätte die Tagebücher einem Fachgremium überlassen müssen, um Legendenbildung und Beifall von der falschen Seite zu vermeiden.

Peter Koch, Einzelkämpfer gegen die geballte Kritik, setzt sich vehement zur Wehr. Da gebe es »Historiker, die seit Jahren auf wichtigen Dokumenten sitzen und sie der Öffentlichkeit vorenthalten«. Natürlich sei die Einschätzung richtig, dass die Geschichte der NS-Zeit umgeschrieben werden müsse, weil die Tagebücher sensationelle Neuigkeiten enthielten. Ganz massiv greift Koch dabei Jäckel an: »Ich maße mir allerdings an, sorgfältiger als Sie vorzugehen. Der ›stern‹ gibt seine Dokumente vorab zur Prüfung. Ihm wird deshalb auch die Peinlichkeit erspart bleiben, die Ihnen nicht erspart geblieben ist, Dokumente zurückzuziehen.«

Nach zweieinhalb Stunden Sendezeit beendet Moderator Bölte den spannenden Schlagabtausch mit dem Fazit: »Die Zweifel an der Echtheit der Tagebücher haben sich verstärkt.« Die FAZ findet die Diskussion »spannend von der ersten bis zur letzten Minute« und fragt zum Schluss: »Warum eigentlich tut man sich so schwer, nach Hitlers Wahn nun auch die Wahnsinnstat eines Kopisten für möglich zu halten, der in fanatischer ›Einfühlung‹ versucht, ›seinen Führer‹ vor dem Weltgericht in Schutz zu nehmen?«

Am nächsten Morgen herrscht im Konferenzsaal im 6. Stock Gedränge. Als Peter Koch erscheint, wird er mit Standing Ovations empfangen. Auch ich klatsche. Koch hat sich gegen die geballte Kompetenz der Zeitgeschichtler wacker behauptet. Also steht es doch nicht so schlecht um die Tagebücher. In dem Augenblick hat die Wagenburgmentalität auch die Redaktion erreicht. Ein Kollege des Auslandsressorts umarmt Koch und überreicht ihm eine Magnumflasche Champagner.

Es ist doch in der Tat so, dass jetzt Argumente gegen die Echtheit der Tagebücher ins Feld geführt werden, die falsch sind. So sagt der israelische Historiker Saul Friedländer, Hitler habe in seinen letzten Lebensjahren gar keine Tagebücher führen können, weil eine rechtsseitige Schüttellähmung das unmöglich gemacht hätte. Tatsächlich ist aber die linke Hand betroffen. Prof. Maser behauptet, Hitler habe wegen seiner Behinderung nicht mehr mit Tinte und Federhalter schreiben können. Dem widerspricht Henry Picker, der *Hitlers Tischgespräche im Führerhauptquartier* aufgezeichnet hat. Solche falschen Attacken wirken wie Balsam.

Peter Koch, kurz vor einem Flug in die USA, formuliert seinen Kommentar, der im kommenden Heft mit der Überschrift »Die Fälscher« erscheinen wird und in dem er mit den Kritikern gnadenlos abrechnet: »An der Echtheit der Tagebücher kann nicht gezweifelt werden. Doch die Internationale der Neider und der Fälscher mag sich gerade von der Eindeutigkeit nicht beeindrucken lassen. Die zeige nur, der *Stern* habe noch nicht genug Expertisen eingeholt. Verquere Logik. Mich stört es nicht: Viel Feind, viel Ehr. Auch Sie als Leser braucht das nicht zu stören. Die Tagebücher sind echt, unsere Beweise seriös und zahlreich.«

Und dann holt Koch zu einem Schlag aus, vor dem ihn Walde und Heidemann, die alle Einzelheiten kennen und wissen, dass Koch mit seiner Kritik total falsch liegt, hätten bewahren können: »Die Sorgfalt des *Stern* hätte den Archiv-Ayatollas in früheren Jahren gut angestanden. Professor Jäckel wäre dann die Peinlichkeit erspart geblieben, nachträglich aus seiner Hitler-Edition Fälschungen herausnehmen zu müssen. Doch statt durch Schaden klug zu werden, wurde er nur altklug. Auch er habe Tagebücher in den Händen gehabt, und sie seien ihm zweifelhaft erschienen. Was aber heißt das für den *Stern*-Fund? Ihm – und auch dem Hitler-Biographen Joachim Fest – zur Klarstellung: Das Material, das ihnen als Tagebuch Hitlers angeboten war und das sie zurückgewiesen haben, kennt der *Stern*. Es ist *nicht* identisch mit den Tagebüchern Hitlers, die uns vorliegen.«

Und auch Trevor-Roper, der nicht mehr Kronzeuge für den *Stern* sein will, bekommt sein Fett weg: »Und warum sollen jetzt mit Bestimmtheit gewisse Dokumente zum Fall Heß nicht echt sein? Ausgerechnet aus Hitlers Tagebuch zum Fall Heß stammen die Schriftproben, die alle Experten – ohne jeden Zweifel – als Hitlers Handschrift identifizierten. Folgt Trevor-Roper vielleicht der Desinformationsstrategie seiner früheren Auftraggeber vom MI5, weil Großbritannien bestimmte Einzelheiten zum Fall Heß unangenehm sind? Sollte es etwa eine geheime Verschwörung mit Heß konspirierender adliger Briten gegen Kriegs-Premier Churchill gegeben haben, die verborgen bleiben soll?«

Das sind Sätze, von denen man sich wünscht, sie wären nie geschrieben worden. Gerade hat der Verlag vier weitere Tagebücher zur Prüfung an das Bundesarchiv übergeben, und Thomas Walde hat Dr. Arnold Rentz in Bad Ems beauftragt, bei zwölf Blättern aus der Heß-Akte das Alter der Papiere zu bestimmen. Ziemlich spät, denn die Dokumente sind für die Heß-Serie schon ausgewertet, aber wohl in der Hoffnung, der Gutachter werde kein Blankophor finden.

Auch die Lektüre der Tageszeitungen am 27. April lässt die Hoffnung keimen, dass alles noch ein gutes Ende nehmen wird. Anlass ist eine Meldung der Nachrichtenagentur Reuters: »Das Bundesarchiv in Koblenz hat nach den Worten seines Präsidenten keinen Zweifel an der Echtheit der ihm vom Magazin *Stern* zur Prüfung vorgelegten mutmaßlichen Dokumente Adolf Hitlers.«

Insgeheim bereitet sich Heidemann auf den Tag X vor. Am 18. April ist er, zum ersten Mal seit mehr als einem Jahr, im Tresorraum der Deutschen Bank und öffnet seine drei Safes.

Die Polizei findet darin später nur siebzehn fotokopierte Tagebuchbände. Solche Fotokopien lagern stapelweise in seiner Wohnung an der Elbchaussee, es gibt also keinen Grund, weitere Duplikate im Bankschließfach zu deponieren. Heidemann sagt, er habe damals weder Geld noch Beweismittel zur Seite gebracht, sondern für Barbara Dickmann einen Originalbrief aus dem Safe geholt. Das Landgericht überzeugt diese Version nicht.

Am 23. April beginnt Heidemann damit, wichtige und wertvolle Dinge aus seinem Archiv in der Milchstraße wegzuschaffen und an einen nie entdeckten Ort zu bringen. Am Tag zuvor hat er von dem Negativgutachten von Arnold Rentz erfahren. Ihm als Eingeweihten muss klar sein, was dieses Votum bedeutet – sein Freund Conny hat ihn mit Fälschungen beliefert.

Gleichwohl verlangt er am 28. April noch einmal Geld vom Verlag. Da Wilfried Sorge im Urlaub ist, spricht er direkt bei Verlagschef Schulte-Hillen vor. Für die letzten drei Tagebücher brauche er 300 000 Mark, 150 000 Mark habe er schon bei seinem Lieferanten angezahlt. Das Geld soll am Morgen des nächsten Tages abholbereit sein. Schulte-Hillen ist einverstanden und bittet seinen für Finanzen zuständigen Vorstandskollegen Peter Kühsel, das Bargeld zu beschaffen. Zur Sicherheit fragt Heidemann selbst am Abend noch einmal bei Kühsel nach, ob er sich auch wirklich darauf verlassen könne, das Geld um 9 Uhr zu bekommen. Der sichert das zu und geht am nächsten Morgen gemeinsam mit Heidemann zur Deutschen Bank. Zum letzten Mal bekommt Heidemann 300 000 Mark bar in die Hand gedrückt. Unter dem Strich hat der Verlag jetzt für 60 Tagebücher und Sonderbände 9,34 Millionen Mark ausgegeben.

Gegen Mittag kommt Kujau nach Hamburg und besucht Heidemann in seiner Wohnung an der Elbchaussee. Tagebücher hat er keine dabei, dafür aber einen Stapel fotokopierte

SD-Akten, angeblich von seinem Bruder geschickt. Nachdem er Heidemanns Sammlung begutachtet hat, fahren sie gemeinsam in das Archiv in der Milchstraße. Heidemann macht sich von einigen Akten Kopien und geht anschließend mit Kujau zum Essen. Der fliegt alsbald wieder nach Stuttgart zurück. Geld bekommt er diesmal nicht, die 300 000 Mark behält Heidemann für sich.

Währenddessen wird in der Redaktion die nächste Ausgabe des *Stern* produziert, in der die Heß-Serie starten soll. Spätabends am Donnerstag fällt dem Chef vom Dienst Arnim von Manikowsky beim Betrachten der Layoutseiten auf, dass auf den dort faksimilierten Tagebuchseiten keinerlei Schreibfehler zu entdecken sind und auch nichts durchgestrichen ist. Manikowsky, Zeitgeschichtler von Haus aus und langjähriger Fachmann für diese Themen beim *Stern*, findet das merkwürdig, weil Korrekturen und Durchstreichung, wie er weiß, in Hitler-Handschriften typisch sind. Er ruft deshalb im Ressort »Zeitgeschichte« an und bittet Leo Pesch, doch entsprechende Tagebuchseiten für die Veröffentlichung auszuwählen. Pesch antwortet, ihm seien solche Verschreibungen in den Tagebüchern nicht untergekommen. Walde ruft aus dem Hintergrund: »Unser Führer verschreibt sich nicht!«

Am Freitagmorgen geht von Manikowsky zu Chefredakteur Schmidt und trägt ihm seine Zweifel vor. Der ist beunruhigt und rät, die Sache noch einmal mit Walde, Pesch und vor allem mit Serienchef Horst Treuke zu besprechen. Er fügt hinzu: »Viel Zeit zum Diskutieren bleibt nun nicht mehr, schließlich haben wir Schlusstag.« Treuke bekommt von Manikowsky ein Handschriftfaksimile in einem Buch gezeigt, in dem Hitler ein Wort durchgestrichen hat. Diesen Hinweis findet er aber weder dramatisch noch gar verdächtig, zumal alle Gutachten doch für Echtheit sprächen.

Das Wochenende verläuft ruhig. Peter Koch ist seit Donnerstag in den USA und lässt sich in Fernsehshows zu den Tagebüchern interviewen. Inzwischen ist auch Wolf-Rüdiger Heß nachgeflogen, der Sohn des Spandauer Häftlings, und unterstützt Koch bei seinen TV-Auftritten.

Die Tagebuchtitelgeschichte »Fund oder Fälschung«, die am 2. Mai im Nachrichtenmagazin *Der Spiegel* erscheint, senkt nicht den Daumen über das Konkurrenzblatt, sondern schildert, was sich rund um die Tagebücher ereignet hat und was die unterschiedlichen Experten zu der *Stern*-Veröffentlichung sagen. Offenbar ein kleiner Grund zum Aufatmen, denn die Kollegen vom *Spiegel* sind für harte Recherche und scharfe Urteile bekannt. Auch wenn *Spiegel*-Herausgeber Rudolf Augstein dem *Stern* ins Stammbuch schreibt: »Nach allem muß man annehmen, daß überhaupt kein Schriftsachverständiger die gesamten 60 Bände durchsehen durfte.« Und: »Dies machen wir dem ›Stern‹ zum Vorwurf: Daß er keinen Wissenschaftler in Ruhe hat prüfen lassen. Es ging ihm nicht um die Echtheit, nur um das Alibi.«

Für die Insider im Ressort »Zeitgeschichte«, in Chefredaktion und Verlag müssen einige Passagen allerdings alarmierend wirken. Denn da ist von einem »Volksarmee-General namens Fischer« als Lieferant die Rede. »Der hatte 27 in Leinwanddecken gebundene Hitler-Tagebücher in den Westen lanciert.« Und August Priesack wird im Zusammenhang mit diesen 27 Bänden mit dem Satz zitiert: »Eberhard Jäckel wollte sie von vornherein haben, er sagte: ›Die will ich veröffentlichen.‹ Da habe ich ein bißchen gelacht.« Hier sind nun wesentliche Akteure der Affäre benannt, die Sammlerszene plaudert. Auch der wegen angeblicher Lebensgefahr wie ein Staatsgeheimnis gehütete Name des DDR-Generals wird genannt. Dass hier Heidemanns hysterische Geheimnistuerei endgültig lächerlich wird, fällt in den Chefetagen niemandem auf.

Und endgültig alarmiert müssten Walde und Heidemann über die im *Spiegel* als Faksimile abgedruckte Tagebuchseite aus dem Halbjahresband 1935 sein, die Irving bei Priesack als Kopie erhalten hat. Gegen besseres Wissen behauptet Heidemann in einer Stellungnahme, dieser Tagebucheintrag vom 30. Juni 1935 stamme gar nicht aus den Tagebüchern, die der *Stern* habe.

Der *Spiegel*-Artikel endet mit einem Satz von Peter Koch über das Tagebuchprojekt: »Wenn das schief geht, chartert die Redaktion die Carin II, fährt damit nach Helgoland und zieht die Ventile.«

Angesichts der Lage kann man das nur als Galgenhumor bezeichnen. Denn noch am selben Tag kommt vom Bundesarchiv in Koblenz eine Serie beunruhigender Mitteilungen. Dr. Henke und Dr. Oldenhage haben herausgefunden, dass zwei Notizen im Tagebuch von 1934 historisch nicht stimmen, sie betreffen das Gesetz zur »Pfändung der Frucht auf dem Halme« und das Gesetz zur »Gleichschaltung der Studentenschaften«. Das sei allerdings nur das Ergebnis einer ersten schnellen Durchsicht. Außerdem erfährt Hagen aus Koblenz, dass nun auch im Papier von Tagebüchern optische Aufheller festgestellt worden seien. Und im Einband der Heß-Kladde sind Polyesterfäden gefunden worden, die es erst seit 1953 gibt.

Diese Alarmmeldungen aus Koblenz lösen eine neue Krisenkonferenz im 9. Stock aus. Die Chefredakteure Schmidt und Gillhausen, Henri Nannen, die Verlagsleitung und Heidemann nehmen daran teil. Felix Schmidt besteht jetzt in scharfer Form darauf, dass Heidemann endlich seine Quelle offenbart. Wie zu erwarten, verweigert der Reporter erneut jede Auskunft. Schmidt vermutet, dass Heidemann von den vielen Millionen Geld für sich selbst abgezweigt hat und deshalb mauert. Aus diesem Grund hat Schmidt mit Schulte-Hillen besprochen, er solle Heidemann im vertraulichen

Gespräch für den Fall der Unterschlagung »Straffreiheit« zusichern, wenn er nur umfassend über seinen Lieferanten aussage. Wie geplant nimmt Schulte-Hillen den Reporter mit in einen Nebenraum und sagt, wenigstens ihm könne er die Geschichte doch erzählen, und wenn er von dem vielen Geld etwas für sich behalten habe, würde man keine Affäre daraus machen. Heidemann ist empört über diesen Verdacht, alles sei ordentlich abgewickelt worden. Und dann erzählt er Schulte-Hillen: Sein Lieferant Konrad »Fischer« in Stuttgart habe in der DDR eine Schwester, die mit dem Museumsdirektor von Löbau verheiratet sei. Diese habe in der örtlichen Zeitung kleine Anzeigen aufgegeben, dass sie Pickelhauben und Militaria suche. Daraufhin habe sich ein alter Mann bei ihr gemeldet und Hitler-Schriften angeboten. Über diese Offerte habe sie ihren Bruder in Stuttgart informiert, und der habe bei seinen DDR-Besuchen den Bauern in und um Börnersdorf die Stücke aus der abgestürzten Ju 352 abgekauft. »Fischers« Bruder, der General der »Nationalen Volksarmee«, habe anschließend für den Transfer in den Westen gesorgt. Inzwischen seien noch drei weitere NVA-Generäle an der Sache beteiligt.

Wer das denn sei, will Schulte-Hillen wissen. Die Namen kenne er nicht auswendig, da müsse er in sein Archiv in der Milchstraße gehen. Kurz darauf kommt Heidemann mit zwei Papieren zurück. Es sind Kopien der Briefe vom »Staatsarchiv für Literatur der DDR« und vom »Chefgraphologen Dr. Feininger«, die Kujau nach der Aufregung um das angebliche Hitler-Gedicht »Der Kamerad« zur Beruhigung von Prof. Jäckel und Heidemann produziert hatte. Die Namen auf der Kopie sind geschwärzt, so dass Schulte-Hillen entgegen Heidemanns Ankündigung keinen weiteren DDR-General entdecken kann. An die Originale komme er im Moment leider nicht heran, entschuldigt sich Heidemann und schwört noch einmal beim Leben seiner Kinder, man brauche sich wegen der Tagebücher keine Sorgen zu machen. Mehr könne er aber nicht sagen, weil er selbst, seine Familie und seine Lieferanten sonst in Gefahr gerieten.

Schulte-Hillen akzeptiert das und erklärt dann der versammelten Konferenz-Runde, Heidemann habe ihm den Hergang berichtet. Einzelheiten will er aus Sicherheitsgründen nicht berichten. Der Höhepunkt der Bunkermentalität ist erreicht.

Nach diesem Treffen findet Heidemann in dem Buch von Gerhard Rühle *Das Dritte Reich* einen Eintrag zum landwirtschaftlichen Vollstreckungsschutz, der mit dem Datum im Tagebuch übereinstimmt. (Das Rühle-Buch ist die zweite Hauptquelle von Konrad Kujau.) Ein Kollege entdeckt in anderen Unterlagen über das Studenten-Gesetz ebenfalls ein Datum, das zum Eintrag im Tagebuch passt. Also doch falscher Alarm aus Koblenz?

Bleibt das Problem mit den optischen Aufhellern. Das zu überprüfen beauftragt Henri Nannen den Redakteur Dr. Hans Schuh vom Ressort »Wissenschaft und Technik«. Schuh, der Chemiker ist, wälzt Fachliteratur und ruft unter anderen Gutachter Rentz an. Er fragt ihn, ob optische Aufheller nicht auch durch die Verwendung von Textilien bei der Papierproduktion in die Seiten gekommen sein könnten. Denn bei Textilien wurden sie schon früher eingesetzt. Rentz will das nicht ausschließen, hält es aber in solchen Mengen nicht für denkbar. Allein die Möglichkeit wird nun zum Strohhalm, an den man sich klammern kann.

In der Nachrichtenredaktion des *Stern* ist inzwischen ein Fernschreiben des TV-Magazins »panorama« vom NDR eingegangen. Fernsehreporter Stefan Aust hat erfahren, dass zwei Rentz-Gutachten existieren, aber nur eines veröffentlicht und bei der Pressekonferenz verteilt worden ist. Was es denn damit auf sich habe, will Aust wissen. Ressortleiter

Schönfeld erkundigt sich bei Walde und teilt Aust dann mit: Das Gutachten über den Telegrammentwurf an Mussolini habe nichts mit den Tagebüchern zu tun und stamme auch nicht aus dem abgestürzten Flugzeug. Walde streitet später ab, Schönfeld eine solche Auskunft gegeben zu haben.

Heidemann ruft bei Kujau an, der sich um die Frage kümmern wollte, seit wann Aufheller bei der Papierproduktion verwendet wurden. Doch am Apparat meldet sich die Lebensgefährtin und sagt, Kujau sei nicht da. Als Heidemann ihr erklärt, worum es geht, kann sie helfen. Kujau hat kurz zuvor einen befreundeten Kriminalbeamten in Stuttgart gebeten, ihm bei diesem Problem zu helfen, und der hatte sein Rechercheergebnis aufgeschrieben:

»Conny,
die chemische Substanz ›Blankofore‹ (oder andere Schreibweise) ist unter anderem auch als ›Blankit‹ bekannt. Es handelt sich um einen optischen Aufheller, der die UV-Strahlung reflektiert und durch diese fluoreszierende Wirkung dem Papier einen weiß-strahlenden Effekt verleiht.
Die Substanz wird bei der Papierherstellung zugegeben. Seit wann diese Substanz verwendet wird, kann nicht genau gesagt werden. Es lässt sich das Jahr nicht exakt festlegen. Auf jeden Fall ist dieses Mittel schon seit langem bekannt und in Gebrauch. Es wird übrigens nicht nur von der Firma FA. Bayer verwandt.«

Hinter den vorletzten Satz hat Kujau handschriftlich hinzugefügt: »ca. 1915 bis 1917«. Den letzten Satz ergänzt er mit »Ausländische Erzeuger haben es schon früher gehabt«. Diesen Zettel liest Kujaus Lebensgefährtin Heidemann vor, und der berichtet umgehend Herausgeber Henri Nannen von diesen Neuigkeiten. Nannen ruft Dr. Schuh in sein Zimmer und bittet ihn um Auskünfte zu Blankit. Auch Wolf

Thieme, der Autor der Fundgeschichte, kommt in diesem Moment in Nannens Büro und berichtet, er habe gerade in einem Telefonat mit dem Bayer-Konzern erfahren, dass möglicherweise schon in den Kriegsjahren mit Blankophor bei der Papierherstellung experimentiert worden sei.

Am Nachmittag desselben Tages wird Schuh in den 9. Stock gerufen, wo ihm Schmidt im Zimmer von Schulte-Hillen sagt, er solle die Regie bei der naturwissenschaftlichen Untersuchung der Bücher übernehmen. Schuh sieht bei dieser Gelegenheit zum ersten Mal einige Tagebücher im Original und findet es komisch, dass auf zweien davon Buchstaben aus Plastik aufgeklebt sind. Wenig später spricht er Heidemann darauf an. Der erklärt, Bormann habe ihm erzählt, Hitler habe sich mächtig darüber erregt, dass man das »AH« auch als »IH« lesen könne, also »Idiot Hitler«. Deshalb seien danach auch keine Initialen mehr verwendet worden.

Um die Tagebücher nun endgültig umfassend naturwissenschaftlich überprüfen zu lassen, fliegen der dritte Justiziar von Gruner+Jahr, Rüdiger Schäfer, ein Vorstandsassistent und Leo Pesch am 4. Mai nach Zürich und holen fünfzehn Tagebuchbände aus dem Banksafe. Der Assistent bringt vier davon zum Bundesarchiv, mit den anderen elf fahren Schäfer und Pesch nach St. Gallen zur Eidgenössischen Materialprüfungsanstalt.

»Diese Tagebücher sind gefälscht«

Auf seiner PR-Tour durch amerikanische TV-Stationen trifft Chefredakteur Peter Koch am Morgen des 4. Mai in den NBC-Studios in New York den amerikanischen Graphologen Kenneth Rendell aus Boston. Der hatte Wochen vorher von *Newsweek* den Auftrag bekommen, in der Schweiz die Hitler-Dokumente auf Echtheit hin zu überprüfen. Doch weil das US-Magazin die Verhandlungen mit Gruner+Jahr abgebrochen hatte, musste Rendell unverrichteter Dinge wieder aus Zürich abreisen. Im Gepäck etwa hundert zweifelsfrei echte Hitler-Handschriften, die er sich extra für diesen Auftrag beschafft hat.

Nun schlägt Koch ihm vor, mit in das New Yorker Büro des *Stern* zu kommen und dort die Schrift des ersten und des letzten Tagebuchbandes mit seinen Dokumenten zu vergleichen. Rendell sagt zu. Er erscheint mit einem Assistenten, einem Mikroskop mit 80-facher Vergrößerung und seinem Hitler-Konvolut.

Stundenlang sitzt er im Büro von USA-Korrespondent Walter Unger, vergrößert und kopiert Originale und vergleicht sie mit den Tagebucheintragungen. Abends gegen 21.00 Uhr unterbricht er seine Arbeit und sagt zu Koch: »Es sieht nicht gut aus. Aber morgen früh mache ich weiter.«

Am nächsten Morgen um 10.00 Uhr, in Hamburg ist es an diesem Donnerstag schon 16.00 Uhr, geht Rendell wieder an die Arbeit. Drei Stunden später ruft er Koch zu sich und eröffnet ihm: »Diese Tagebücher sind gefälscht.« Er zeigt Koch einige Vergrößerungen, bei deren Vergleich auch ein

Laie erkennt, dass der Tagebuchschreiber nicht Adolf Hitler war. Kenneth Rendell will *Newsweek* von seinem Urteil informieren, aber Koch gelingt es, ihn davon abzubringen, indem er ihm zusagt, er könne in Hamburg alle Bücher begutachten.

Eine halbe Stunde später ruft Koch Schulte-Hillen in Hamburg an und informiert ihn über die böse Botschaft des Experten. Der Verlagschef liegt mit Grippe im Bett. Er bittet Koch, gemeinsam mit Rendell so schnell wie möglich nach Hamburg zurückzukommen. Nach Schulte-Hillens Einschätzung ist der Fall noch nicht entschieden. Für den kommenden Tag hat das Bundesarchiv ein Gutachten angekündigt, und auch Prof. Michel prüft ja noch die Schrift der Tagebücher. So lange wolle er noch abwarten, sagt Schulte-Hillen zu Koch.

Am späteren Abend bekommt Schulte-Hillen Besuch von seinem Vorgänger und ehemaligen Bertelsmann-Chef, Manfred Fischer. Der hat 1981 die millionenteure Beschaffung der Tagebücher angeschoben, aber inzwischen ist er sehr skeptisch geworden. Möglicherweise sei das, sagt er, »der größte Betrug des Jahrhunderts. Wir haben uns schön über den Tisch ziehen lassen.« Schulte-Hillen sieht die Lage nicht so schwarz. Eine Anweisung an die Druckerei in Itzehoe, die Rotation für die nächste Ausgabe des *Stern* nicht anlaufen zu lassen, gibt er nicht.

In der Redaktion wird das neue Heft produziert. Der Titel von Ausgabe Nr. 20 »Geburt ohne Risiko«. Der rote Balken auf der Titelseite verkündet: »Hitler-Tagebücher: Das Geheimnis von Dünkirchen«. Auf der Aufmacherseite zum zweiten Teil der Heß-Serie lautet der Vorspann: »Im ›Felsennest‹, seinem Hauptquartier in der Eifel, studiert Hitler im Mai 1940 den Frontverlauf im Westen. In seinen Tagebuch-Aufzeichnungen behauptet der ›größte Feldherr aller Zeiten‹, er habe die deutschen Panzer vor Dünkirchen gestoppt, um das britische Expeditionskorps zu schonen.«

Sein Editorial widmet Herausgeber Henri Nannen der Frage »Echt oder unecht – das ist hier die Frage«. Auszug: »Der Streit um die Echtheit der Hitler-Tagebücher war vorauszusehen. Nicht vorauszusehen waren die unsachlichen Verdächtigungen, die Kübel von Unrat, über die *Stern*-Redaktion geschüttet von Besserwissern, Neidern, Konkurrenten und politischen Hassern. Ich meine, es ist an der Zeit, aufzuräumen mit der moralischen Verlogenheit, die da aus allen Ecken kriecht. Nehmen wir die Hauptvorwürfe der Reihe nach:

... Darf man Hitler-Memoiren verkaufen? Natürlich darf man. Historiker von Rang haben ihre Funde aus dem Hitler-Erbe zwischen Buchdeckeln verkauft ... Henry Picker verkaufte die von ihm notierten Tischgespräche Hitlers – niemand hat daran Anstoß genommen, und die Welt hat die Erweiterung ihres Geschichtsbildes dankbar begrüßt.

... Der *Stern* ließ es an der nötigen Sorgfalt fehlen. Hält man uns wirklich für so dumm, daß wir mit Fälschungen einen vorübergehenden Auflagenerfolg anstreben, ohne den unvermeidlichen Rückschlag einzukalkulieren, den die Veröffentlichung einer Fälschung für ein Blatt bedeutet? Allein die Glaubwürdigkeit sichert einer Zeitung auf Dauer den wirtschaftlichen Erfolg. Was unter den gegebenen Umständen zur Prüfung getan werden konnte, wurde getan ...

... Auch der *Stern* kann irren. Muß ich mich wiederholen? Natürlich kann der *Stern* irren ... Deshalb hat der *Stern* trotz aller Bedenken gegenüber denen, die unbezahlten Honig aus seinen Waben saugen möchten, die Tagebücher Hitlers nun in unbeschränktem Umfang einer deutschen und einer schweizerischen Untersuchungsbehörde und noch dazu dem ›Federal Bureau of Investigation‹ der Vereinigten Staaten zur Prüfung übergeben. Sollten diese Prüfungen am Ende erweisen, daß wir ›der genialsten Fälschung des Jahrhunderts‹ (Trevor-

Roper) zum Opfer gefallen wären, dann würde unser journalistisches Selbstverständnis uns gebieten, dies als erste unseren Lesern mitzuteilen.

Solange wir aber aus guten Gründen guten Glaubens sind, drucken wir weiter.

Herzlichst Ihr
Henri Nannen«

Es ist kaum vorstellbar, dass angesichts der Nachricht aus New York in Hamburg noch weiter wie gewöhnlich gearbeitet wird. Peter Koch hat sich mit einem lakonischen »Das war's denn wohl!« in der New Yorker *Stern*-Redaktion verabschiedet und sich mit Kenneth Rendell auf den Heimflug gemacht. Niemand in der Führungsetage kommt auf die Idee, das Satyrspiel Tagebücher zu stoppen. Der diensthabende Chefredakteur Felix Schmidt erfährt nichts von Kochs Anruf aus New York. So ledert er in der Redaktionskonferenz am Freitagmorgen kritisch nachfragende Kollegen noch mit dem Satz ab: »Die Echtheit der Tagebücher ist heute Morgen gewisser denn je.«

Dabei gibt es erneut Anlass zu Zweifeln, denn an diesem Morgen erscheint die *Bild*-Zeitung mit der Schlagzeile: »Hitler-Tagebücher – Schon das A von Adolf falsch – Schrift-Professor enthüllt: Hitlers A war nicht verschnörkelt«. Das Blatt druckt die Initialen ab und zitiert den Hannoveraner Professor Horst Heiderhoff: »Schon das Initial ›A‹ für Adolf auf dem Buchdeckel ist falsch. Es ist in Wirklichkeit ein ›F‹.« Diese Schrift sei unter den Nazis nicht gebräuchlich gewesen. »Im Gegenteil: Die Nazis zogen solche ›gebrochenen Schriften‹ Anfang der vierziger Jahre als sogenannte, angebliche ›Judenlettern‹ aus dem Verkehr.«

Während Schmidt in der Redaktion noch Zuversicht verbreitet und Zweifler bedroht, sind die Justiziare Hagen und Ruppert in Koblenz bei Prof. Dr. Hans Booms, dem Chef des Bundesarchivs. Auf seinem Schreibtisch liegen die Untersuchungsergebnisse vom BKA aus Wiesbaden und vom Bundesamt für Materialprüfung in Berlin. Das Urteil der Experten ist der GAU für den *Stern*. Das Papier der Kladden, hergestellt aus Nadelholzfasern, Gras und Laub, enthält optische Aufheller, die erst seit 1955 in der Papierherstellung verwendet werden. Die roten Schnüre an den Hakenkreuzsiegeln enthalten Viskose und Polyester – können also nicht aus Vorkriegs- und Kriegszeiten stammen. Der Tagebuchschreiber hat vier verschiedene Nachkriegstinten benutzt. Die Tintenschrift im Heß-Band ist höchstens zwei Jahre alt, das Tagebuch von 1943 ist frühestens ein Jahr zuvor geschrieben worden.

Und was die Eintragungen angeht, so sagt Booms, hat sich der Fälscher ganz offenbar ziemlich konsequent an die Aufzeichnungen von Max Domarus gehalten. Selbst wenn Domarus in seinem Nachschlagewerk über Hitlers Aktivitäten, Reden, Erlasse und Befehle mal ein Fehler unterlaufen ist, findet der sich in den Tagebüchern wieder. So ist bei Domarus nachzulesen, dass General Franz Ritter von Epp Hitler ein Glückwunschtelegramm zu seinem 50. Armee-Jubiläum schickt. Konrad Kujau übernimmt das exakt so. Tatsächlich hat Hitler telegrafisch Ritter von Epp gratuliert.

Während Booms den beiden Juristen die bitteren Tatsachen erklärt, wird er immer wieder durch Telefonate unterbrochen. Hagen hat plötzlich den Eindruck, dass entgegen der Absprache das BKA und das Bundesamt für Materialprüfung auch die Bundesregierung in Bonn informieren. Booms bestätigt den Verdacht, das Ganze sei jetzt »Ministersache«. Hagen und Ruppert alarmieren die Verlagsspitze in Hamburg. Am Telefon erreichen sie Zeitschriftenvorstand Jan Hensmann, Schulte-Hillen liegt immer noch grippekrank im Bett, macht sich aber sofort auf den Weg zum »Affenfelsen«.

Verzweifelt versucht Hensmann, Henri Nannen ans Telefon zu bekommen. Der will gerade am Flughafen Fuhlsbüttel in eine Maschine nach Rom steigen, wo an diesem Abend das neue *Stern*-Büro mit 270 geladenen Gästen eröffnet werden soll. Eine Stewardess am Flugsteig gibt ihm das Telefon. Hensmann sagt: »Alles ist gefälscht!« Sicher? »Kein Zweifel.« Nannen macht auf der Stelle kehrt, nimmt ein Taxi, fährt zum Redaktionshaus in der Warburgstraße und diktiert eine Meldung für die Nachrichtenagenturen.

Im Bundestag in Bonn bekommt Bundesinnenminister Friedrich Zimmermann die Fälschungsbotschaft zugeflüstert und reagiert erfreut: »Na bitte, wußt' ich's doch!« Auf der Regierungsbank bricht Heiterkeit aus. Kanzler Helmut Kohl amüsiert sich königlich über die Pleite, endlich bekommt das »linke Kampfblatt« aus Hamburg mal richtig Probleme. Zimmermann – vom *Stern* wegen eines Falscheides in der bayerischen Spielbanken-Affäre einst »Old Schwurhand« genannt – verlässt den Plenarsaal und gibt eine Pressekonferenz.

»Auf Grund der Inhaltsanalyse und der kriminaltechnischen und naturwissenschaftlichen Untersuchungen«, verkündet Zimmermann, »ist das Bundesarchiv zu der Überzeugung gekommen, daß die ihm überreichten Unterlagen nicht von der Hand Hitlers stammen können, sondern in der Nachkriegszeit hergestellt worden sind. Ich bedaure zutiefst, dass diese Untersuchungen nicht vom ›stern‹ vor der Veröffentlichung unternommen worden sind.«

Um 13.27 Uhr meldet die Nachrichtenagentur AP: »VORRANG ***** Hitlertagebücher eine Fälschung Bonn (AP) Die im Besitz des Hamburger Magazins ›Stern‹ befindlichen angeblichen Tagebücher Adolf Hitlers sind nach Erkenntnissen des Bundeskriminalamtes gefälscht. Dies teilte Bundesinnenminister Friedrich Zimmermann am Freitag in Bonn mit. Mehr.« Um 13.30 zieht dpa nach: »Eil!!!!! Die vom ›Stern‹ veröffentlichten Hitler-Tagebücher stellen nach

Angaben des Bundesinnenministeriums eine Fälschung dar.«

Im 10. Stock des Bundesarchivs in Koblenz läuft eine Pressekonferenz, auf der Amtschef Hans Booms Schritt für Schritt darlegt, warum die Tagebücher gefälscht sind. Es herrscht eine ähnliche Hektik wie bei der Präsentation knapp zwei Wochen zuvor in der Kantine des Verlagshauses Gruner+Jahr. Wieder sind zahlreiche Journalisten erschienen, Kameraleute, Beleuchter, Kabelträger, Fotografen und Rundfunkreporter drängeln sich vor den Experten der Behörde. Im Hof stehen zahlreiche Übertragungswagen.

Booms Botschaft: Papier und Materialien wie Klebstoff, Einbände und Kordeln der Tagebücher stammen aus Nachkriegsproduktionen, die verwendeten Tinten sind nicht älter als zwei Jahre. »Unter mehreren auffallenden äußerlichen Merkmalen fiel am stärksten ins Auge der völlig korrekturfreie Text, der durch 13 Jahre hindurch seinen reinschriftlichen Charakter nicht veränderte, was mit dem Bild des emotionsgeladenen, erruptiv veranlagten Autors Hitler schwer in Einklang zu bringen war.« Er trägt in Einzelheiten vor, was kurz zuvor schon die Verlagsjustiziare erschüttert hat. Über den Fälscher sagt Booms: »Es ist eine recht simple Fälschung. Abschriften, die ein phantasieloser, ja ich würde sagen, lustloser Fälscher, aus Chroniken vorgenommen hat, die er dann halt in eine Ich-Form umgebogen hat.«

In Hamburg informiert *Stern*-Verlagsleiter Peter Hess die internationalen Lizenznehmer über die Pleite und sagt zu, dass der Verlag alle schon gezahlten Gelder zurücküberweisen werde. In der Druckerei in Itzehoe werden die Rotationsmaschinen gestoppt. 70 000 druckfrische Hefte sind per Lkw schon zu den Grossisten unterwegs, sie werden zurückgerufen und die Ladung eingestampft, ebenso wie die schon gedruckten 160 000 Hauptprodukte und 260 000 fertigen Titelprodukte.

Die geschockte Redaktion versammelt sich um 17.00 Uhr in der Kantine zu einer Vollversammlung. Felix Schmidt, Gerd Schulte-Hillen und Henri Nannen stellen sich den Redakteuren. Schulte-Hillen kündigt ein Scherbengericht an, aber erst wenn alle Fakten auf dem Tisch liegen. Henri Nannen sagt, der *Stern* sei betrogen worden, die Redaktion sei es ihren Lesern schuldig, diesen Skandal lückenlos aufzuklären und die Ergebnisse ohne Ansehen der Person zu veröffentlichen. »Da werden wir keinen schonen.« Er appelliert an die Versammelten, gemeinsam mit ihm den »Karren wieder aus dem Dreck zu ziehen«. Vor den Fernsehkameras der »Tagesschau« erklärt er wenig später: »Wir haben Veranlassung, uns vor unseren Lesern zu schämen.«

Heidemann ist seit zwei Tagen in Bayern unterwegs. In einem Altersheim bei Berchtesgaden will er eine ehemalige Angestellte von Hitlers Ferienresidenz Berghof besuchen. Als er während der Autofahrt die Meldung von der Fälschung hört, denkt er daran, so sagt er später, den Wagen gegen einen Baum zu fahren. Er ruft aber dann doch in Hamburg an und wird spätabends mit einem Learjet von München aus nach Hamburg geflogen.

Nach seinem Auftritt in der Vorstandsetage kommt Heidemann mit Felix Schmidt in dessen Zimmer im 6. Stock, wo wir schon seit Stunden warten. Die folgende Befragung wird zur Farce. Selbst angesichts der Tatsache, dass die Tagebücher als Fälschung enttarnt sind, dass der Verlag 9,34 Millionen Mark für Altpapier ausgegeben hat und dass der *Stern* den größten Presseskandal in der Nachkriegsgeschichte ausgelöst hat und in seiner Glaubwürdigkeit ruiniert ist, erzählt Heidemann gläubig Kujaus Märchengeschichten und bleibt bei der Lüge von seinen Beschaffungsfahrten durch die DDR – dem einzigen Anhaltspunkt, dass die Tagebücher tatsächlich aus Ostdeutschland stammen können. Das Protokoll dieser Nacht liest sich aus heutiger Sicht wie eine Slapstick-Nummer.

Am Ende der Nacht nennt Heidemann die Privatnummer seines Freundes Konrad »Fischer«. Wenig später haben wir ermittelt, dass es ein Anschluss in Bietigheim-Bissingen ist, eingetragen auf den Namen der Kujau-Freundin. Heidemann hat seinen »Conny« angeblich schon mehrfach gebeten, ihm seine neue Privatadresse zu geben, was der immer abgelehnt habe. Auf die Idee, sie mittels der Nummer bei der Telefonauskunft zu erfragen, ist der »Spürhund« offenbar nicht gekommen.

Nach diesem Gespräch steht für mich fest: Gerd Heidemann hat uns belogen. Die Geschichte von der Tagebuchübergabe auf der B 5 von Auto zu Auto ist absolut unglaubwürdig, eine solche Zirkusnummer ist auf dieser gefährlichen, vielbefahrenen Straße unmöglich. Somit ist die ganze Fund-Story obsolet.

Völlig wahnwitzig ist die Geschichte, ein NVA- oder Stasi-General würde kriminelle Geschäfte mit seinem Bruder im Westen machen, Nazidevotionalien über die Grenze schmuggeln und dann auch noch Generalskollegen als Mitwisser ins Boot holen. Wer sich auch nur ein wenig mit den Zuständen in der DDR auskennt, würde das ins Reich der Phantasie einordnen. Weshalb halten dieses Märchen ausgerechnet Geheimdienstexperte Thomas Walde und Gerd Heidemann seit Jahren für denkbar?

Wir müssen also so schnell wie möglich die wahre Identität von »Fischer-West« herausfinden und seine Verwandten in der DDR aufsuchen: den Museumsdirektor in Löbau und den General »Fischer« in Köthen. Früh am Morgen machen sich zwei Kollegen nach Stuttgart und Löbau auf den Weg.

Die Lektüre der Sonnabendzeitungen ist niederschmetternd. Weltweit macht die Pleite Schlagzeilen, die Kommentare sind schadenfroh bis erbost. Die *Daily Mail* aus London schreibt: »Außer den zwei Millionen Pfund, die der ›Stern‹ für die freche Fälschung gezahlt hat, was für Motive könnten noch dahinter stecken, daß ein Betrüger so einen riesigen Schwindel unternimmt?« *Le Quotidien* aus Paris: »Die Nazi-Mayonnaise ist schlecht geworden.« In der *Neuen Zürcher Zeitung* ist zu lesen: »Der angebliche Fund des ›Stern‹ stieß namentlich in der Fachwelt auf starke Skepsis, und zwar um so mehr, als das Hamburger Sensationsblatt sich strikt weigerte, bekanntzugeben, auf welchem Wege es an sein Material herangekommen war.« Die *Süddeutsche Zeitung* meint: »Zum Glück zerplatzte die Spekulation. Übrig bleiben vor allem peinliche Fragen nach der Verantwortung der Massenmedien.« Und die *Rheinische Post* aus Düsseldorf macht folgenden Vorschlag: »Eine Bitte an die ›stern‹-Leute: Vernichtet die 60 Kladden nicht, sondern türmt sie auf zu einem gut sichtbaren Denkmal. Dorthin möge man alle führen, die immer noch glauben, das Hitler-Bild ... entdämonisieren zu können.«

Während die *Stern*-Redakteure in Bietigheim-Bissingen, Stuttgart und Löbau recherchieren, hat sich Konrad Kujau mit seiner Lebensgefährtin und mit seiner Geliebten ins österreichische Dornbirn abgesetzt, wo deren Eltern wohnen. Zuvor hat Kujau bei einem Bekannten drei Umzugskartons und eine Aktentasche deponiert. Darin findet die Polizei ein Jahr später ein angefangenes Tagebuch, mehrere leere Kladden, Tintenfässer, Schreibfedern, Federhalter, Siegel und Siegellack.

In Hamburg werden unterdessen die personellen Weichen gestellt. Gerd Schulte-Hillen bietet am Morgen in einem Telefonat mit Konzernchef Reinhard Mohn seinen Rücktritt an. Der wehrt ab: »Tu das nicht. Du trägst nicht die Hauptverantwortung.« Wenig später meldet sich *Zeit*-Verleger Gerd Bucerius, einst auch Verleger des *Stern* und nun Anteilseigner der Bertelsmann AG, bei Schulte-Hillen und verlangt, dass die Chefredaktion des *Stern* entlassen wird. Auch er rät Schulte-Hillen vom Rücktritt ab: »Übernehmen Sie nicht die Verantwortung. Die Hauptschuld trifft nicht Sie.«

Schon lange ist Bucerius Chefredakteur Peter Koch ein Dorn im Auge, er hält ihn – so schreibt er in der *Zeit* – für »journalistisch mittelmäßig« und »charakterlich anfechtbar«. Seit Nannen nicht mehr Chefredakteur des *Stern* ist, polemisiert Bucerius gegen die politische Berichterstattung des *Stern*. Der klare Kurs des Blattes gegen die Aufrüstung und die Stationierung von Pershing-2-Raketen bringt ihn genauso in Harnisch wie eine Reportage aus dem Innenleben des Bremer Verfassungsschutzes oder die Recherchereise eines *Stern*-Reporters durch ein Dutzend von Beichtstühlen vor der Bundestagswahl mit Franz Josef Strauß als Kanzlerkandidat der Union. Jetzt ist für Bucerius, der auch Aufsichtsratsmitglied bei Gruner+Jahr ist, der Zeitpunkt der Abrechnung gekommen.

Als Peter Koch am Samstagmittag mit dem Flugzeug aus New York in Hamburg landet, tagen im Büro von Henri Nannen schon zwei Stunden lang Verlagschef Schulte-Hillen, Herausgeber und Vorstandsmitglied Nannen und die Chefredakteure Schmidt und Gillhausen. Peter Koch ist von vornherein bereit, die Konsequenzen aus dem Desaster zu ziehen. Auch Felix Schmidt ist spätestens während der Redaktionsvollversammlung am Freitagabend klar geworden, dass er seinen Posten räumen muss. Er schlägt allerdings vor, der Verlag solle ihn entlassen, dann könne man ja vor dem Arbeitsgericht die Verantwortlichkeiten klären. Die Diskussionen werden heftiger.

Man wird sich aber schließlich einig, dass jetzt »eine Sau geschlachtet« werden muss, wenn das schwer angeschlagene

Ansehen des *Stern* gerettet werden soll. Und die Chefredakteure sind ja de jure allein dafür verantwortlich, was im Blatt veröffentlicht wird. Also sollen sie jetzt ihren Kopf hinhalten.

Gegen 14.00 Uhr rufen Koch, Schmidt und Gillhausen den Hamburger Rechtsanwalt Dr. Jörg Soehring als ihren Vertreter zu den Verhandlungen hinzu. Nach einem langen Gespräch mit dem Anwalt verlangen sie nun aber im Gegenzug, dass ihre Verträge einvernehmlich aufgelöst werden. Ihr Argument: Mit ihren Rücktritten übernähmen sie in der Öffentlichkeit schließlich sozusagen stellvertretend auch den Anteil Verantwortung, den eigentlich Schulte-Hillen und Zeitschriftenvorstand Hensmann zu tragen hätten. Ihre Forderung nach einer stattlichen Abfindung untermauern sie mit dem Hinweis, dass Schulte-Hillen ihnen gegenüber ausdrücklich die »Gesamtverantwortung« für die Tagebücher übernommen habe.

Schulte-Hillen telefoniert mehrfach mit Reinhard Mohn und Gerd Bucerius. Wenn man sich nicht einigt, steht ein spektakulärer Prozess vor dem Arbeitsgericht ins Haus. Da würde es dann en détail um Verantwortlichkeiten gehen und darum, wer wann was gewusst und unternommen oder unterlassen hat. Am Ende unterschreiben Schmidt und Koch ihre Auflösungsverträge, die ihnen je 3 Millionen Mark Abfindung und eine monatliche Rente ab dem 60. Lebensjahr garantieren. Das Rücktrittsangebot von Rolf Gillhausen zu gleichen Bedingungen wird abgelehnt. Er soll den *Stern* gemeinsam mit Henri Nannen leiten, der für eine Übergangszeit wieder seinen alten Posten einnimmt. An die Agenturen wird folgende Erklärung gegeben: »Verlag und Redaktion des ›Stern‹ stellen fest, daß sie bei den angeblichen Tagebüchern Hitlers einer Fälschung aufgesessen sind. Die vor Beginn der Veröffentlichung durchgeführten Echtheitsprüfungen haben sich als unzureichend erwiesen.«

Während ich auf weitere Nachrichten aus Stuttgart warte, versuche ich, Gerd Heidemann ans Telefon zu bekommen. Inzwischen dürfte er ausgeschlafen haben und zu weiteren Befragungen zur Verfügung stehen. Schließlich hat er das auch zugesagt. Doch niemand hebt die Telefone ab. Als ich gemeinsam mit Leo Pesch und Thomas Walde an die Elbchaussee fahre, wo Heidemann in einem Terrassenhaus eine Wohnung und darüber eine Büroetage gemietet hat, meldet sich niemand auf unser Klingeln.

Konrad Kujau ließ die Puppen tanzen

Nach der ersten Meldung, dass unser Tagebuchlieferant Konrad »Fischer« in Wahrheit Konrad Kujau heißt, kommen von dem Frankfurter *Stern*-Korrespondenten Rudolf Müller und den anderen nach Stuttgart entsandten Kollegen immer tollere Neuigkeiten über den Mann. Kujau ist Stammkunde in den Lokalen »Sissy-Bar«, im »Pigalle«, in der »Melodie«, im »Corso« und in der »Bier-Bar«. Und er lässt dort buchstäblich die Puppen tanzen. Die Mädchen stellen sich in einer Reihe auf, »Dr. Kujau« wählt eine der Damen aus, mit der er sich dann in seinen Ausstellungsraum in der Schreiberstraße 22 zurückzieht. Der Wirt des »Pigalle« erzählt, dass Kujau in manchen Nächten 15 000 Mark Zeche gemacht und bar bezahlt hat.

Kujau-Bekannte erzählen, dass es mit »Conny« seit 1981 wirtschaftlich steil bergauf gegangen sei. Geld habe keine Rolle mehr gespielt. Nachbarn erzählt er, er arbeite jetzt als Schriftsteller. Andere wissen zu berichten, dass er die Lebensgeschichte von Adolf Hitler aufschreibe. Wieder andere erfahren, er sitze an einer Serie für den *Stern*. Kolleginnen seiner Lebensgefährtin haben deren Klage im Ohr: »Conny arbeitet Tag und Nacht für den ›stern‹. Er ist schon ganz kaputt.« Kurz nachdem die »Tagebücher« im *Stern* erschienen sind, hat sich Kujau in seiner Stammkneipe schräg gegenüber seinem Laden in der Schreiberstraße vom Wirt mit der Bemerkung abgemeldet, er ginge jetzt auf eine längere Kur im Ausland.

Zur selben Zeit ist Ostberlin-Korrespondent und *Stern*-Fotograf Harald Schmitt auf dem Weg nach Löbau. Rolf Gillhausen hat ihn gebeten, den Museumsdirektor ausfindig zu machen. Eventuell würde sich ja auch Konrad »Fischer« bei seiner Schwester und seinem Schwager verstecken. Die Fahrt in die Kreisstadt in der Oberlausitz ist weit und für Schmitt nicht ohne Risiko. Denn solche Recherchereisen müsste er eigentlich beim Presseamt des DDR-Außenministeriums anmelden. Nur dann darf er die »Hauptstadt der DDR« verlassen.

In Löbau angekommen fragt er einen Passanten nach dem Museum. Der zuckt mit den Achseln. Ein Museum? Gibt es hier gar nicht, ist die Auskunft. Noch zweimal bekommt er dieselbe Antwort. Erst ein Vierter sagt, doch, es gebe ein kleines Arbeitermuseum, und beschreibt den Weg. An der angegebenen Adresse liest Schmitt an der Eingangstür: »Geöffnet jeden ersten Mittwoch im Monat von 14 bis 17 Uhr«. Für Auskünfte ist die Adresse des Hausmeisters angegeben.

Als er dort klingelt, öffnet eine Frau. Schmitt fragt nach Konrad »Fischer«. »Nein«, antwortet die Frau, »den gibt es hier nicht. Ich heiße K.«. Schmitt: »Schade, dann bin ich wohl falsch.« – »Na, wenn Sie Fischer suchen, sind Sie vielleicht doch nicht so falsch. Kommen Sie doch mal rein.« Im bescheiden eingerichteten Wohnzimmer erfährt Schmitt, dass der Bruder von Doris K. sich manchmal »Fischer« nennt, in Wahrheit aber Kujau heiße.

Man könnte sich kaputtlachen über die Kapriolen des Konrad Kujau, der seine Lügengeschichten immer haarscharf an der Wahrheit entlang erzählt. Es stimmt: Konrad Kujau hat wirklich einen Schwager in Löbau, und der heißt tatsächlich Günter K. und ist wirklich mit Kujaus Schwester Doris verheiratet. Er hat sogar die Schlüsselgewalt für das kleine Museum. Allerdings nicht als Direktor, sondern als Hausmeister. Außerdem arbeitet er als Heizer in einem Krankenhaus.

Doris K. ist entsetzt, als sie von Schmitt erfährt, dass er der Lieferant der »Hitler-Tagebücher« ist. »O Gott, o Gott, was macht der bloß für Sachen.« Und dann erzählt sie die Lebensgeschichte ihres Bruders und gibt Schmitt auch einige Fotos und Postkarten, die Kujau von seinen Reisen nach Löbau geschickt hat.

»Connys« Bruder macht Schmitt in Köthen am Bahnhofsplatz 11 ausfindig. Der ist nicht zu Hause, aber seine Frau bestätigt, dass er natürlich nicht Heinz »Fischer« sondern Kujau heißt. Und der »Generalmajor der Nationalen Volksarmee« oder des »Ministeriums für Staatssicherheit«, der mit drei Generalskollegen den Tagebuchschmuggel in den Westen organisiert haben soll, entpuppt sich als Hilfspolizist der Bahnpolizei. Im Hauptberuf ist der Mann Gepäckträger am Bahnhof Köthen. Mit irgendwelchen Hitler-Tagebüchern habe die Familie nie etwas zu tun gehabt.

Auf den schwarzen Freitag mit der Fälschungsmeldung ist ein schwarzer Samstag gefolgt: Jetzt steht fest, dass der große *Stern* sich von dem kleinen Ganoven Konrad Kujau hat hereinlegen lassen. Die Rolle von Gerd Heidemann wird immer dubioser.

Mit den Kujau-Fotos aus Löbau in der Tasche stehen Thomas Walde, Leo Pesch und ich am Sonntagmorgen gemeinsam wieder vor Heidemanns Wohnung an der Elbchaussee. Am Telefon hat auch diesmal niemand abgenommen. Ich klingle, keine Reaktion. Jetzt klingle ich Sturm, immer wieder. Schließlich öffnet sich oben ein Fenster, eine junge Frau schaut heraus und beginnt sofort zu pöbeln. Wir sollten auf der Stelle verschwinden. Wie sich herausstellt, ist es Heidemanns Stieftochter. Ich mache ihr klar, dass wir so lange bleiben werden, bis wir unseren Kollegen endlich sprechen können. Sie knallt das Fenster zu, ich klingle weiter.

Nach einer Viertelstunde summt der Türöffner, Heidemanns Ehefrau empfängt uns. Gerd habe sich vor dem Ansturm der Journalisten seit gestern bei Freunden versteckt, sagt sie. Wir könnten ihn auf keinen Fall sprechen. Ich sitze zum ersten Mal in Heidemanns Bürowohnung mit Blick auf die Elbe, alles ist gediegen eingerichtet, die Sessel sind bequem. Draußen fahren die Schiffe vorbei. Frau Heidemann erzählt, dass Gerd völlig fertig sei. Ich sage, dass wir die Wohnung so lange nicht verlassen würden, bis wir Gerd gesehen und gesprochen hätten.

Die nächste Stunde verbringen wir mit Smalltalk. Ganz nebenbei frage ich Frau Heidemann, ob sie ihren Mann vielleicht bei seinen Fahrten auf der Transitstrecke durch die DDR einmal begleitet hätte. Ja, antwortet sie, zweimal sei sie dabei gewesen. Für mich der Beweis, dass sie die Schwindeleien deckt. Immer versucht sie, uns zum Aufbrechen zu bewegen. Mit gleicher Sturheit beharre ich darauf, Gerd zu sehen. Schließlich steht sie auf und geht in die untere Wohnung.

Wenig später kommt sie mit ihrem Mann die Treppe hoch. Sie schleppt ihn mehr, als dass er geht. Er ist kalkweiß im Gesicht, Haarsträhnen hängen ihm ins Gesicht, er lässt sich in einen Sessel fallen und weint. Es ist ein Bild des Jammers. Nach ein paar Minuten hat Gerd Heidemann sich so weit beruhigt, dass er wieder in der Lage ist zu sprechen. Das folgende Gespräch ist genauso gespenstisch wie das in der Freitagnacht. Es dauert wieder mehrere Stunden.

Als Erstes zeige ich Gerd die Fotos aus Löbau. »Da ist ja der Conny«, ruft Heidemann erstaunt. Richtig, sage ich, aber der Mann heiße nicht Fischer sondern Kujau. Jetzt habe er wohl ein Problem: »Gerd als der Spürhund des *Stern*. Da ist es unmöglich, dass der drei Jahre mit dem verhandelt, ohne zu wissen, dass der Mann nicht Fischer heißt.«

Heidemann antwortet, dass er nie auf die Idee gekommen sei, sich Kujaus Ausweis zeigen zu lassen, er habe ihn für einen grundehrlichen Mann gehalten, der auch gar nicht intelligent genug für solch eine Fälschung sei.

Nach längerem Hin und Her kommen wir wieder auf die mysteriösen Transitfahrten zu sprechen, und Heidemann erklärt, er sei dreimal allein unterwegs gewesen und habe Tagebücher aus der DDR geholt. Die familiäre Absprache hat offensichtlich nicht geklappt. Nun möchte ich wissen, wie denn die Tagebücher in die DDR kommen. Denn da es keinen »General Fischer« gibt, ist ja wohl anzunehmen, dass die Bände im Westen gefälscht worden sind. Und wenn er sie denn tatsächlich dreimal auf der Transitstrecke übernommen habe, dann müsse sein Freund Kujau sie ja dafür erst einmal in die DDR gebracht und dort auch jemanden für die halsbrecherische Übergabe engagiert haben. Das sei doch wenig glaubhaft.

Gleichwohl wiederholt Heidemann noch zweimal seine abenteuerliche Geschichte von den von Auto zu Auto fliegenden Tagebüchern und Geldpäckchen. Er merkt nicht, dass er sich damit um Kopf und Kragen redet. Wenn es ihm wirklich darum ginge, den Fall zu klären, wäre jetzt der Moment, die Lügenmärchen zu beenden und reinen Tisch zu machen. Schließlich erlebt der *Stern* seine größte Krise, und er ist einer der Hauptakteure in diesem Drama. Aber nichts dergleichen passiert. Für mich steht inzwischen fest, dass unser Kollege Gerd Heidemann den *Stern* bei den Tagebüchern betrogen hat.

Heidemann beschreibt Kujau als einen Mann, der immer einen karierten Knautschhut trägt, Zigaretten der Marke »Ernte 23« raucht, gern Sekt der Marke »Kessler Hochgewächs« trinkt, eine Vorliebe für Bratwurst und Zürcher Geschnetzeltes hat und Sächsisch gemischt mit Schwäbisch spricht. Zurzeit sei er nach eigenen Angaben in der Tschechoslowakei unterwegs, um die versprochene *Meistersinger*-Partitur zu besorgen. Dass Kujau mit seiner Lebensgefährtin auf der Flucht ist, kann er sich noch immer nicht vorstellen. Und als ob das Maß noch immer nicht voll ist, berichtet Heidemann die letzten Neuigkeiten von seinem angeblichen Kontaktmann zu Martin Bormann, *Karolus Scheppach*: Bei dem habe sich Bormann telefonisch gemeldet und erklärt, die Tagebücher seien doch echt, denn ein jüdischer Professor habe im KZ den Aufheller erfunden. Damit sei dann auch Papier hergestellt worden. Und Heidemanns Frau weiß noch von einem Telefonat mit dem ehemaligen SS-General Karl Wolff über die Tagebücher zu berichten: »Wölffchen« habe geschworen, dass in den Tagebüchern Dinge stünden, die nur der »Führer« habe wissen können. Es ist unerträglich, sich diesen Unsinn noch anhören zu müssen.

Am späten Nachmittag versammelt sich die Redaktion im Verlagshaus an der Außenalster zur nächsten Vollversammlung. Es geht heiß her an diesem Abend. Der Rücktritt von Verlagschef Schulte-Hillen wird gefordert (»Der hat das Geld gegeben, der hat uns das eingebrockt«), und auch Nannen soll seinen Hut nehmen (»Der muss das gewusst haben«). Für beide Forderungen gibt es keine Mehrheit. Ebenso wenig dafür, als Zeichen des Protestes eine Ausgabe des *Stern* ausfallen zu lassen. Stattdessen wird ein vorläufiger Beirat gewählt. Er soll zum einen für den 26. Mai eine ordentliche Beiratswahl vorbereiten, zum anderen Gesprächspartner für den Verlag sein. Ziel ist es, ein neues *Stern*-Statut zu verhandeln. Das bisherige, das der Redaktion Mitspracherechte bei der Berufung und Abberufung der Chefredaktion einräumte, war 1978 gekündigt worden.

Die Redaktion verabschiedet eine Resolution, die in der kommenden Ausgabe des *Stern* veröffentlicht werden soll: »Der Abdruck der gefälschten ›Hitler-Tagebücher‹ ist ein schwerer Schlag gegen die in 35jähriger Arbeit erworbene Glaubwürdigkeit des ›stern‹. Wir schämen uns dieser Veröffentlichung vor unseren Lesern, auch wenn nur wenige von uns damit befaßt und darüber informiert waren ... Selbst wenn die Tagebücher echt gewesen wären, hätte die Achtung vor den Opfern der NS-Gewaltherrschaft die gewählte Form des Abdrucks verbieten müssen. Der ›stern‹ ist kein Blatt, in dem Nazi-Rechtfertigungen Platz finden dürfen. Wir bitten die Leser um Verzeihung, daß dieser bislang für den ›stern‹ selbstverständliche Grundsatz verletzt wurde.«

Am nächsten Morgen, es ist Montag, der 9. Mai 1983, diktiert Henri Nannen einen Brief an die Staatsanwaltschaft Hamburg:

»Sehr geehrte Herren,

hiermit erstatte ich
S t r a f a n z e i g e
wegen dringenden Betrugsverdachts gegen den Journalisten Gerd Heidemann, geb. am 4. Dezember 1931 in Hamburg-Altona, wohnhaft Elbchaussee ... in 2000 Hamburg 52.

Herr Heidemann hat für den *Stern* die sogenannten Hitler-Tagebücher beschafft, die nach den gemeinsamen Feststellungen von Bundesarchiv, Bundeskriminalamt und Bundesamt für Materialprüfung Fälschungen sind ...«

Einen Tag später bekommt Heidemann per Eilboteneinschreiben die fristlose Kündigung mit Verweis auf die beigefügte Strafanzeige von Henri Nannen. Und ich bin am selben Nachmittag bei Staatsanwalt Dietrich Klein und dem Kriminalbeamten Manfred Holst und unterrichte sie im Auftrag von Henri Nannen über die bis dahin zusammengetragenen Rerchercheergebnisse – über die Personalien des Tagebuchlieferanten Konrad Kujau, über die Berichte aus Stuttgart, Löbau und Köthen – und übergebe die Protokolle der Gespräche mit Heidemann. Der Fall wird unter dem Aktenzeichen 141 JS 279/83 geführt. In den kommenden Tagen und Wochen bin ich häufig bei der Staatsanwaltschaft oder im Polizeihochhaus am Berliner Tor. Was wir herausfinden, sollen auch die Behörden sofort erfahren. Nannen will größtmögliche Transparenz.

Die Recherchen werden Monate dauern. Sie führen uns auch nach Spanien, wo ein Kollege in Denia die beiden Häuser findet, die Heidemann gekauft und bar bezahlt hat. Derselbe Reporter begibt sich auf die Spuren Heidemanns in Südamerika und kommt schließlich mit Handelsregisterauszügen aus Paraguay zurück. Aus denen geht hervor, dass Gerd Heidemann sich mit 30 Millionen Guaranies, etwa 500 000 Mark, an einer Firma »Productos P. Paraguayos« beteiligt hatte. Das belastende Papier übergeben wir den Ermittlungsbehörden. Bei einer Nachrecherche Anfang November 1984 stellt sich dann heraus, dass diese vielfach beglaubigten Registerauszüge ganz offensichtlich gefälscht worden sind.

In der Redaktionskonferenz am Morgen des 9. Mai 1983 herrscht Aufbruchstimmung. Henri Nannen hat an diesem Montag seinen Stuhl am Kopf des langen Tisches wieder eingenommen. Natürlich müsse die »Tagebuch-Scheiße« bis ins Letzte aufgeklärt werden, aber vor allem müssten wir jetzt nach vorn schauen, die Ärmel aufkrempeln und besonders gute Hefte machen, um das Vertrauen der Leser zurückzugewinnen. Nannen will seinen inzwischen pensionierten und in der Redaktion hoch geschätzten ehemaligen Stellvertreter Victor Schuller zurückholen und mit ihm die Geschicke des Blattes etwa ein halbes Jahr lenken. Der Branchendienst *kress report* zitiert Nannen mit dem Satz:

»Als Hypochonder bin ich nur krank, wenn's mir gut geht. Wenn's schlecht geht, bin ich ganz da.« Doch hinter den Kulissen wird am Nachmittag schon ein schnellerer Wechsel an der *Stern*-Spitze diskutiert. Schulte-Hillen, Nannen, Schuller und Gillhausen sitzen zusammen und reden darüber, wer denn geeignet sei, das Steuer beim *Stern* zu übernehmen. Es werden viele Namen genannt, die meisten sind bekannte Fernsehleute – etwa Peter Merseburger, Dieter Kronzucker, Friedrich Nowottny, Dagobert Lindlau, Günter Gaus, Peter Scholl-Latour und Regierungssprecher Klaus Bölling. Scholl-Latour, der von Schuller ins Gespräch gebracht wird, findet die meiste Zustimmung. Auf Vermittlung von Johannes Gross, dem Herausgeber der G+J-Wirtschaftsmagazine *Capital* und *Impulse*, der mit Scholl-Latour befreundet ist, trifft sich Schulte-Hillen schon am nächsten Tag mit dem renommierten TV-Reporter und Buchautor in Köln. Scholl-Lator erklärt sich grundsätzlich einverstanden.

Der vorläufige Beirat hat inzwischen im Büro von Schulte-Hillen einen Brief abgegeben und gebeten, den Beirat anzuhören, bevor neue Chefredakteure berufen werden. Der Brief bleibt ungeöffnet liegen. Weitaus effektiver geht da Aufsichtsratsmitglied Gerd Bucerius vor. Der fordert am Mittwoch von Schulte-Hillen, Nannen zu feuern und sofort eine außerordentliche Sitzung des Aufsichtsrates einzuberufen. Der solle dann eine neue Chefredaktion für den *Stern* berufen. Großaktionär Reinhard Mohn findet die Aktion von Bucerius völlig überhastet, er will viel lieber erst einmal Urlaub auf Mallorca machen. Doch der gewiefte Taktiker Bucerius droht und setzt sich durch: Wenn die Sitzung nicht sofort stattfinde, würden er und auch das Aufsichtsratsmitglied Robert Ehret von der Deutschen Bank ihr Mandat am Freitag niederlegen.

Und so treffen sich am Donnerstag, es ist der Himmelfahrtstag, im Haus von Bucerius am Leinpfad in vertraulicher Runde Reinhard Mohn, Bertelsmann-Chef Mark Wössner, Robert Ehret, John Jahr sen., John Jahr jr. und Gerd Schulte-Hillen. Später stoßen noch Henri Nannen und Zeitschriftenvorstand Jan Hensmann dazu. Eine merkwürdige Mischung von Vorstand und Aufsichtsrat. Man diskutiert über Scholl-Latour, eine 1-A-Besetzung, einen Mann von hohem Renommee, der zwar keine Magazinerfahrung hat, aber dem angeschlagenen Ansehen des *Stern* auf jeden Fall guttun wird. Doch mit 59 Jahren ist er keine Langzeitlösung. Plötzlich kommt Johannes Gross ins Gespräch. Der hat eine beeindruckende Karriere hinter sich. Als langjähriger Chefredakteur von *Capital* und jetziger Herausgeber des Blattes sowie des Mittelstandsmagazins *Impulse* ist er dem Verlag Gruner+Jahr eng verbunden. Ein brillanter, scharfzüngiger Kopf, der seine Aperçus als »Notizbuch« im Magazin der FAZ veröffentlicht und außerdem als Moderator der ZDF-Sendung *Bonner Runde* glänzt. Ein konservativer Intellektueller, der aus seiner Abneigung gegen den »linken«, ruppigen *Stern* nie einen Hehl gemacht hat.

Es ist den Beteiligten klar, dass ein Chefredakteur Gross von der *Stern*-Redaktion als Signal für eine politische Trendwende des Blattes aufgefasst werden wird. Schulte-Hillen und Nannen warnen vor dieser Personalie, Gross bedeute Krieg mit der Redaktion, sagt Schulte-Hillen. Dann bestehe die Gefahr, dass mehrere *Stern*-Hefte nicht produziert würden. Die Bedenken werden vom Tisch gewischt. Bertelsmann-Chef Mark Wössner wird mit dem Satz zitiert: »Wenn das Haus brennt, dann brennt es eben.« Nannen und Schulte-Hillen warnen so lange weiter, bis ihnen Bucerius klarmacht, dass sie bei weiterem Widerstand ihre Vorstandsposten verlieren könnten. Noch lange danach haben es sowohl Nannen als auch Schulte-Hillen bereut, in diesem Moment nicht von ihren Ämtern zurückgetreten zu sein.»Im Nachhinein verzeihe ich mir das nicht. Ich wusste ja, was passiert«, sagt Schulte-Hillen.

Auch die schlechten Erfahrungen mit einer dreiköpfigen Chefredaktion werden zwar diskutiert, aber als nebensächlich eingeschätzt, weil Scholl-Latour und Gross ja befreundet seien. Dass Rolf Gillhausen, der weiter als Chefredakteur für die Optik des *Stern* verantwortlich bleiben soll, in seinem Vertrag von 1980 ein Vetorecht bei der Besetzung der Chefredaktion garantiert bekommen hat, spielt jetzt keine Rolle. Ebenso wenig wie die Zusage von Schulte-Hillen an Gillhausen, es werde keine neue Dreierlösung mehr geben.

Noch am Donnerstagabend sagt Johannes Gross zu, gemeinsam mit Scholl-Latour und Gillhausen die Chefredaktion zu übernehmen. Und er handelt mit Schulte-Hillen und Wössner Einzelheiten des Vertrages aus: Er wird nicht nur Chefredakteur und Herausgeber des *Stern*, sondern rückt auch in den Vorstand von Gruner+Jahr auf, genauso wie sein Freund Scholl-Latour.

Der »6-Tage-Krieg« auf dem »Affenfelsen«

Der nächste Tag ist Freitag, der 13. Mai 1983. Es wird der zweite schwarze Freitag für die *Stern*-Redaktion. Manche nennen den kommenden Konflikt zwischen Redaktion und Vorstand später den »6-Tage-Krieg«. Um 9.00 Uhr morgens hat der Vorstand von Gruner+Jahr einstimmig beschlossen, Scholl-Latour und Gross zu Chefredakteuren und Herausgebern des *Stern* zu berufen. Diesen Beschluss verkünden Nannen und Schulte-Hillen um 11.00 Uhr in der Redaktionskonferenz. Die letzten Worte gehen in einem lauten Tumult unter. Die Emotionen gehen hoch. Redakteure schreien Entsetzen, Wut, Frust und Enttäuschung aus sich heraus. Erst die gefälschten »Hitler-Tagebücher«, jetzt der Handstreich mit den neuen Chefredakteuren. »Das ist ein Putsch von oben!« – »Eine größere Katastrophe als die ›Hitler-Tagebücher‹!« – »Herr Nannen, jetzt haben Sie das Vertrauen der Redaktion verloren!« Arnim von Manikowsky brüllt mit hochrotem Kopf und schiebt Nannen seine auf einem Zettel geschriebene Kündigung hin. Erhard Kortmann, der cholerische Chef des »Humor«-Ressorts, steht hinter Schulte-Hillen, über den sich nun eine Speicheldusche ergießt. Diese Personalien bedeuten die Trendwende in der Linie des Blattes. Jetzt ist es genug. »Schmeißt die beiden raus!«, wird gerufen. Per Akklamation werden Nannen und Schulte-Hillen des Saales verwiesen.

Um 17.00 Uhr beginnt in der Kantine die nächste Vollversammlung. Dort wird beschlossen, Scholl-Latour und Gross als Chefredakteure abzulehnen. Der Vorstand wird aufgefordert, seinen Beschluss bis Sonntag 14.00 Uhr zurückzunehmen. Die Redaktionsräume werden symbolisch rund um die Uhr besetzt.

Im Archiv von Gruner+Jahr werden derweil Zitate von Johannes Gross zusammengestellt, bei denen es jeden *Stern*-Redakteur schüttelt. Etwa:

»Wir sind eine parasitäre Wohlstandsgesellschaft geworden, die ganz wesentlich von der Ausplünderung des Mittelstandes lebt.« (*Impulse*, November 1981)

»Die Juden haben recht und schlecht unter Moslems wie unter Christen überlebt. Das ist das Mirakel des Hauses Israel. Wenn seine Geschichte einmal sub specie aeternitatis geschrieben ist, wird nicht die Verfolgung hervorragen, sondern die Duldung, die dem Volk zuteil wurde, das allen anderen sagte, daß es das auserwählte sei.« (*FAZ-Magazin*, Mai 1982)

»Hitler ist in Wahrheit der Zerstörer des Faschismus gewesen. Der Faschismus war auf Internationalität angelegt, stützte sich in den romanischen Völkern auf eine lateinische Überlieferung und altrömische Tugenden.« (*FAZ*, März 1881)

»Ausländerfeindlichkeit gibt es nicht – weder gegen Touristen noch gegen italienische, spanische, jugoslawische Gastarbeiter.« (*Impulse*, August 1982)

Und wie zur Bestätigung wird im *FAZ-Magazin* vom 20. Mai 1983 im »Notizbuch« von Johannes Gross der Satz zu lesen sein: »Gegen alle Pessimisten: Wir sind eine echte Demokratie geworden. Das Gesindel darf nicht nur überall mitreden, es führt das große Wort.«

Am Samstag trifft sich der siebenköpfige vorläufige Redaktionsbeirat zum Gespräch mit Gross und Scholl-Latour. Damit, so sagt Beiratssprecher und *Stern*-Autor Rainer Fabian, »sie nicht immer nur vom Herausgeber oder vom Vorstand informiert werden, sondern auch von Journalisten«. Scholl-

Latour sagt vor dem Treffen: »Also zunächst sagt man sich mal guten Tag, ich kenne die ja noch gar nicht.« Und Gross erklärt: »Wir kommen ja als Kollegen zu Kollegen, und darauf legen wir doch einen gewissen Wert. Deswegen wollen wir auch keine öffentlichen Erklärungen abgeben. Für uns ist wichtig, den Kollegen einmal die Hintergründe unserer Entscheidung darzustellen und die Hintergründe auszumitteln, die die Kollegen zu ihrer Reaktion bewogen haben.«
    Hinterher sagt Fabian: »Das Gespräch war sehr angenehm, aufrichtig und offen, und wir haben den beiden erklärt, dass der Beschluss der ›stern‹-Redaktion, sie abzulehnen, bestehen bleibt.« Die frisch gekürten Chefs sind aber keineswegs bereit, freiwillig auf ihre Ämter zu verzichten. Gross erklärt, er werde in den kommenden Tagen seinen Dienst antreten, Scholl-Latour will Mitte Juni von Paris nach Hamburg übersiedeln.

Ich bin an diesem 14. Mai auf dem Weg nach Oldenburg, wo sich der Mannheimer Schriftsachverständige Prof. Lothar Michel zu einer privaten Feier aufhält. Der Experte, der für den Verlag inzwischen die Tagebücher überprüft, hat sich bereit erklärt, eine Visitenkarte von Konrad Kujau zu begutachten, die meine Kollegen bei ihren Recherchen in Stuttgart von einem Gastronomen erhalten haben. Dem war die Karte in einem Umschlag von einem Boten überbracht worden. Der Text auf der Rückseite lautet: »Da der Brief mit Scheck wieder zurückgekommen ist, bitte ich Sie, diesen im ... abzugeben. Beste Grüße Dr. Kujau«.
    Ich bitte Michel nun zu klären, ob der Schreiber der Karte mit dem Tagebuchschreiber identisch sein könnte. Dann wüssten wir, ob Kujau selbst die Tagebücher gefälscht hat. Michel vergleicht die Schrift auf der Karte mit Eintragungen in den Tagebüchern und kommt zu dem Schluss: »Nach einem internen Vergleich sind Anhaltspunkte dafür gegeben,

daß beide Vergleichsschriften – trotz der offenkundigen und vordergründigen Unterschiede – tatsächlich von ein und demselben Schrifturheber herrühren.« So findet Michel »Gemeinsamkeiten in der Strichbeschaffenheit und Druckgebung«, und beide Schriften seien »durch eine geringere Verbundenheit gekennzeichnet (häufiges Absetzen innerhalb eines Wortes), während Hitler den Bewegungsfluß seiner Schrift seltener unterbrach ... Besonders charakteristisch ist auch die Bewegungsführung im kleinen b: Es weist im Abstrich (Rücken) eine kleine Verkrümmung nach rechts auf«. Endgültig könne er die Frage beantworten, sagt Michel, wenn er mehr Vergleichsschriften von Kujau bekommen könnte. Die hat die Kripo am Tag zuvor in Kujaus Militaria-Galerie in der Stuttgarter Schreiberstraße säckeweise gefunden und abtransportiert.

Am frühen Samstagmorgen um 8.44 Uhr stellt sich Konrad Kujau am österreichisch-deutschen Autobahn-Grenzübergang Lindau in Begleitung von zwei Anwälten dem Hamburger Staatsanwalt Klein. Nachdem auch in Österreich im Fernsehen sein Name genannt und sein Foto gezeigt worden war, ist ihm klar, dass Dornbirn kein sicheres Pflaster mehr für ihn ist. Auf der Fahrt nach Hamburg erzählt Kujau, er sei nur Vermittler der Tagebücher gewesen. 1978 habe er bei einem DDR-Besuch einen Herrn Mirdorf kennengelernt, bei dem er zunächst Militaria günstig eingekauft habe. Später habe der ihm einen Tagebuchband zur Überprüfung mitgegeben. Heidemann habe durch seine Vermittlung selbst dreimal Bände in der DDR übernommen. Danach habe Mirdorf einen Herrn Lauser beauftragt, bei ihm, Kujau, die weiteren Bände abzuliefern.

Das ist eine der vielen Lügengeschichten, die Kujau nun den Ermittlern erzählen wird, und die immer wieder für Schlagzeilen sorgen. Im Übrigen, so berichtet er Staatsanwalt Klein, habe er von Heidemann nur gut 2,5 Millionen Mark bekommen und nicht 9,34 Millionen, die Heidemann bei ihm abgeliefert haben will. Dass er die Tagebücher selbst geschrieben hat, räumt Kujau erst am 25. Mai ein. Da unterschreibt er sein Geständnis mit »Adolf Hitler alias Konrad Kujau« in seiner Hitler-Schrift.

Am Sonntag 14.00 Uhr läuft das Ultimatum der Redaktion an den Verlag ab. Gross und Scholl-Latour haben dem Vorstand gegenüber erklärt, dass sie auch gegen den Widerstand der Redakteure ihr Amt antreten wollen. Um 14.00 Uhr haben sich etwa 200 *Stern*-Redakteure und Redaktionsmitarbeiter erneut in der Kantine zu einer Vollversammlung zusammengefunden. Sie beschließen, den »Kampf um redaktionelle Unabhängigkeit und gegen einen politischen Kurswechsel des Blattes fortzusetzen« und »die Redaktionsräume weiterhin rund um die Uhr besetzt« zu halten.

In einer Resolution wird der Rücktritt von Schulte-Hillen und Nannen gefordert: »Der leichtfertige Umgang mit Millionensummen hat das gesamte Unternehmen wirtschaftlich geschädigt und die Arbeitsplätze – nicht nur in der ›stern‹-Redaktion – gefährdet. Für all das trägt die Verantwortung: der Vorstand von Gruner+Jahr mit seinem Vorsitzenden Schulte-Hillen und Henri Nannen, ›stern‹-Herausgeber und Vorstandsmitglied. Die Vollversammlung des ›stern‹ fordert den Aufsichtsrat auf, die beiden Herren abzuberufen und die Einsetzung der Journalisten Johannes Gross und Peter Scholl-Latour rückgängig zu machen.«

Außerdem wird der G+J-Betriebsrat aufgefordert, wegen der Störung des Betriebsfriedens am kommenden Montag ab 9.00 Uhr eine Abteilungsversammlung einzuberufen. Am Abend findet vor dem Redaktionshaus an der Außenalster eine Sympathiekundgebung der Deutschen Journalisten Union mit Fackelzug und Transparenten statt.

Zu der Stunde sitzen mein Kollege Jürgen Steinhoff und ich im 5. Stock an der Maschine und schreiben die unglaubliche Tagebuchgeschichte auf, in allen peinlichen Einzelheiten. Immer wieder gucken wir uns an und wissen nicht, ob wir lachen oder heulen sollen: Der General, die Klaviertransporte, der Museumsdirektor, Heidemanns angebliche Transitreisen. Es ist einfach zu grotesk. Und vollends unbegreiflich ist, wie leichtfertig bei den »Hitler-Tagebüchern« mit Millionenbeträgen in bar jongliert worden ist. Als wir bei der Passage sind, dass der Verlag Heidemann für die Beschaffung der Tagebücher 1,5 Millionen Mark netto überwiesen hat, lehne ich mich einen Augenblick von der Schreibmaschine zurück und sage zu Steinhoff: »Ich bin jetzt 13 Jahre beim *Stern*. Ich muss eben überlegen, was ich in dieser Zeit verdient habe.« Nach überschlägiger Berechnung komme ich auf etwa die Hälfte der Summe, brutto versteht sich. Wir sind inzwischen auch auf die handschriftliche Liste gestoßen, in der Wilfried Sorge penibel notiert hat, wann der Vorstandsvorsitzende die »Hitler-Kasse« mit Millionenanweisungen aufgefüllt hat und wann Heidemann welchen Betrag bar ausgezahlt bekam. Die Liste wird als Doppelseite im *Stern* gedruckt.

Der Bericht erscheint mit der Überschrift: »Wie die Blamage mit den Hitler-›Tagebüchern‹ zustande kam – Das Wind-Ei«. Auf dem Titel ist Konrad Kujau mit Hut auf dem Kopf und einem Gewehr im Anschlag an einer Schießbude zu sehen. Schlagzeile: »Die Fälschung – Konrad Kujau – Der Mann, der ›Hitlers Tagebücher‹ lieferte«. In seinem Editorial schreibt Henri Nannen:

»Zugegeben: die Vernunft blieb draußen, jede kritische Distanz ging verloren, aber ein pures Tölpelspiel war es nicht, wie ›Hitler-Tagebücher‹ dem *Stern* zugespielt wurden. Es war ein ›Psycho-Krimi‹ von suggestiver Raffinesse, der

sich erst im nachhinein als Posse darstellt. Und wer immer von uns eine Rolle dabei spielte, macht keine gute Figur ...
Nur *die Stern*-Redaktion hat mit der ganzen Sache nichts zu tun. Sie war bis zum Beginn der Veröffentlichungen nicht einmal informiert. Informantenschutz und strengste Geheimhaltung waren oberstes Gebot, und es ist sehr wohl möglich, daß es diese Bunkermentalität war, die unsere Kritikfähigkeit beeinträchtigt hat ...
Der Öffentlichkeit habe ich lückenlose Aufklärung versprochen. Der gesamten Öffentlichkeit und nicht nur den *Stern*-Lesern. Wir wollen nicht in den Verdacht kommen, der *Stern* wolle nun mit der ›Geschichte der Fälschung‹ sein Geschäft machen. Was Sie auf Seite 20 lesen, mag Ihnen in Teilen bekannt sein. Noch hat die Geschichte Lücken, jeden Tag können sich diese Lücken schließen, jeden Tag können neue Erkenntnisse hinzukommen. Die *Stern*-Redakteure Michael Seufert und Jürgen Steinhoff schreiben nur das, was der *Stern* bis zum Sonntag, den 15. Mai 1983, 14 Uhr, recherchiert hat.
Die Geschichte ist wahrhaft nicht ohne peinliche Komik. Sie ist eine harte Geschichte im doppelten Sinne. Hart in der Substanz und schonungslos für die Beteiligten. Wir werden weiter zur Aufklärung beitragen. Das letzte Wort hat in diesem Fall der Staatsanwalt, das Urteil liegt dann bei Ihnen, den Lesern des *Stern*.
Herzlichst Ihr
Henri Nannen«

Es ist der letzte Kommentar, den Henri Nannen für den *Stern* schreibt.
Am nächsten Morgen ist die Kantine wieder voll besetzt. Einige Kollegen gähnen, sie haben die Nacht in der Redaktion zugebracht. Diesmal leitet der Betriebsrat die Abteilungsversammlung des *Stern*. Ein musikalischer Kollege aus

dem Archiv singt zur Gitarrenbegleitung »Das Lied vom Stern«:

»Ein Loch ist im Eimer, oh Schulte, oh Henri
Ein Loch ist im Eimer, die Kohle ist futsch

Der Stern geht in Eimer, oh Schulte, oh Henri
Der Stern geht in Eimer, ihr macht ihn kaputt...

Ihr rührt braune Sosse, oh Schulte, oh Henri
Und wir soll'n sie löffeln, das habt ihr gedacht

Die Sosse, die stinkt uns, oh Schulte, oh Henri
Die Sosse, die stinkt uns, und ihr stinkt uns auch...

So nehmt eure Hüte, oh Schulte, oh Henri
So nehmt eure Hüte und Gross-Latour auch.«

Den ganzen Tag über wird informiert und diskutiert. Zur Nachrichtenkonferenz, die Henri Nannen für 11.00 Uhr angesetzt hat, erscheint niemand. Gestreikt wird beim *Stern* jedoch nicht. Die neue Ausgabe mit dem Kujau-Titel ist pünktlich an die Technik geliefert worden. Auf Flugblättern »Rechts-Putsch von oben gefährdet Arbeitsplätze – Was mit dem *Stern* geschieht geht uns alle an!! Solidarität mit den *Stern*-Redakteuren!!!« rufen die Vertrauensleute der IG Druck und Papier zur Teilnahme an der Betriebsversammlung am Dienstagmorgen im Auditorium Maximum der Universität auf.

Um 8.30 Uhr ist der große Hörsaal mit 1164 Sitzplätzen überfüllt. Viele Teilnehmer aus Redaktionen, Verlagsabteilungen, Technik und Druckerei sitzen auf den Treppenstufen. Der Vorsitzende des Gesamtbetriebsrates von Gruner+Jahr, Rudolf Herbers, eröffnet um 9.00 Uhr die Debatte mit der

Feststellung, dass der Verlag die gefeuerten Chefredakteure Koch und Schmidt »mit Schweigegeld neutralisiert« habe, um von der eigenen Verantwortung abzulenken, und dann im Handstreich zwei ausgewiesene »Rechte« als neue Chefredakteure installiert habe. Als Sprecher des vorläufigen *Stern*-Beirats sagt Rainer Fabian, die Glaubwürdigkeit des *Stern* könne nur wiederhergestellt werden, wenn der Verlag Scholl-Latour und Gross zurückziehe. Beifall und Protestrufe gegen das Management mischen sich.

Gerd Schulte-Hillen geht zum Mikrofon und nimmt Henri Nannen gegen Kritik und Rücktrittsforderungen in Schutz: »Alles, was dieses Unternehmen ist, verdanken wir diesem Mann. Wenn Sie meinen Rücktritt verlangen, dann haben Sie alles Recht der Welt dazu.« Bravorufe und stürmischer Beifall. »Jeder, der schwache Nerven hätte, würde gehen. Ich habe vorhin Lügner und Schwein gehört – ich werde auch das ertragen.« Schulte-Hillen erklärt, wie es aus seiner Sicht zum Ankauf und zur Veröffentlichung der Tagebücher gekommen ist. Er spricht von den überzeugenden Gutachten der Experten und sagt: »Von der Redaktionsseite kamen keine anderen Signale als Begeisterung.« Protestrufe. Schulte-Hillen spricht über Scholl-Latour und Gross. Er wisse, dass sich die Redaktion vergewaltigt fühle, aber der Verlag sei in einer Notlage gewesen. Niemand denke daran, die fortschrittlich-liberale Haltung des *Stern* zu ändern. Der Saal bebt unter den Sprechchören »Rück-tritt! Rück-tritt!«.

Beiratsmitglied Emanuel Eckardt sagt: »In dieser Redaktion gibt es keine Revolutionäre, ... aber wir sind auch keine Versuchskaninchen für zwei Chefredakteure, die noch nie bewiesen haben, dass sie ein Massenblatt machen können.« Zu Nannen sagt er: »Was ich Ihnen übelnehme, ist, dass Sie die Redaktion zum Spielball inkompetenter Verleger gemacht haben.« Und zu Schulte-Hillen: »Ich würde nie sagen, dass Sie ein Schwein sind oder ein Lügner. Aber Sie haben bewiesen, dass Sie ein Stümper sind. Treten Sie bitte ab.«

Die hitzige Debatte wogt schon drei Stunden, als *Stern*-Reporter Jürgen Petschull unter tosendem Beifall sagt: »Henri Nannen ist ein großer Mann. Aber seit Freitag letzter Woche möchte ich das korrigieren: Henri Nannen ist ein großer Mann, der von kleinen Leuten, die das große Geld haben, kleingekriegt worden ist.«

Jetzt geht Nannen zum ersten Mal ans Mikrofon: »Damit Sie wissen, mit wem Sie es zu tun haben. Ich habe diesen *Stern* erfunden, und ich habe ihn mit den Mitarbeitern von Redaktion, Verlag und Druckerei zu der Lokomotive gemacht, die nicht nur den Zug, sondern den ganzen Bahnhof zieht. Das ist mein Lebenswerk.« Er verteidigt Schulte-Hillen, der die Angriffe von Bucerius und anderen auf die Unabhängigkeit der Redaktion entschlossen abgewehrt habe. Wer dessen Rücktritt fordere, müsse sich fragen, was denn danach komme. Seine eigene Schuld im Tagebuchskandal sei es, sagt Nannen, nicht erkannt zu haben, »dass ich da hätte eingreifen müssen. Diese Schuld nehme ich auf mich und bin bereit, sämtliche Konsequenzen daraus einschließlich des Rücktritts zu tragen.«

Wenig später ist Nannen wieder am Mikrofon und reagiert auf die inzwischen verlesenen Gross-Zitate: »Scholl-Latour halte ich nach wie vor für einen Liberalen. Was Sie da über Gross sagen, nehme ich mit großem Interesse zur Kennntnis.« Aber wenn es mit den beiden nicht funktioniere, »dann muss doch diese Redaktion nicht scheitern. Dann scheitern halt die Chefredakteure.« Als Rudi Laatsch, Betriebsratsvorsitzender von Gruner-Druck beide Seiten zum Kompromiss auffordert, greift Schulte-Hillen, der sichtlich angeschlagen ist, dies sofort auf: »Lassen Sie uns versuchen, heute sofort weitere Gespräche zu führen mit denen, die die Redaktion zu ihrer Vertretung gewählt hat ... wir sollten überlegen, welche Lösungsansätze und welche Kompromisse sich anbieten.«

Barbara Beuys, Redakteurin im *Stern*-Serienressort, ist das zu viel Kompromiss: »Herr Nannen, Sie haben offensichtlich nichts begriffen und nichts dazugelernt ... Sie haben Ihre Glaubwürdigkeit verloren.« Den *Stern* erhalten, das gehe nicht »mit Männern, die bewiesen haben, dass sie alles getan haben, um dieses Blatt kaputt zu machen«. Erregt ruft Nannen: »Scheinheilig!« Pfui-Rufe. Nannen: »Kompromiss heißt, dass beide Seiten aufeinander zugehen müssen. Das ist die einzige Möglichkeit ...« Laute Zwischenrufe. »Lassen Sie mich zu Ende reden, Mensch. Ich komme mir fast vor wie bei Löwenthal.«

Rudolf Herbers vertagt die Versammlung, weil das Audimax um 13.30 Uhr wieder geräumt sein muss, und sagt: »Die Belegschaft verlangt nun wirklich klare Lösungen, die ihr zeigen, dass ihr Kooperationsangebot aufgegriffen wird und nicht immer an ihr Verständnis für falsche Entscheidungen appelliert wird.« Schulte-Hillen entgegnet: »Glauben Sie denn, dass hier jemand unbeeindruckt hinausgeht, glauben Sie das wirklich?«

Um 15.30 Uhr geht die Betriebsversammlung im Gewerkschaftshaus am Besenbinderhof weiter. Schulte-Hillen und Nannen treffen sich zur selben Zeit mit Reinhard Mohn, Mark Wössner und Johannes Gross im Hotel »Vier Jahreszeiten«, um zu beraten, wie man weiter vorgehen will angesichts der Tatsache, dass sich die Belegschaft des gesamten Verlages mit der *Stern*-Redaktion solidarisiert hat. Im Laufe des Gesprächs erklärt sich Johannes Gross bereit, auf den Posten des *Stern*-Chefredakteurs zu verzichten, wenn das denn zur Befriedung der Situation beitrage.

Anschließend trifft Reinhard Mohn die Chefredakteure der anderen G+J-Zeitschriften, die ihm erläutern, weshalb sie eine Dreierlösung beim *Stern* für denkbar ungünstig halten. Derweil wartet der vorläufige Beirat auf den Beginn der zugesagten Verhandlungen. Dreimal wird der Termin verschoben. Endlich, um 22.00 Uhr, beginnen sie. Der Verlag bietet als Kompromiss an, dass Scholl-Latour und Gillhausen die Chefredaktion übernehmen und gleichzeitig neben Henri Nannen Herausgeber des *Stern* werden. Scholl-Latour und Gross sollen dazu in den Vorstand von Gruner+Jahr berufen werden, um dort die journalistische Kompetenz zu stärken. Jetzt brauche der Redaktionsbeirat aber ein klares Mandat der Redaktion, ohne dass allerdings Details der vertraulichen Beratungen bekannt werden dürften. Im Klartext: Der Beirat soll sich eine Blankovollmacht geben lassen.

Kurz nach Mitternacht lädt der Beirat zur nächsten Vollversammlung in die Kantine. Die Verhandlungskommission versucht, den rund 130 Anwesenden in verklausulierten Formulierungen klarzumachen, welches Angebot der Verlag gemacht hat. Es ist von zwei Kröten die Rede, wenn man die kleinere schlucke, bleibe einem die große erspart. Aber das Angebot sei befristet – »heute Nacht oder nie« –, sonst »geht der eiserne Vorhang runter«. Deshalb brauche man jetzt das Mandat, mit dem Verlag abschließen zu können. 89 der meist übermüdeten Redaktionsbesetzer stimmen dem Antrag zu, die Minderheit hält das für eine gefährliche Strategie, es wird weiter heftig gestritten. Ehe die Beiräte zur neuen Verhandlungsrunde aufbrechen können, kommt aus der 9. Etage die Nachricht, dass Konzernchef Mohn inzwischen im Bett liegt.

Am Morgen um 9.30 Uhr sitzen Verlag und Beirat wieder zusammen. An diesem Mittwoch veranstaltet die IG Druck und Papier einen Protestmarsch durch die Innenstadt. Tausende Gewerkschaftler, Journalisten und Hamburger Bürger demonstrieren für »Pressefreiheit statt Verlegerfreiheit«, tragen Plakate »Gross – Scholl – Retour!«, fordern Mitbestimmung und »Solidarität mit der Stern-Redaktion«.

Die Nachrichtenagentur dpa meldet am Morgen, dass Chefredakteur Rolf Gillhausen mit Hinweis auf sein vertraglich gesichertes Vetorecht bei Gericht eine einstweilige Verfügung gegen die Neubesetzung der Chefredaktion beantragt hat. Diese Meldung wird in der Abteilungsversammlung verlesen, zu der sich die *Stern*-Redaktion wieder in der Kantine zusammengefunden hat.

Als Gillhausen, der wegen einer Handoperation knapp eine Woche im Krankenhaus gelegen hat, in den »Affenfelsen« kommt, haben Beirat und Verlag ihr Verhandlungsergebnis schon zu Papier gebracht. Jetzt fehlen nur noch die Unterschrift Gillhausens und ein Ja des Aufsichtsrats, der um 16.00 Uhr tagen wird. Die Leitenden Angestellten des Hauses haben inzwischen ein Papier für den Fall des Scheiterns der Verhandlungen vorbereitet: Man sei gegen eine Neubesetzung der Chefredaktion im Hauruckverfahren und ohne Konsens mit der *Stern*-Redaktion. Das wäre eine deutliche Warnung an den Vorstand.

Dem Beirat wird derweil im 9. Stock erklärt, wenn Gillhausen seinen Verfügungsantrag nicht zurückziehe und den Vertrag unterschreibe, dann würde er »innerhalb einer Minute vom Freund zum Feind«. Die Beiräte beknien »Gill«, er habe das Vertrauen der Redaktion, er dürfe den Kompromiss nicht scheitern lassen. Gillhausen unterschreibt seinen neuen Vertrag. Dann unterschreiben neun *Stern*-Beiräte und Schulte-Hillen die »Vereinbarung in der Sache Chefredaktion *Stern* und anderes«. Neben den Personalien wird darin festgelegt, dass der Vorstand mit dem *Stern*-Beirat über ein neues Redaktionsstatut verhandeln wird und dass zwei wichtige Artikel des alten *Stern*-Statuts Inhalt der Arbeitsverträge der Chefredaktion werden:

»Der *Stern* ist eine politisch engagierte, von Parteien, Wirtschaftsverbänden und anderen Interessengruppen unabhängige Zeitschrift, die ihre Leser informieren und unterhalten will. Die Redaktion des *Stern* bekennt sich zur freiheitlich-demokratischen Ordnung und zu fortschrittlich-liberalen Grundsätzen. Kein Redakteur oder Mitarbeiter des *Stern* kann veranlaßt werden, etwas gegen seine Überzeugung zu tun, zu schreiben oder zu verantworten. Aus seiner Weigerung darf ihm kein Nachteil entstehen.«

Mit diesem Kompromiss ist der »6-Tage-Krieg« beendet. Die am folgenden Tag stattfindende Fortsetzung der Betriebsversammlung bringt nur noch einen emotionalen Höhepunkt. Nach einer mehr oder weniger hitzigen Debatte geht Henri Nannen, begleitet von Zwischenrufen, ans Mikrofon und sagt: »Man sieht mal wieder, dass Ideologie und Intelligenz nur den Anfangsbuchstaben gemeinsam haben.« Pfiffe, Pfui-Rufe und »Unverschämt!«. Jetzt lädt Nannen nach: »Nun hören Sie doch mit Ihrer Schreierei auf, Mensch! Ich weiß genau: Hier ist eine zutiefst getroffene und besorgte Redaktion – aber hier gibt's auch die Ratten, die aus den Löchern kommen und ihre alten Rechnungen begleichen.«

Ein Tumult bricht los. Betriebsratschef Herbers ruft: »Liebe Kolleginnen und Kollegen, ich bitte Herrn Nannen Gelegenheit zu geben, den Ausdruck ›Ratten‹ sofort zurückzunehmen.« Nannen: »Ich habe gesagt, es gibt Ratten ...«. Herbers: »Nein, Sie haben gesagt, es gibt hier Ratten, die aus den Löchern kommen, und das nehmen Sie bitte zurück.« Nannen: »Ich denke gar nicht daran.« Aufruhr. »Raus! Raus!«-Sprechchöre. Herbers: »Herr Nannen, ich entziehe Ihnen das Wort, und als Inhaber der Hausmacht verweise ich Sie aus dem Saal.« Jubel. Herbers: »Ich darf Herrn Nannen bitten, dieser Aufforderung Folge zu leisten.« Nannen: »Nein.« Herbers: »Folgen Sie jetzt dieser Aufforderung, oder ich lasse Sie von der Polizei rausbringen.« Nannen geht.

Schulte-Hillen nimmt das Mikrofon: »Ich habe am Dienstag alles ertragen, Beleidigungen, Ehrabschneidung – aber haben Sie denn kein Erbarmen mit so einem Mann?« Nein-Rufe. »Wo sind denn die Leute, die mit Nannen gute Journalisten geworden sind?« Und mit tränenerstickter Stimme gegen Protestgeschrei: »Was ist das für eine Atmosphäre ... Mit mir nicht, mit mir nicht!« Als er sich wieder gefasst hat, fragt Schulte-Hillen: »Sie haben ihn doch alle bewundert – wo ist das geblieben?«

Die Stimmung schlägt um, als *Stern*-Reporter Jürgen Petschull vorschlägt, jemand solle mit Nannen Kontakt aufnehmen, ihn zurückholen, Nannen solle sich entschuldigen und seinen Rücktritt erklären. Nach einer Viertelstunde kommt Nannen zurück in den Saal und erweist sich als Sprachakrobat: »Ich bin nicht feige genug, nicht zuzugeben, wenn ich mich habe hinreißen lassen. Ich bitte die Versammelten für diesen Ausbruch um Entschuldigung.« Tosender Beifall, ein »Rücktritt«-Rufer erhält einen Rüffel. Nannen fährt fort: »Ich bitte nicht um Erbarmen für einen Siebzigjährigen. Das brauche ich nicht, ich bin noch ganz gut beieinander. Aber wenn diese Redaktion meinen Rücktritt fordert, dann müssen Sie verstehen, daß mir das unter die Haut geht.« Nannen wischt sich Tränen ab. Von Rücktritt ist nicht mehr die Rede.

Nach einer weiteren Stunde schließt Rudolf Herbers die Versammlung: »Lassen Sie uns alle an den Versuch gehen, uns das Leben nicht unnötig schwer zu machen. Ich vertraue auf unser aller Lernfähigkeit – und das schließt alle ein, auch Leitende und Vorstände. Ich danke allen für die Ernsthaftigkeit, mit der wir diesen Tag bestanden haben.«

Am 30. Mai 1983 nimmt der redaktionsinterne Untersuchungsausschuss seine Arbeit auf. Ihm gehören die *Stern*-Redakteure Manfred von Conta, Christa Kölblinger, Burkhard Lüpke und Gerhard Thomssen an, den Vorsitz des Gremiums übernimmt der Kölner Strafrechtsprofessor und ehemalige Hamburger Justizsenator Dr. Ulrich Klug. Bis zum 29. Juli werden fünfzig Zeugen aus Verlag und Redaktionen gehört, um zu klären, wie es zum Tagebuchskandal kommen konnte. 120 Tonbänder werden bei den Interviews gefüllt, 3070 Seiten Protokolle geschrieben. Der insgesamt 275 Seiten lange Bericht wird auf einer Redaktionsvollversammlung verlesen und in Auszügen im *Stern* veröffentlicht. Es ist das erste Mal in der deutschen Pressegeschichte, dass solch ein Gremium installiert wird.

Epilog

Der Skandal um die gefälschten »Hitler-Tagebücher« erschüttert den *Stern* nachhaltig. Es dauert Jahre, ehe die Redaktion sich von diesem Trauma erholt. Besonders schwer ist es, die ramponierte Glaubwürdigkeit des Blattes wiederherzustellen. Wann immer der *Stern* nun eine Enthüllungsgeschichte über Affären in Politik und Wirtschaft veröffentlicht, gehört es lange Zeit zur Standardverteidigung der Angegriffenen, auf die Tagebuchpleite hinzuweisen. Der Schmerz darüber weicht allerdings, wenn der Betroffene wenig später seinen Posten räumt, weil sich die Vorwürfe des *Stern* als wahr erweisen.

Die Ermittlungen der Staatsanwaltschaft gegen Konrad Kujau, seine Lebensgefährtin und Gerd Heidemann sorgen für immer neue Schlagzeilen. Der Tagebuch-Prozess, der am 21. August 1984 vor der 11. Großen Strafkammer des Landgerichts Hamburg beginnt und mit der Urteilsverkündung am 8. Juli 1985 endet, erregt internationales Interesse.

Konrad Kujau wird wegen Betruges in Tateinheit mit Urkundenfälschung zu einer Gefängnisstrafe von 4 Jahren und 6 Monaten verurteilt. Nach Feststellung des Gerichts hat er für die 60 gefälschten Tagebücher von Heidemann insgesamt 2,71 Millionen Mark kassiert. Den »entscheidenden Anstoß« zur Produktion der »Hitler-Tagebücher« habe er erst durch Heidemann erhalten, dessen 2-Millionen-Angebot verlockend war.

Strafmildernd wertet das Gericht »ein erhebliches Mitverschulden der an der Beschaffungsaktion beteiligten Personen des Verlages und der Redaktion«. Außer der Behauptung von Gerd Heidemann habe es keinen Hinweis dafür gegeben, dass Hitler Tagebuch geführt haben könnte, im Gegenteil. Das habe im Verlag aber nicht zu Vorsicht und Skepsis geführt. »Stattdessen entstand auf kaum nachvollziehbare Weise ein irrationaler Glaube an die Existenz echter Hitler-Tagebücher, der bei Vorliegen der ersten Bände zur Gewißheit gesteigert wurde.«

Kujau genießt es von Anfang an, ein Medienstar zu sein. Schon im Gerichtssaal inszeniert er werbewirksame Auftritte, er zeichnet und verschenkt seine Werke mit Hitler-Unterschriften an Journalisten, Zeugen, Wachtmeister und den Staatsanwalt. Einen Vollzugsbeamten »befördert« er in Hitler-Handschrift zum Gefängnisdirektor. Als er aus der Haft entlassen wird, lässt er sich als weltberühmter Fälscher feiern, er ist gern gesehener Gast in TV-Talkshows, und er verdient eine Menge Geld damit, dass er Bilder großer Maler wie Picasso, Renoir, Miro oder Schiele kopiert und mit »Kujau« signiert. Echt gefälscht läuft. Seine Bilder werden in mehreren Galerien ausgestellt. Er genießt Kameras, Scheinwerferlicht und die Fragen internationaler Journalisten, als er 1996 in Stuttgart zur Wahl des Oberbürgermeisters kandidiert. Er bekommt 901 Stimmen. Am 12. September 2000 stirbt Konrad Kujau an Kehlkopfkrebs. Er ist auf dem evangelischen Friedhof von Löbau begraben.

Auch nach seinem Tod sorgt er für Aufsehen. Im April 2006 werden bei einer gemeinsamen Aktion der sächsischen und baden-württembergischen Polizei im »Kujau-Museum« in Pfullendorf und in Kesseldorf mehr als 200 Fälschungen angeblich echter Kujau-Fälschungen sichergestellt. Die Museumschefin wird festgenommen. Ihr wird vorgeworfen, mehr als 500 Kopien aus China nachträglich mit einer Kujau-

Signatur versehen und für mehr als 550 000 Euro über das Internet verkauft zu haben.

Im Internet lebt auch der Fälscher weiter. Dort hat sich ein »Konrad-Kujau-Club« etabliert. Die »Freunde, Kenner und Liebhaber dieses einzigartigen Malers und Meisterfälschers« wollen »alles Wissenswerte, Interessante aber auch Kurioses über Konrad Kujau sammeln und im Internet publizieren«.

Gerd Heidemann wird vom Hamburger Landgericht wegen Betruges zu 4 Jahren und 8 Monaten Gefängnis verurteilt. Bis heute bleibt er bei seiner Aussage, er habe die gesamten 9,34 Millionen Mark bei Kujau abgeliefert und keine Mark für sich behalten. Das Gericht rechnet ihm dagegen vor, dass er von den Verlagsgeldern »mindestens 4,39 Mio DM ... an sich gebracht hat«. Das Gericht weist ihm Barausgaben von mehr als 2,1 Millionen Mark zwischen Anfang 1981 und Mai 1983 nach, den Rest von gut 2 Millionen habe er zur Seite geschafft. »Es kam ihm darauf an, sich auf Kosten des Verlages ein Vermögen in Millionenhöhe zu verschaffen, ein Verhalten, das schon für sich genommen, aber auch in Anbetracht der Großzügigkeit, mit der der Verlag ihm entgegengekommen war, nur als schäbig bezeichnet werden kann.« Als strafmildernd sehen es die Richter an, dass »der Verlag leichtsinnig handelte« und dem ständig über Geldsorgen klagenden Reporter Millionensummen »ohne jegliche Kontrolle ihrer Verwendung« überließ. Von diesem Geld sei »eine beträchtliche Verführungskraft« ausgegangen.

Heidemann legt 1986 Revision gegen das Urteil ein, die vom Bundesgerichtshof aber als unbegründet verworfen wird. Seine Frau lässt sich während der Gefängniszeit von ihm scheiden. Nach der Haftentlassung bezieht Heidemann eine Wohnung in Hamburg-Altona und lebt von Sozialhilfe. Die Wohnung ist gefüllt mit Regalen voller Akten und Papiere über die »Hitler-Tagebücher«. Bis heute präsentiert sich Heidemann als unschuldiges Opfer der Justiz, als Mann, der von Gruner+Jahr und vom *Stern* zum Sündenbock gemacht wurde. Im Juli 2002 wird bekannt, dass Gerd Heidemann von 1953 bis 1954 als GM (Geheimer Mitarbeiter) »Gerhard« für den Staatssicherheitsdienst der DDR gearbeitet hat. Am 21. August 1953 wird er angeworben und unterschreibt eine Verpflichtung zu schweigen. Er soll im Auftrag von Mielke über den Standort von Atomkanonen, über die ABC-Schule der Bundeswehr im bayerischen Kirchheim und ein Spionagezentrum in Kiel berichten. Er liefert Spitzelberichte vom Rande der Außenministerkonferenz im Februar 1954 in Berlin und berichtet über britische Dienststellen in Hamburg. Wegen schleppender Mitarbeit kommt es zu Auseinandersetzungen, Ostberlin schreibt Mahnbriefe. Am 5. Juli 1955 kündigt GM »Gerhard« seine Mitarbeit schriftlich.

Thomas Walde gibt nach der Tagebuchpleite sein Amt als Leiter des Ressorts »Zeitgeschichte« ab, bleibt aber *Stern*-Redakteur. Als er im November 1984 als Zeuge im Tagebuchprozess vernommen wird, ist er inzwischen in den Bereich Radio der Gruner+Jahr-Tochter Ufa Film- und Fernseh-GmbH gewechselt.

Über seinen Auftritt vor Gericht schreibt die *Süddeutsche Zeitung*, »dass sich kein Fälscher dieser Welt prächtigere Partner für seine Geschäfte wünschen könnte, als sie dem Konrad Kujau vom *Stern*-Himmel gefallen sind«. Die *Hamburger Morgenpost* überschreibt ihren Bericht mit der Schlagzeile »Mein Name ist Walde, ich weiß von gar nichts«. Walde sagt aus: »Wir hatten eine Disposition in Richtung Echtheit.« Ansonsten hat er so viele Erinnerungslücken, dass der Vorsitzende resigniert feststellt, seine Aussage sei »beklagenswert wenig ergiebig«. Im Urteil kann er dann nachlesen, wie die

Richter seinen Part in dem Skandal einschätzen: »Stets unterrichtet war Dr. Walde. Seine Rolle ist daher am wenigsten verständlich, wenn man ihm nicht dieselbe blinde Besessenheit zugesteht wie Heidemann.«

1986 geht Walde als Chef vom Dienst zum privaten Radiosender Radio Hamburg, an dem die Ufa Film- und Fernseh-GmbH beteiligt ist. Er wird stellvertretender Programmdirektor und 1995 Programmdirektor. Jungen Kollegen erklärt er die Pleite als Warnung so: »Unsere Denkweise war: Wir wollten, dass es echt ist. Wir haben uns fokussiert auf das, was für die Echtheit sprach. Wir sind nicht auf die Idee gekommen, dass wir auf dem Holzweg sind. Wir haben verifiziert, nicht falsifiert. Am Ende ist der kollektive Wahnsinn ausgebrochen.« Ende Januar 2001, Walde ist gerade 60 Jahre alt geworden, geht er in Pension.

Waldes Freund, der stellvertretende *Stern*-Verlagsleiter Wilfried Sorge, der Heidemann immer mit Bargeld versorgt hat, scheidet bei Gruner+Jahr ohne Abfindung aus und wird Anfang 1984 Verlagsleiter beim Hamburger Jahreszeiten Verlag von Thomas Ganske, verantwortlich für die Zeitschriften *Zuhause* und *Selbermachen*, später auch für das neugegründete Magazin *Tempo*. Ende 1986 wird er zum ersten Geschäftsführer des Privatsenders Radio Hamburg berufen, der am 31. Dezember 1986 auf Sendung geht. Im Sommer 1995 wechselt er als Marketingdirektor Europa zu Bertelsmann Online. 1998 wird Sorge wieder »Radio-Mann«, er übernimmt die Geschäftsführung des privaten Senders radio ffn in Hannover. Seit 2003 ist er Geschäftsführer der Radio Marketing Service GmbH in Hamburg.

Als Zeuge vor Gericht im Dezember 1984 sagt Sorge aus, bei ihm und den Vorstandsmitgliedern habe es keinerlei Zweifel an den Tagebüchern gegeben. Die Gutachten habe man einvernehmlich aufgeschoben, um die Exklusivität des

Projekts nicht zu gefährden. Und als die Schrift- und Materialgutachten dann vorlagen, sei man leichtsinnig damit umgegangen: »Ich muss mir den Vorwurf machen, wir haben nur die letzten Sätze gelesen.« Zur Begründung, warum die Chefredakteure des *Stern* nicht von Anfang an in das Projekt eingeweiht worden seien, sagt Sorge: »Wir waren uns nicht sicher, dass die Chefredaktion dichthalten würde. Da hatte man so seine Erfahrungen.«

Manfred Fischer reist als Zeuge im Tagebuchprozess aus München an. Nach seinem Abschied als Vorstandsvorsitzender der Bertelsmann AG in Gütersloh ist er nach einem kurzen Gastspiel als Berater des Hamburger Verlegers Thomas Ganske inzwischen Chef der Flugzeugwerke Dornier geworden. Kurz nach Aufdeckung der Fälschung gibt er Jochen Kummer, Reporter der *Bild*-Zeitung, in seinem Ferienhaus auf Mallorca ein Interview, das am 16. Mai 1983 veröffentlicht wird.

Darin sagt Fischer: »Es hat mir die Kehle zusammengeschnürt, als ich von der Fälschung erfuhr. Ich habe diese Sache begonnen, und wenn ich sechs Monate später nicht nach Gütersloh an die Konzernspitze gegangen wäre, hätte ich sie auch fortgeführt – genauso, wie mein Nachfolger Schulte-Hillen es dann getan hat.« Und weiter: »Es waren zuerst 27 Stück, von denen Heidemann sprach, und die wollten wir haben! Selbst wenn wir nur zu zehn Prozent an ihre Echtheit geglaubt hätten, hätte ich gesagt: Her damit! ... Daß sie später viel teurer geworden sind – 200 000 pro Tagebuch – lag wohl daran, daß sie auch immer umfangreicher wurden – und die Autoren auf den Geschmack gekommen sind. Die wollten einfach mehr Geld haben! Ich glaube nicht, daß Heidemann zu der Fälscherbande gehört. Wir alle – von mir über meinen Nachfolger Schulte-Hillen zu Henri Nannen und Chefredakteur Koch bis hin zu Reinhard Mohn –

wir alle miteinander haben Heidemann geglaubt. Und zwar waren wir nicht fast sicher, sondern absolut sicher, daß die Tagebücher echt waren.«

Und weshalb diese Sicherheit? »Es ist das geradezu sinnliche Erlebnis, so ein Ding in der Hand zu haben. Diese Gewißheit – das Tagebuch hat DER geschrieben – und jetzt halte ich es in der Hand! Wir alle haben wahrscheinlich einen Blackout gehabt. Schon der Glaube daran war ein Teil der Faszination, das gebe ich zu. Heute sind wir alle klüger. Ich habe dem FH keine Bedeutung zugemessen ... Es war doch wie eine Gruppenpsychose.«

Auch sein oberster Chef war angetan. »Ich habe Reinhard Mohn im März oder April 1981 informiert. Ich habe ihm das Hitler-Tagebuch über Heß gezeigt. Mohn war fasziniert. Wenn das echt ist, dann ist das toll, hat er gesagt. Ich nahm die Hitler-Tagebücher zum Teil von Hamburg mit nach Gütersloh, weil wir sie an einem sicheren Ort haben wollten. Sie kamen in einen Panzerschrank.«

Im Januar 1985 steht Fischer als Zeuge vor Gericht. Den Ankauf der »Hitler-Tagebücher« hinter dem Rücken der Chefredaktion hält Fischer auch da noch für gerechtfertigt: »Ich habe es für meine Pflicht gehalten, mit zwei Millionen Mark ins Risiko zu gehen.« Natürlich seien die 200 000 Mark für das erste Tagebuch nichts anderes als ein persönliches Darlehen für Gerd Heidemann gewesen.

Irritiert fragt Richter Dr. Hans-Ulrich Schroeder nach: »Und wenn er nichts brachte, wollten Sie ihn einfach im Regen stehen lassen?« Fischer: »Heidemann sollte ganz bewusst im Obligo gehalten werden. Wenn die Bücher falsch gewesen wären, hätte Herr Heidemann die falschen Bücher behalten können, der Betrag hätte zurückfließen müssen.« Natürlich habe er sich von den Millioneninvestitionen ein gutes Geschäft versprochen: »Irgendwie muss natürlich die Kasse stimmen.« Um das Urheberrecht habe man sich weniger Sorgen gemacht. Heidemann sollte zu den in ärmlichen Verhältnissen in London lebenden Hitler-Erben fliegen und ihnen die Rechte nach dem Motto »Bargeld lacht« abkaufen.

Nicht lange nach seinem Auftritt im Hamburg gerät Fischer in einen Familienstreit der Dornier-Erben und wird gefeuert. Er zieht vor Gericht und scheidet schließlich mit einer Millionenabfindung aus dem Luftfahrt- und Rüstungskonzern. Er beteiligt sich in München an einer Filmproduktionsfirma und betätigt sich als Unternehmensberater. 1991 erkrankt er schwer. Nach der Genesung begründet er einen Zweitwohnsitz in Phoenix im US-Bundesstaat Arizona, wo er die Hälfte des Jahres lebt. Er spielt Golf und belegt an der Universität Vorlesungen über Astrologie und Fotografie. Am 13. April 2002 stirbt er 68-jährig an Krebs.

Fischers Stellvertreter Jan Hensmann scheidet am 30. November 1983 aus dem Vorstand von Gruner+Jahr aus. Ein halbes Jahr nach seinem Ziehvater und Vertrauten Manfred Fischer bei Bertelsmann. Die Wirtschaftswissenschaftliche Fakultät der Universität Münster hat ihm drei Monate zuvor die Honorarprofessur verliehen. Hensmann, der einst mit »summa cum laude« in Münster promovierte, hält Vorlesungen über »Marketing und neue Medien«, »Internationale Marktkommunikation« und »Interaktives Marketing und Medienmanagement«. Im November 2002 lautet der Titel seiner Abschiedsvorlesung »Von der Geschäftsführung eines Verlages zum internationalen Medienmanagement«. Seither arbeitet er als selbständiger Unternehmensberater.

Als der Prozess um die »Hitler-Tagebücher« beginnt, sitzt Gerd Schulte-Hillen wieder fest im Sattel. Gruner+Jahr hat sein bis damals bestes Jahr hinter sich. 1982 ist in Frankreich die Frauenzeitschrift *Prima* gestartet worden, die innerhalb eines Jahres eine Verkaufsauflage von mehr als einer Million Exemplaren erreicht. 1984 beginnt für Gruner+Jahr das elektronische Zeitalter, der Verlag beteiligt sich mit 50 Prozent an der Ufa Film- und Fernseh-GmbH. Der nun 44-Jährige lebt nach dem Motto: Was mich nicht umhaut, macht mich stärker.

Der Zeuge Schulte-Hillen sagt aus, er habe Gerd Heidemann vertraut. Selbst als die Warnzeichen nicht mehr zu übersehen waren, habe der ja »beim Leben meiner Kinder« geschworen, dass mit den Tagebüchern alles in Ordnung sei. Das habe ihn besonders beeindruckt, »weil ich selber Kinder habe«.

Heikel wird es für den Verlagschef, als Kujau-Verteidiger Kurt Groenewold über die Tagebuchlegende spricht, die Gruner+Jahr, Heidemann und Walde ja für bare Münze genommen hätten. Danach haben Börnersdorfer Bauern die Tagebücher aus dem Wrack der abgestürzten Ju 352 an sich gebracht und versteckt. Ein korrupter NVA-General habe sie dann in den Westen geschmuggelt. Ist da nicht Gruner+Jahr »ein betrogener Betrüger«? Habe nicht Dr. Fischer zudem sehr früh den Plan entwickelt, die Hitler-Erben in London zu täuschen und ihnen das Copyright abzuluchsen?

Schulte-Hillen antwortet: »Wir waren der Meinung, dass wir rechtmäßig erworben hatten.« Und schiebt dann die Frage nach: »Gibt es nicht herrenloses Gut?« Das bringt nun Richter Schroeder augenblicklich in Harnisch. Er spricht von Fledderern, deren Beute dann verscherbelt werden sollte. Und Groenewold fragt süffisant, was man denn machen werde, wenn auf diese Weise die Memoiren von Axel Springer oder Rudolf Augstein gefunden würden. »Wir sind natürlich auch ein Wirtschaftsunternehmen«, sagt Schulte-Hillen.

Die Pleite mit den »Hitler-Tagebüchern« hat für ihn keine negativen Folgen. Bis zu seinem Ausscheiden als Vorstandsvorsitzender von Gruner+Jahr im Herbst 2000 verdreifacht er den Umsatz und Gewinn des Verlages. Im November 2000 wird er zum Aufsichtsratsvorsitzenden der Bertelsmann AG und zum stellvertretenden Präsidiumsvorsitzenden der Bertelsmann Stiftung berufen. Weil er die Fusion der Bertelsmann-Musiksparte BMG mit Sony Music nach anfänglicher Zustimmung plötzlich ablehnt, wird er Mitte November 2003 aus seinen Ämtern entlassen.

Im Frühjahr 2004 will Hamburgs Bürgermeister Ole von Beust Gerd Schulte-Hillen als Medienbeauftragten des Senats verpflichten. Nach mehreren Gesprächsrunden sagt der jedoch ab. Dem Magazin *Cicero* hat er schon vorher erklärt: »Als Frühstücksdirektor und Grüßonkel ohne Budget und Handlungsspielraum, wie das in anderen Bundesländern versucht wurde, stehe ich nicht zur Verfügung.«

2006 beteiligt er sich an der BV Deutsche Zeitungsholding des britischen Investors David Montgomery und fädelt die Übernahme des Berliner Verlags mit der *Berliner Zeitung* und dem *Berliner Kurier* ein. Den Berliner Verlag hatte Schulte-Hillen nach der deutschen Wiedervereinigung 1990 gemeinsam mit dem britischen Pressezaren Robert Maxwell gekauft, für den damals auch Montgomery arbeitete. Inzwischen ist Schulte-Hillen bei der Montgomery-Firma wieder ausgestiegen und arbeitet als selbständiger Strategieberater im Mediensektor.

Auch Peter Koch muss als Zeuge vor Gericht aussagen. Er hat die Tagebücher mit Vehemenz in der Öffentlichkeit präsentiert, er hat in der ZDF-Diskussion den Historikern eigene Schlampereien um die Ohren gehauen, und er hat den fatalen Satz zu Papier gebracht, dass wegen der »Hitler-Tagebücher« die Geschichte des Dritten Reiches »teilweise umgeschrieben werden« müsse. Zur Überraschung von Gericht und Prozessbeobachtern verzichtet Koch im Gegensatz zu anderen G+J-Zeugen auf jeden Rechtfertigungsversuch.

Die heimliche Beschaffungsaktion des Vorstands hinter dem Rücken der Chefredaktion sei zwar eine »Sauerei« gewesen, aber wegen solcher Streitereien um Formalien habe er das Projekt nicht scheitern lassen wollen. Er sei bis zuletzt davon überzeugt gewesen, dass die Tagebücher echt seien. Er habe schon früh den Verdacht gehabt, dass Heidemanns Geheimnistuerei dazu diente, Geld in die eigene Tasche zu wirtschaften. Aber wegen der »glänzenden« Zusammenarbeit mit ihm in früheren Zeiten habe er ihn nicht ohne Beweis verdächtigen wollen. Denn Heidemann sei »ein exzellenter Journalist, solange man ihn am kurzen Zügel hält«.

Und dann bekennt sich Koch in aller Offenheit zu seinen Versäumnissen. Ja, er habe nicht konsequent genug darauf bestanden, dass Heidemann seine Quelle nennt. »Mein Fehler.« Ja, auch er habe sich von der Bunkermentalität anstecken lassen und alles hoch geheim gehalten. »Mein Fehler.« Ja, dieses brisante Projekt sei viel zu lange »im Niemandsland der Verantwortlichkeit« geblieben: »Mein Fehler.« Ja, er habe Heidemann und Walde einfach zu sehr vertraut und ihre vertraglichen Exklusivrechte sogar verteidigt: »Mein Fehler.« Und deshalb trage er auch die journalistische Verantwortung dafür, dass die Fälschung im *Stern* veröffentlicht worden sei. Nach der Pleite habe er »vor dem totalen Trümmerhaufen« seiner journalistischen Karriere gestanden. Nach dieser Aussage zollen Staatsanwalt und Verteidiger dem Zeugen ihren Respekt.

Peter Koch schreibt zu dieser Zeit Wissensbücher für einen kleinen Hamburger Verlag, er verfasst zwei viel beachtete Biographien über Willy Brandt und Konrad Adenauer, dazu ein kurioses Bändchen über *Die Erfindungen des Konrad Adenauer* – über künstliche Leberwurst und ein von innen beleuchtetes Stopfei. Schließlich holt ihn Günter Prinz, Vorstandsmitglied im Axel Springer Konzern, in den Verlag, der für den *Stern* über Jahrzehnte der politische Gegner gewesen war. Koch entwickelt für Prinz die Zeitschrift *Autobild*, die ein großer Erfolg wird. Dann darf er sich seinen Traum verwirklichen und ein Konkurrenzblatt zum *Stern* konzipieren. Er hat es nie verwunden, den *Stern* verlassen zu müssen, er hätte gern auf den »goldenen Handschlag« verzichtet. Aber nun, mit dem mächtigen Günter Prinz an der Seite, kann er es sich selbst und der Branche wenigstens noch einmal zeigen. Das neue Blatt soll eine ganz aktuelle Zeitungsillustrierte mit klarer Gliederung und positiver Ausrichtung werden. Schon der Name *Ja* soll das signalisieren. Doch das Projekt wird ein Flop. Kurz nach dem Start streiten sich die rivalisierenden Springer-Spitzenmanager Prinz und Peter Tamm über das Konzept. Millionenverluste laufen auf. Nach wenigen Ausgaben wird das Blatt eingestellt. Von diesem Schlag erholt sich Peter Koch nicht. Er arbeitet zwar weiter in der Entwicklungsredaktion des Springer Verlages und plant eine Biographie über den SPD-Politiker Herbert Wehner. Aber dann erkrankt er an Krebs und stirbt am 5. Mai 1989 im Alter von 50 Jahren in seinem Ferienhaus in Florida.

Felix Schmidt hat am 7. Mai 1983 zwar auch seinen Hut als Chefredakteur des *Stern* genommen, aber er ist anders als Koch in der Öffentlichkeit nicht als Streiter für die »Hitler-Tagebücher« aufgetreten. Er sitzt zwar bei der Präsentation des »Sensations-Fundes« mit auf dem Podium, aber Koch ist der Sprecher. Auch intern hat Schmidt zwar stets mitdiskutiert, Aufklärung verlangt und Fragen gestellt, die Heidemann nicht beantwortet – aber die eigentliche Produktion überlässt er Koch. Der bittet ihn ausdrücklich, vom üblichen vierzehntägigen Wechsel im Heftmachen abzuweichen und ihn die Tagebuchausgabe verantworten zu lassen.

So ist der Neubeginn für ihn leichter. Er schreibt für das Magazin der *FAZ* und wird im Februar 1984 Chefredakteur der *Hamburger Morgenpost*. Kurz darauf übernimmt er die

Chefredaktion der TV-Zeitschrift *Hörzu* und bleibt bis Oktober 1986. Im Januar 1987 steigt er wieder ins Fernsehgeschäft ein. Er wird Programmbeauftragter bei der zur Holtzbrinck-Gruppe gehörenden AV Euromedia GmbH und deren Tochtergesellschaften Gesellschaft für Wirtschaftsfernsehen und Gesellschaft für Kultur-Fernsehen, die beide für SAT 1 produzieren. Ein Jahr später ist er Geschäftsführer der Gesellschaft für Kultur-Fernsehen. Die bekannteste Sendung wird der *Talk im Turm* mit Ex-*Spiegel*-Chefredakteur Erich Böhme als Moderator. Seit 2000 ist Felix Schmidt geschäftsführender Gesellschafter der FTS Media in Berlin, die anspruchsvolle Dokumentationen für ARD, ZDF und arte und die ZDF-Sendung *Das Philosophische Quartett* produziert.

Chefredakteur Rolf Gillhausen leitet den *Stern* gemeinsam mit Peter Scholl-Latour nur ein Jahr bis April 1984. Scholl-Latour bleibt im Vorstand von Gruner+Jahr, Gillhausen scheidet im Alter von 61 Jahren aus dem Verlag aus. Es ist für ihn, der 31 Jahre lang das optische Erscheinungsbild des *Stern* geprägt hat, sich immer als Blattmacher und journalistischer Innovator verstanden und das Erfolgsmagazin *GEO* gegründet hat, ein bitterer Abschied.

Wie Koch will auch Gillhausen es nach seinem Abgang noch einmal wissen. Er entwickelt 1988/89 mit einer kleinen Crew ein neues Wissenschaftsmagazin mit Namen *Noah*, ein Schwerpunkt der Berichterstattung sollen Umweltthemen sein. Der Axel-Springer-Verlag ist von dem Konzept begeistert und übernimmt das Projekt. Eine kleine Redaktion wird engagiert, und Büros in der Hamburger Innenstadt werden bezogen. Die Mannschaft produziert unter »Gills« Anleitung eine Nullnummer, die gedruckt und von der Marktforschung getestet wird. Die Ergebnisse sind hervorragend. Ein Millionenetat wird für das Projekt zur Verfügung gestellt, eine große Werbekampagne vorbereitet. Slogan: »Noah –

Neues denken in Umwelt, Technik und Wissenschaft«. Doch kurz vor dem Start von *Noah* fällt Ende 1989 die Berliner Mauer, und der Vorstand des Springer-Verlages entscheidet, jetzt alles Geld in den Aufbau des Zeitungsmarktes in Ostdeutschland zu investieren. Das bedeutet das Aus für *Noah*. Die Redakteure erhalten eine Abfindung. Gillhausen ist tief enttäuscht und lebt danach zurückgezogen in Hamburg. Er stirbt 81-jährig im Februar 2004.

Henri Nannen, seit Januar 1981 Herausgeber des *Stern*, behält dieses Amt und seinen Sitz im Vorstand von Gruner+Jahr auch nach der Tagebuchpleite, aber sein Einfluss schwindet. Haug von Kuenheim beschreibt Nannens Auftritt während der Krisentage in der *Zeit* so: »Eine Tragödie mochte es nennen, wer den 69-jährigen Herausgeber Henri Nannen, den ›größten Illustriertenmacher der letzten dreißig Jahre‹, wie er ohne Übertreibung genannt werden durfte, in den Trümmern seines Lebenswerks herumtappen sah, vergeblich um die Rolle des rettenden Helden bemüht und nur noch ein trauriger Abglanz seiner selbst. Er glich einem Zirkuspferd, das die Orientierung verloren hatte.«

Nannen hat das Interesse am *Stern* verloren. Schon längst hat er andere Pläne. »Mir kam der Gedanke, dass es nicht reicht, irgendwann ins Gras zu beißen und nichts bewegt zu haben außer einer vergnüglichen Illustrierten.« Er will seiner Vaterstadt Emden eine Kunsthalle schenken. Alle Feierlichkeiten zu seinem 70. Geburtstag, zu dem er bei Gruner+Jahr ausscheidet, lehnt Nannen ab.

Am 6. November schickt er an den »Redaktionsbeirat des STERN«, der gerade über ein neues Redaktionsstatut verhandelt, einen Brief, einen Fehdehandschuh an die »Lieben Kollegen«: »Was ist in Euch gefahren, daß der STERN seit Monaten nicht mehr beißt? Hat Euch die Hitler-Scheiße so verschreckt, daß Ihr jetzt zu anonymen Titten und anderen

Leckereien Zuflucht nehmt, um am Ende doch keine Auflage zu machen? Hängt Euch die Zunge nur noch zwischen den Beinen steriler Puppen? ...
Und nun kämpft Ihr also wieder. Für was? Für mehr Einfälle, für mehr Spontaneität, für besseres journalistisches Handwerk? Für die Mitbestimmung der Kompetenten (die dafür keine Statute brauchen), oder nicht doch für die Kompetenz der Mitbestimmung? Für gleiche Rechte bis ins dritte Glied, damit einer wenigstens Rechte hat, wo's für die Pflichten schon nicht ausreicht ...
Nein, meine lieben Kollegen, was Ihr da zu Statutspapier gebracht habt, ist der vorprogrammierte Klassenkampf zwischen Redaktion und Verlag. Und weil ich als Redakteur aus mehr als dreißigjähriger Erfahrung weiß, daß dabei immer die Redaktion unterliegt, warne ich davor.«

Die Empörung über die Rüpelei ist groß. Nannen kümmert es nicht.

Ende Februar 1985 ist auch er als Zeuge beim Hamburger Landgericht geladen. Nannen bekennt sich zu seiner Verantwortung. Er habe sich »um gar nichts gekümmert«. Seine Forderung, gestandene Fachleute wie Joachim Fest und Sebastian Haffner zum Projekt Tagebücher hinzuzuziehen, hätte er »durchsetzen müssen und durchsetzen können«, da habe er versagt. Den »Freispruch erster Klasse« durch den redaktionsinternen Untersuchungsausschuss könne er deshalb nicht akzeptieren. Auch sein Verdacht, dass der Starreporter von den Verlagsmillionen Geld für sich abzweige, »hätte eigentlich für die Beurteilung Heidemanns entscheidend sein müssen«. Leider habe er aber an der Echtheit der Tagebücher nicht den geringsten Zweifel gehabt.

Um seinen Plan von einem Museum in Emden zu verwirklichen, wie er es zu seinem 70. Geburtstag am 25. Dezember 1983 beschlossen hatte, macht Nannen sein gesamtes Eigentum zu Geld. Er verkauft sein Haus im italienischen

Positano, seine teure Motoryacht, seine Villa in Hamburg. 14 Millionen Mark investiert er in das Kunsthallenprojekt, dazu stiftet er seine stattliche Expressionisten-Sammlung. Statt Editorials im *Stern* schreibt Nannen nun Bettelbriefe an die Reichen und Einflussreichen im Lande. Alle Energie, die er bislang in den *Stern* gesteckt hat, konzentriert er nun auf seinen Traum von der Kunsthalle Emden. Sie wird am 3. Oktober 1986 im Beisein von Bundespräsident Richard von Weizsäcker eröffnet.

Die Versöhnung zwischen dem *Stern*-Erfinder und der Redaktion findet zwei Jahre später statt. Am 25. Dezember 1988 ist Henri Nannen 75 Jahre alt geworden. Am 13. Januar 1989 fährt ein *Stern*-Express mit 500 Redakteuren, Pensionären, Weggefährten und Freunden von Hamburg nach Emden. Im Theater der Stadt geht die Revue *Das gibt's nur einmal* über die Bühne. Hildegard Knef umarmt Nannen, der langjährige Kapitän seiner Motoryacht kommt auf die Bühne ... Der Jubilar hat Tränen in den Augen, die Redaktionen ihren »Sir Henri« wieder.

Im Herbst 1996 wird bei Nannen Krebs diagnostiziert. Zehn Tage nach der Operation stirbt er am 13. Oktober im Alter von 82 Jahren im Krankenhaus in Hannover. Sein Freund, der *Spiegel*-Chef Rudolf Augstein, sagt am 4. November bei der Trauerfeier im Hamburger Michel: »Henri, guter alter Freund, unsere Zeit als Blattmacher, es war eine schöne Zeit, ist vorbei. Auch ich kann kaum noch Rad fahren oder sagen wir besser, gar nicht mehr. Auch ich bin, wie du, ungeduldig, was man nicht sein sollte. An deinem zweiten Leben, das ohne Eske nicht denkbar wäre, habe ich mich – ich darf sagen über meine Verhältnisse hinaus – engagiert, und darüber bin ich froh. Noch steht Lenins Mausoleum auf dem Roten Platz in Moskau. Aber vielleicht wird dein bescheiden-glorioses Denkmal in Emden, die Kunsthalle, längeren Bestand haben. ... Adieu, Henri, adieu.«

Nach 25 Jahren ist der Skandal um die gefälschten »Hitler-Tagebücher« Geschichte. Aber noch heute ist die Affäre ein warnendes Beispiel dafür, was in einem Zeitungshaus, in einem Rundfunk- oder Fernsehsender nicht passieren darf.

Die Grenzen zwischen Verlag und Redaktion dürfen nicht verwischt werden. Es muss immer deutlich sein, wer für was verantwortlich ist. Es gibt ein natürliches Spannungsfeld zwischen Verlag und Redakteuren, ein bewährtes System von Checks and Balances, das fruchtbar ist, solange es nicht in Gegnerschaft umschlägt.

Exakte Recherche und kritische Bewertung der gewonnenen Erkenntnisse dürfen in Redaktionen nicht durch Glauben und blindes Vertrauen ersetzt werden. Ideologische Scheuklappen haben im Journalismus nichts zu suchen. Gesundes Misstrauen auch der eigenen Arbeit gegenüber gehört zu den journalistischen Tugenden.